edition suhrkamp 2361

Wer übertreibt, kann etwas unterstreichen, was sonst unbemerkt bleibt. Er kann das Übertriebene aber auch durch die Übertreibung zum Verschwinden bringen. Je uneingeschränkter und kompromißloser er übertreibt, desto größer mag die Anziehungskraft sein, die von seinen Übertreibungen ausgeht.

Die Übertreibung wird zu einer philosophischen Frage, wo begrifflich das Verhältnis von Ausnahme und Regel geklärt werden soll, also das Verhältnis des Denkens zu einer Grenze. Läßt sich ohne Übertreibung – ohne einen uneinholbaren Überschuß oder einen unauflösbaren Rest – ein Gedanke überhaupt denken? Vielleicht muß man, will man einen Gedanken verstehen, eine Übertreibung und einen Abbruch des Übertreibens in ihm ausmachen. Dieser Abbruch verneint nicht die Übertreibung, sondern bewahrt ihre aufdeckende und erschließende Kraft. Tatsachen, Wahrheit, Aufklärung, Vertrauen, Normativität, Trauma, Politik, Institutionen und Kunst sind die Themen dieses Buches.

Alexander García Düttmann lehrt Philosophie in London. Im Suhrkamp Verlag hat er veröffentlicht: *Das Gedächtnis des Denkens. Versuch über Heidegger und Adorno* (1991), *Zwischen den Kulturen. Spannungen im Kampf um Anerkennung* (1997) und *Kunstende. Drei ästhetische Studien* (2000).

Alexander García Düttmann

Philosophie der Übertreibung

Suhrkamp

edition suhrkamp 2361
Erste Auflage 2004

Originalausgabe

Satz: Jung Crossmedia Publishing, Lahnau
Druck: Nomos Verlagsgesellschaft, Baden-Baden
Umschlag gestaltet nach einem Konzept
von Willy Fleckhaus: Rolf Staudt
Printed in Germany
ISBN 3-518-12361-0

1 2 3 4 5 6 – 09 08 07 06 05 04

Inhalt

»The coldest winter I ever spent was a summer in San Francisco.«

(Mark Twain zugeschrieben)

»És curiós que aquestes persones que no s'han tancat dins un sistema, tal vegada per no prescindir de cap aspecte de la veritat, siguin les que se'ns apareixen com a més trapasseres.«*

(Llorenç Villalonga,
Bearn o La sala de les munyeques)

* »Es ist eigentümlich, daß gerade die Menschen, die sich nicht in ein System eingesperrt haben, vielleicht, weil sie auf keinen Zug der Wahrheit verzichten wollen, uns wie wahre Schelme und Unruhestifter erscheinen.«

Glanz und Elend der Übertreibung
Zur Einführung

»Wenn wir es übersehen, sind wir auf einmal völlig allein und stehen ohne einen einzigen Menschen da.« Bin ich des Gerichts, des Rats, des Feuers schuldig, weil ich meinen Übertreibungen verfalle, mich in eine zornige Übertreibung derart hineinsteigere,

Man kann in der Philosophie zwischen jenen Denkern unterscheiden, die in der Übertreibung, im Ausnahmefall, Aufschluß über die Regel suchen, und jenen anderen, die der Regel den Ausnahmefall unterordnen, in ihm nichts anderes erblicken als eben eine irreführende Übertreibung. Ob allerdings ein Gedanke, einer, der die Notwendigkeit von Übertreibungen anerkennt oder einer, der sich gegen die Gefahr ihrer Willkür richtet, ohne Übertreibung überhaupt gedacht werden kann, ist ebensowenig ausgemacht, wie man umgekehrt die Anerkennung einer für das Denken wesentlichen Übertreibung nicht schon als deren Rechtfertigung verstehen muß. Vielleicht *darf* das Denken nicht übertreiben, weil es eben nicht anders *kann*, als zu übertreiben.

Im Übertreiben, das über eine Grenze hinaustreibt, liegt unweigerlich die Tendenz zu einer Verselbständigung des Denkens. Daß gerade dann, wenn man ohne zu übertreiben nicht zu denken vermag, das Denken dem Übertreiben widerstehen muß, läßt sich im Hinblick auf diese drohende Verselbständigung des Denkens verschieden deuten. Denn eine solche Verselbständigung kann sowohl zu einer Verstrickung in Probleme oder Scheinprobleme führen, in Erklärungen, Bilder, Thesen, die ein Versagen der Philosophie anzeigen, als auch in einem Wettlauf um Steigerungen zum Ausdruck kommen.

Im ersten Fall sagt man mehr, als man auf sinnvolle Weise sagen kann oder darf und verstrickt sich in Behauptungen, die bei näherer Betrachtung des Sinnes entbehren. Dabei kann sich die Übertreibung daraus ergeben, daß der Philosoph unter dem Druck, sich über eine Sache Gedanken zu machen und sie begrifflich zu erklären, es versäumt, in der Rede des anderen die

daß ich »diese Übertreibung dann für die einzig folgerichtige Tatsache halte« und die »eigentliche Tatsache« gar nicht mehr wahrnehme, nur die »maßlos in die Höhe getriebene Übertreibung«, an deren Erhabenheit ich mich berausche, ohne mich zu fragen,

»Verrücktheit oder Leere« zu erkennen, die symptomatische Übertreibung, der seine eigene Rede ebenfalls ausgesetzt ist, ja zu der seine eigene Rede neigen mag.[1] Im zweiten Fall unterbricht die Übertreibung nicht ein Konsequenzdenken, das sich gegen den ungesicherten Gedanken absperrt, gegen den Gedanken, der sich nicht in festgefahrenen Bahnen bewegt, sondern verschreibt sich selber dem Konsequenzdenken. Man fragt, wie man das Denken über eine weitere Grenze treiben kann und ein Wort sprechen, das kein letztes mehr ist, eben weil es das letzte Wort ist. Auf der Grenze des Sagbaren versucht man nicht nur, das Unsagbare zu sagen, sondern sich im Sagen des Unsagbaren zu überbieten. So entbrennt der Streit um Originalität, wird der Verdacht des Plagiats geweckt, agiert die graue Eminenz des Überbieters, der um so herrischer und besessener die Reinheit der sachlichen Betrachtung für sich in Anspruch nimmt und dem Zwang der Schlußfolgerung sich beugt, als er sich zwangsläufig in Strategien verwickelt. Die Übertreibung als Verselbständigung des Denkens zeitigt folglich in der Philosophie ein doppeltes Verhalten.

Während der eine Philosoph darauf hinweist, man habe bereits übertrieben und mit einem unzulässigen Schritt die Grenze überschritten, hinter der die Scheinprobleme lauern, fordert der andere Philosoph zu einer weiteren Grenzüberschreitung auf, ist ihm jede Übertreibung noch eine Untertreibung. Gemeinsam ist beiden eine Sorge um Reinheit, die zweideutig bleibt. Die Zweideutigkeit äußert sich einmal in dem Gedanken selber, dann in seinen Auswirkungen, in der Intention oder in der Tendenz, der er folgt. Die Zweideutigkeit, mit der Wittgenstein den Leser seiner *Philosophischen Untersuchungen* allein läßt, ist die einer Sprache, welche die Möglichkeit des philosophischen Heils und die Möglichkeit einer Verdammung des Philosophen

1 Stanley Cavell, *The Claim of Reason*, New York und Oxford 1999, S. 336.

ob sie mich etwas über mich lehrt? Wenn »all diese zerstörten Menschen, die wir kennen, im entscheidenden Augenblick schwach geworden sind«, wenn wir im »entscheidenden Augenblick« nicht schwach werden dürfen, ist dann meine zornige

gleichermaßen birgt, als müßte mit dem Verschwinden der einen Möglichkeit die Möglichkeit von Sprache überhaupt verschwinden. Redet Derrida von »quasi-transzendentalen Voraussetzungen«, denen eine beinahe universelle Geltung zukommt, weil sie nicht ihrerseits dekonstruiert werden können; will er einerseits diese Voraussetzungen von jedem positiven oder negativen Bezug zu wiedererkennbaren Gestalten des Begriffs oder der Geschichte losbinden, andererseits jedoch die Bedeutung solcher Bezüge keineswegs leugnen;[2] scheint die Dekonstruktion am Ende auf jene vollkommene Reinheit zu zielen, die sich mit der uneingeschränkten Ansteckung berührt, dann wundert es nicht, wenn Schüler konsequenter sein wollen als der Lehrer und sich anschicken, ihn zu übertreffen, so, als wollten sie nachträglich das Habermassche Diktum von der »Überbietung«[3] bestätigen. Die Zweideutigkeit, mit der jedoch der Leser dann allein gelassen wird, die ihn also nachdenklich macht, ist die einer Übertreibung, deren Grenzüberschreitungen sowohl erschließende als auch verschließende Auswirkungen haben können. Die Übertreibung, die von dem Verhältnis zwischen Genesis und Struktur in der Phänomenologie oder von der Frage nach der ontologischen Differenz in der Fundamentalontologie ausgeht und den Gedanken einer *différance* für das Denken erschließt, verschließt den Zugang zu einem anderen Gedanken, wo sie sich gleichsam ihrer eigenen Tendenz zu vollkommener Reinheit überläßt, wo die Dekonstruktion danach trachtet, sich in Formulierungen der *différance* selber zu überbieten. Eine derartige Erschöpfung der Dekonstruktion darf freilich nicht mit den schöpferischen Versuchen verwechselt werden, im Zug ihrer grenzüberschreitenden Überbietung Gebiete wie etwa das des

2 Jacques Derrida, »Marx & Sons«, in: *Ghostly Demarcations*, herausgegeben von Michael Sprinkler, London und New York 1999, S. 253f.

3 Jürgen Habermas, »Überbietung der temporalisierten Ursprungsphilosophie«, in: ders., *Der philosophische Diskurs der Moderne*, Frankfurt am Main 1988, S. 191ff.

Übertreibung eine Schwäche, eine Anfälligkeit, eine Krankheit, oder bewahrt sie mich gerade vor dem Verfall und der Zerstörung? Wie aber soll ich gegen meine Krankheit vorgehen, Tatsache und Erfindung unterscheiden, »erfinde« ich immer »eine

Rechts neu zu gewinnen und Fragen wie etwa die der Gerechtigkeit neu aufzuwerfen.[4]

Die Dekonstruktion zeichnet sich durch eine Geste der Übertreibung aus, da sie in ihrem Gegenstand, zum Beispiel in der Gerechtigkeit, eine wesentliche Übertreibung erkennt, die es nicht einmal gestattet, von einem erkennbaren Gegenstand zu sprechen, und die sich gegenüber jedem Unternehmen, sich eines Gegenstands durch Prozeduren und Methoden zu versichern, als widerspenstig erweist. Philosophie sieht überall Übertreibungen. Vielleicht hat Derrida das häretische Erbe der spekulativen Dialektik angetreten, die Nachfolge des absoluten Wissens, und die Philosophie der grenzüberschreitenden Übertreibung auf die äußerste Spitze getrieben. In dem Maße, in dem die Übertreibung nicht mehr logisch verfaßt ist, in eine systematische Darstellung eingebunden wird oder das sie einbegreifende System hervorbringt, das an ihr seinen Lebensnerv hat und das sich ihr gegenüber dennoch gleichgültig verhält, kann sie eben bis zu jenem Punkt getrieben werden, an dem sie sich nicht mehr von der Grenze unterscheiden läßt, auf die sie sich bezieht, ja die sie in ihrer Bewegung nachzeichnet. An diesem Punkt, an dem sich die *différance* mit allen Namen der Überlieferung berührt, die Reinheit mit der Unreinheit, das Bezuglose mit dem Bezug, an diesem Punkt, an dem alles ist und nicht mehr ist, wie es ist, berührt wird *und* unberührt verharrt,[5] ist die Übertreibung *nichts als* Übertreibung, ist sie als Übertreibung *nichts*, weil es nicht länger möglich ist, eine Grenze auszu-

4 Vgl. dazu: Christoph Menke, »Können und Glauben. Die Möglichkeit der Gerechtigkeit«, in: *Philosophie der Dekonstruktion*, herausgegeben von Andrea Kern und Christoph Menke, Frankfurt am Main 2002, S. 243 ff.

5 Der an Heidegger anklingende Satz »Es dekonstruiert (sich)« (Jacques Derrida, »Lettre à un ami japonais«, in: ders., *Psyché. Inventions de l'autre*, Paris 1987, S. 391) bedeutet: Mit Ausnahme der Dekonstruktion ist nichts von der Dekonstruktion ausgenommen, die es *als* Dekonstruktion gar nicht gibt.

tatsächliche Krankheit«, übertreibe ich immer, weil ich an der Übertreibung bereits leide, leide ich bereits an derÜbertreibung, weil ich immer übertreibe? Ich bin versucht, eine Liste aufzustellen, wie jene, die mein Lehrer als Fußnote in eine Preisrede

machen, ein Begrenztes, ein Umgrenztes, ein Abgegrenztes, ein Ausgegrenztes. Hat die reine Übertreibung aber nicht zwei Gesichter, kann man sie nicht unter zwei Gesichtspunkten betrachten, die wie die Negativität und das System in der spekulativen Dialektik untrennbar voneinander sind und zugleich gänzlich bezuglos bleiben, eben als zwei Gesichtspunkte erscheinen? Die unermüdlich und bis zum Überdruß wiederholten Mahnungen, die ausdrücklich auf den vorläufigen Charakter von Untersuchungen hindeuten, auf den unendlichen Aufwand, der für die genaue Behandlung eines Gegenstands unumgänglich sein soll, und der Nachweis eines Überschusses, der sich nicht auffangen läßt, die Beschreibung einer abstrakten aporetischen Struktur, auf die wohl eine genaue Behandlung letztlich immer stoßen muß, spiegeln in Derridas Schriften aus den achtziger und neunziger Jahren den Gesichtspunkt des verwickelten Bezuges zur Überlieferung und den der Bezuglosigkeit, zwischen denen ein Bezug herrscht und kein Bezug besteht. Bedingt diese eigentümliche Doppelung von Bezug und Bezuglosigkeit, die das Denken der Übertreibung verursacht, nicht ebenfalls jene sprachtrunkene Aneignung, jene Entführung und Verführung, jene Feier und Peinigung der Sprache eines Autors, die manche Texte Derridas eher kennzeichnet als die Verfolgung eines philosophischen Gedankens?[6] Skeptiker, Kritiker oder Kontrahenten eines Denkens der Übertreibung werden Derrida vorhalten, daß er trotz gegenteiliger Beteuerungen dem einzelnen Bezug und dem Bezug zum einzelnen nicht die gebührende Aufmerksamkeit schenkt. Ist die Doppelung von Bezug und Bezuglosigkeit nicht auch deshalb zweideutig, weil sie offen läßt, ob die Dekonstruktion einzig als Mahnung verstanden werden soll, als Erinnerung daran, daß das Verständnis des einzelnen, eingebettet in *konstituierte* Praktiken und Lebensformen, häufig einer Art transzendentalem

6 Vgl. dazu jüngst: Jacques Derrida, *Artaud le Moma*, Paris 2002.

eingefügt hat, aber nicht, um allen zu danken, die sich um mich bemüht haben, sondern um die aufzuzählen, die der Zorn meiner Übertreibung nicht ausgespart, die er ausgelöscht hat. Im voraus würde ich mich dafür entschuldigen, daß ich vielleicht nicht alle

Schein erliegt,[7] oder ob man sie als Umwälzung begreifen muß, als »Erfindung des Unmöglichen«, die jede Praktik und jede Lebensform, jedes einzelne grundlegend affiziert? Was würde es bedeuten, die Dekonstruktion, die alles berührt und alles unberührt läßt, sowohl in dem einen als auch in dem anderen Sinne zu verstehen? Wo Unentscheidbarkeit das Verhalten bestimmt, kann und darf es keine vorgegebenen oder normierten Verhaltensweisen geben, besagt der ethische Imperativ oder der Imperativ der Gerechtigkeit nur, man solle die Unentscheidbarkeit nicht ausblenden. Dennoch und gerade deshalb wird nicht jeder die gleiche Entscheidung treffen, zeigt sich etwas in den getroffenen Entscheidungen, so absolut und so provisorisch sie sein mögen, sein müssen. Man erfährt etwas über den, der (sich) entscheidet. Bleibt die Beschreibung aporetischer Strukturen der Unentscheidbarkeit nicht so lange unzulänglich, übertrieben oder schlecht abstrakt, wie sie nicht ebenso davon handelt, von den einzelnen Entscheidungen? Heben die »unmögliche Erfahrung« der Unentscheidbarkeit und das Treffen einer Entscheidung, die einander ausschließen *und* voneinander nicht geschieden werden können, jedes zeitliche Nacheinander aus den Angeln,[8] wird man *zunächst* erfahren, daß der einzelne einem Mystiker ähnelt.

Beispielhaft für die erschließenden Auswirkungen grenzüberschreitender Übertreibung ist sicherlich die Kritik, die Hegel an Kant übt. Wenn die Bestimmung einer Grenze als Schranke ein Hinausgehen über diese beinhaltet, wenn in sol-

7 Joseph Margolis nennt eine solche Sicht »Externalismus« und hält sie für »wichtig, aber langweilig«: »Eine externalistische Herausforderung erfolgt *en bloc*: holistisch, global, ohne weitere Bestimmung, in einer Art und Weise, die es als sinnlos erscheinen läßt, sie distributiv in Betracht zu ziehen, das heißt: im Hinblick auf jeden einzelnen und besonderen Erkenntnisanspruch.« (Joseph Margolis, »Reconciling Realism and Relativism«, in: ders., *The Truth about Relativism*, Oxford 1991, S. 313.)

8 Vgl. dazu: Alexander García Düttmann, *Freunde und Feinde. Das Absolute*, Wien 1999, S. 67f.

erwähne, mir ein Name entfallen ist, auch darin meinem Lehrer treu. Welch' armselige Liste, in Nordamerika zum Beispiel fallen dem listenführenden Diener auf Anhieb höchsten zehn ausgelöschte Namen ein. Er muß schon übertreiben, um sich ver-

cher Kritik der Übergang von der Transzendentalphilosophie zur spekulativen Dialektik angelegt ist, hat die Übertreibung, die Bewegung über die Grenze der Transzendentalphilosophie hinaus, eine für das Denken erschließende Wirkung, so umstritten sie auch sein mag und sein muß. Der Eine Gedanke der Philosophien der Übertreibung läßt sich an Hegels Kritik und an deren erschließenden Auswirkungen ablesen: der Gedanke, daß Grenzen alles *und* nichts sind.

Man kann folglich behaupten, die Einsicht in die für das Denken konstitutive Rolle dessen, was Kant als transzendentalen Schein bezeichnet, Wittgenstein als ein Feiern der Sprache, Derrida als Metaphysik der Anwesenheit, führe den Philosophen regelmäßig zu einem reaktiven Denken der Übertreibung, während umgekehrt die Einsicht in das Hinausgehen über eine Grenze, das ihre Bestimmung erfordert, die Grenzziehung selber, den Philosophen regelmäßig zu einem aktiven Denken der Übertreibung verpflichte. Die Kritik an der Reflexionsphilosophie, die Dekonstruktion vorstellenden Denkens, die sich gegen eine vereinfachende Ansicht von Grenzziehungen wenden, gegen die Vorstellung einer bloßen Beschränkung, eines bloßen Überquerens der trennenden Linie, fassen die Einsicht in das Hinausgehen positiv mit den Begriffen der Aufhebung, der Verwindung, der Invagination. An einer Stelle seines Buchs über die Wahrheit in der Malerei schreibt Derrida: »Die Grenze gibt es nicht. Selbst wenn *es* sie *gibt*, fängt der Schnitt ihres Einschnitts nirgends und niemals an. Er ist weder ursprünglich noch abgeleitet.«[9] Eine Grenze hat nur dann einen Anfang und ein Ende, kann nur dann als solche gezogen und wiedererkannt werden, wenn bereits ein Raum abgegrenzt, ein Koordinatensystem aufgestellt, eine Unterscheidung eingeführt worden ist. Die Abgrenzung eines Raums, die Aufstellung eines Koordinatensystems, die Einführung einer Unterscheidung sind aber ihrer-

9 Jacques Derrida, *La vérité en peinture*, Paris 1978, S. 166.

dient zu machen. Gerade bei solchen Listen erweist sich die Übertreibung am Ende als unfreiwillige Untertreibung, verliert man den Überblick, gibt es keinen Diener, der nicht der Täuschung seines Herrn erliegen und mit seinem schäbigen Fluggerät

seits eben von dem Ziehen einer Grenze abhängig. Jede Grenzziehung ist darum immer auch eine Öffnung, die man nicht als eine Öffnung auf *etwas* hin verstehen darf. Jedes Innen und jedes Außen, die durch eine Grenzziehung entstehen, sind in sich offen und können diese Offenheit nicht eingrenzen, ohne sich ihr wiederum auszusetzen. In ihnen öffnet sich der Abgrund des Unverfügbaren oder des Erhabenen, der reinen Übertreibung, die von keiner bestimmten Grenzziehung und Grenzüberschreitung mehr abgegrenzt zu werden vermag. Aktives und reaktives Denken der Übertreibung können sich verschränken, wie man aus der Dekonstruktion ersieht. Sie müssen es vielleicht sogar tun, begreift das aktive Denken die abgewehrte Übertreibung nicht als Moment, dem es einen Ort zuweist, den Ort, der ihm in einem selbsterzeugten und durchgebildeten Ganzen zukommt. Ein aktives Denken der Übertreibung kann sich deren Abwehr auch aneignen und nicht nur als Zeichen eines reaktiven Denkens interpretieren. Daß die Vernunft den Schein in ihrem Schoß trägt, ist für Gilles Deleuze vor allem ein Hinweis darauf, daß sie sich als Vermögen erweist, »Probleme zu stellen«.[10] Die Erkenntnis eines transzendentalen Scheins ebnet den Weg zu einem verwandelten Ideenbegriff: Ideen sind Probleme, die allen Vermögen zugehören und die den »transzendenten Gegenstand« schaffen,[11] auf den sich in einem grenzüberschreitenden Schritt sowohl das Denken als auch die sinnliche Wahrnehmung zu bewegen.

Am aktiven und reaktiven Denken der Übertreibung haftet aber eine Zweideutigkeit, sei es, daß es sich gegen sich selber kehrt, bestrebt, dem eigenen Schein zu widerstehen, dem überkommenen Bild, das es von sich entwirft, sei es, daß es Erlösung durch Sünde sucht oder in der konsequenten Selbstüberbietung der eigenen Auslegung die erschließenden Auswirkungen seiner

10 Gilles Deleuze, *Différence et répétition*, Paris 1969, S. 218.
11 Ebd., S. 190.

an einer undurchdringlichen Wand zerschellen würde. Und wie leicht scheint es mir zu fallen, das Wort niederzuschreiben, als wäre es ein bloßes Zitat. Keine Übertreibung ist schwieriger als die auslöschende. Wenn ich mich auf den Künstler der Über-

Grenzüberschreitungen abschneidet. Muß man nicht durch einen *Abbruch* (des Denkens) die Kräfte freilegen und freisetzen, die die Zweideutigkeit (des aktiven und reaktiven Denkens) der Übertreibung aufzulösen vermögen? Einerseits gibt es keinen Schein, der von einem Abbruch nicht tingiert, keine These, keine Erklärung, kein Bild, auf die ein Abbruch nicht den Schatten eines Zweifels werfen würde. Jeder Abbruch schlägt im Bereich des Scheins eine Bresche für eine Frage. Andererseits vermag ein Abbruch die Übertreibung vor einer Lähmung zu bewahren. Gewinnt im Abbruch stets die Ungeduld, welche die Übertreibung antreibt, die Oberhand, oder teilt sich darin auch eine höhere Geduld mit, die Geduld der Übertreibung? Drei Beispiele seien zur Erläuterung eines Abbruchs gewählt, der die Übertreibung vor einer Lähmung bewahrt, in dem sich also eine höhere Geduld mitteilt. *Erst durch die Zurückhaltung gegenüber der Erklärung mag sich die Gelegenheit zu einem befreienden Handeln bieten, das im schöpferischen Schaffen zum Ausdruck kommt, gerade weil dieses das Ausgedrückte vom Ausdruck nicht trennt.*

Erklären – In einem Abschnitt seines philosophischen Hauptwerks über Differenz und Wiederholung, das die Idee vom Vorrang der Kategorie befreien möchte und die »transzendente Ausübung« eines Vermögens gegen das »Bild des Denkens« geltend macht, die *Übertreibung* einer »gekrönten Anarchie« gegen das Maß des Gemeinsinns und der Verständigkeit, erinnert Deleuze an die Gefahr der erklärenden Auslegung. Deren »hartes Gesetz« schreibt vor, daß jenes, was ausgelegt und erklärt worden ist, stets »ein für allemal«[12] eine Erklärung und Auslegung erfahren hat. Das Ausgedrückte besteht nicht mehr im Ausdruck, sondern unabhängig von ihm, nicht mehr in der intensiven Möglichkeit, die als eingerollte und eingewickelte Welt im anderen beschlossen liegt, sondern in der extensiven

12 Ebd., S. 314. Vgl. dazu auch S. 335.

treibung berufe und sage, daß die »Auslöscher« am Werk sind, die »Umbringer«, und daß die Übertreibungen, die sich aus meinen Enttäuschungen speisen, nichts anderes sind als der Ausdruck meiner Notwehr, dort, wo ich es den anderen gleich getan

Wirklichkeit, die von der Sprache gestiftet wird. Es wird zum Ausdrücklichen. Deleuze erblickt in der Weigerung, etwas erschöpfend zu erklären und auszulegen, mit dem anderen sich bis zur vollkommenen Klärung auseinanderzusetzen, erklärend dem anderen sich zuzuwenden, ohne von der Erklärung abzulassen, eine »Ethik« der Differenz und der Wiederholung. Denn die restlose Erklärung, die erschöpfende Auslegung, die Entwicklung und Entfaltung der Intensität beseitigt sie, gliedert die Differenz nur um den Preis ihrer Abschaffung in ein bestimmtes und ausgewiesenes System ein. Man darf sich nicht wie ein Kind benehmen, das alle ihm bekannten Schimpfwörter ausspricht und dadurch keines mehr zurückbehält; man muß sparsam mit erklärenden Auslegungen umgehen. Die Welt soll man mit Ausdrücken beleben, die das Ausgedrückte in sich wahren. Das »ein für allemal« Erklärte und Ausgelegte kehrt nicht wieder, es kehrt wieder, um niemals mehr wiederzukehren.[13] Die *Übertreibung*, die ohne *Abbruch* die Differenz bis zur äußersten Spitze ihrer erklärenden Auslegung treibt, schafft sie ab. Natürlich kann es sich bei einer solchen »Ethik« nicht um eine Strategie der Auslegung handeln, um ein Zurückhalten im Wissen um die Erklärung. »Vermeiden, etwas zu wissen, so, als wäre dies die einzige Art und Weise des Wissens«, heißt es in einer Erzählung von Fleur Jaeggi.[14]

Handeln – Der erste Satz des Essays, dem Joseph Margolis den Titel »Im Selbstgespräch« verliehen hat, mag auf den gleichmütigen Leser bereits wie eine Übertreibung wirken: »Ich bin ungeheuer neugierig darauf, herauszufinden, was ich *sagen* werde.«[15] Will der Autor mit einem solchen Auftakt, der zwischen der Herausforderung und dem Kalauer zu schwanken

13 Ebd., S. 377 und S. 384.
14 Fleur Jaeggi, *Proleterka*, Mailand 2001, S. 84.
15 Joseph Margolis, »Talking to Myself«, in: *Jewish Identity*, herausgegeben von David Theo Goldberg und Michael Krausz, Philadelphia 1993, S. 322.

und den systematischen Angriff nicht erkannt habe, ihn nicht habe sehen wollen, aus Furcht vor der ungeheueren Kraftanstrengung, die die Übertreibung kostet, gierig nach einer täuschenden und zerstörerischen »Existenzüberbrückung«, setzt

scheint, den Leser nach erprobter rhetorischer Manier in den Text hineinziehen? Fungiert der Satz als Aufhänger? Es fällt schwer, sich einen Philosophen vorzustellen, der einen Aufsatz schreibt, ohne zu wissen, was er sagen wird, in welcher Gestalt und in welcher Reihenfolge – gleichgültig, ob man ihn in Dingen der Institution und der akademischen Konvention für erfahren hält oder nicht. Hat Margolis einen Satz stehenlassen, der schriftlich im Grunde niemals festgehalten wird, weil er eben nur im Selbstgespräch begegnet, in der sachlich unverbindlichen Antwort auf die Aufforderung, ernsthaft über einen bestimmten Gegenstand nachzudenken und sich dazu schriftlich oder sachlich verbindlich zu äußern? Dann würde der Anfang des Aufsatzes genau zu dessen Titel passen und im Leser Zweifel darüber aufkommen lassen, ob er dieses Selbstgespräch als die Meditation eines Philosophen betrachten darf, der sich in die Einsamkeit der Selbstbesinnung zurückzieht. Hat der Leser es nicht vielmehr mit einem freien Versuch zu tun, der das Selbstgespräch in die Nähe des ungedeckten Gedankens rückt, der Meinung oder Ansicht, ja der Psychopathologie eines alltäglichen Mit-sich-selber-redens? Die Übertreibung wäre in diesem Fall ein Anzeichen mangelnder philosophischer Anstrengung und Strenge. Freilich begegnet der Leser auf den letzten Seiten des Aufsatzes einer Forderung, die ihm erneut übertrieben vorkommen, die im Rückblick aber Licht auf die Übertreibung des Anfangs werfen mag: »Wir müssen eine neue Lebensform erfinden.«[16] Wer den Vorsatz faßt, dazu beizutragen, eine neue Lebensform zu erfinden, und sei es nur durch den Nachweis der Dringlichkeit einer solchen Erfindung, mag in der Tat auf sich selber neugierig sein: darauf, was ihm nun genau einfallen, wie er es denn im einzelnen anstellen und bewerkstelligen wird. Was wird er aller unvermeidlichen Einwände und Gegenargumente zum Trotz sagen? Dem Übertreibenden ist eine Verdeutlichung

16 Ebd., S. 334.

man fassungslos der Rechtfertigung meiner Machwerke den Einwand entgegen, sie seien die Bestätigung meines Versagens. Statt meiner Eitelkeit nachzugeben und mich in einer Kunst zu üben, die in meinem Fall gar keine Kunst sei, sondern das Gefälle mei-

wichtig, nicht eine abwägende Diskussion, nicht eine vernunftgemäße Grundlegung und Rechtfertigung. Er möchte an etwas rühren, an das er nicht rühren könnte, würde er auf die Übertreibung verzichten, an etwas, das aus der Perspektive des rationalen Diskurses immer als Hirngespinst erscheint, an etwas, das des Diskurses nicht länger bedarf, an den Augenblick, in dem der Diskurs abgelöst, ja eingelöst wird.

Durch den Sperrdruck wird der erste Satz gleichsam zu einer Geste. Sein Verständnis hängt am Ende von der Deutung dieser Geste ab, von der Deutung der Hervorhebung, die das Sagen in den Vordergrund treten läßt. Was kann man sagen, wenn man bislang nichts gesagt hat? Wenn man nicht aufgrund unzureichender Reflexion nichts gesagt hat, sondern aufgrund einer »Verwicklung«, die in der Ordnung des Diskurses oder der autobiographischen Erzählung, in die das Mit-sich-selber-reden einzugehen oder zu der es sich zu verdichten trachtet, einen blinden Fleck bildet? Wenn man nicht aufgrund mangelnder Kunstfertigkeit nichts gesagt hat, sondern aus einer von dem Gegenstand unabtrennbaren Vorsicht und Besonnenheit, weil es also nichts zu sagen gibt, weil das Sagen immer schon einer Übertreibung, einem Mißverständnis, einer einseitigen und verfälschenden Aussage gleichkommen muß und sich auch in diesem Sinne kein Weg findet, auf dem sich der »Ausschluß« in einen »wahren Einschluß«,[17] das Ausgrenzen in ein Einbeziehen, die Übertreibung in eine Bewegung der Vereinigung verwandeln läßt? Wie weit wird man sich in die höchst unsicheren Gefilde der Übertreibung vorwagen und ein Geheimnis preisgeben, über das man nicht verfügen kann, in das man nicht einmal eingeweiht ist und das man nicht als die Katastrophe erfahren kann, die die Last des Verschweigens und Einbekennens aufbürdet?

Margolis betont in seinem Aufsatz wiederholt, daß es weder

17 Ebd., S. 331.

ner Selbstgefälligkeit, kein »Geistesgeheimnis«, sondern mein Verrat am Geist, hätte ich von mir absehen und alles auf mich nehmen sollen. Da ich *allein* etwas ausrichten, da ich am anderen und der andere selber an meiner Stelle nichts ausrichten könne, trüge

gegebene Normen noch Prinzipien gibt, auf die man sich berufen könnte, um ein Verhalten zu begründen oder eine Zugehörigkeit zu rechtfertigen, und daß die Berufung auf eine grundsätzliche Zugehörigkeit oder auf einen Grundsatz des Verhaltens unweigerlich auf einen gewaltsamen und ungerechtfertigten Ausschluß, auf eine Unterdrückung anderer Verhaltens- und Denkweisen hinausläuft.[18] Ist dieser Gedanke seinerseits eine These oder eine Gegenthese, eine negative Norm oder ein negatives Prinzip? Die Zugehörigkeit zu einem gesellschaftlichen und geschichtlichen Zusammenhang, zu einem Überlieferungszusammenhang, wird von Margolis keineswegs geleugnet. In der Kindheit und in der Jugend diskriminiert, gewinnt er, nicht nur unmittelbar durch die Erfahrung brutaler oder stupid subtiler Diskriminierung, sondern ebenfalls vermittelt, durch das Verhalten seines Vaters zum Antisemitismus, ein Verständnis »jüdischer Identität«, mag ihm auch die Unfähigkeit, diese Identität »abzuschütteln«, ein Rätsel aufgeben.[19] Als Erwachsener versucht er, einem »gewissen Mangel an ethnischer Besonnenheit«[20] abzuhelfen und »besonnen« in dem Bewußtsein zu leben, daß das »außerordentliche Unheil« der jüdischen Geschichte auch »sein« Unheil ist, ja daß ihn selber vielleicht eines Tages unerwartet solches Unheil heimsuchen wird.[21] Ist infolge der geschichtlichen Erfahrung »Besonnenheit« nicht sogar ein Zug »jüdischer Identität«, ist der »besonnene« Jude nicht einer, der seine »jüdische Identität« beglaubigt, ist das wie immer auch unauffällige »Verweilen« bei der Frage nach der geschichtlichen Bedeutung der Herkunft nicht ein Merkmal der Bestimmung dessen, was man als »jüdisch« bezeichnet?[22] Schließlich erkennt Margolis die Rolle an, die geschichtlich die

18 Ebd., S. 328 und S. 332.
19 Ebd., S. 322.
20 Ebd., S. 325.
21 Ebd., S. 328.
22 Ebd., S. 332 und S. 334.

ich *allein* Schuld an dem mir Zustoßenden, müsse ich allein mich als die Ursache dessen betrachten, wogegen meine hilflos empörte Übertreibung anrenne. Bläht der Übertreibende nicht die Sprache zu der des »Allesbesitzenden« auf, gerade weil er nicht

Berufung auf ein Prinzip, eine Norm, eine Identität für die Erhaltung eines Vorsatzes spielt, etwa für die Erhaltung des Vorsatzes, gegen die Wiederholung »außerordentlichen Unheils« zu kämpfen.[23]

Wollte man an dieser Stelle auf die ironische und paradoxe Formulierung aufmerksam machen, mit der Margolis das glückliche Gefühl, Jude zu sein, aus dem Umstand ableitet, daß er eben nicht Jude ist; wollte man den Blick auf das Uneinssein lenken, das er mit der Behauptung ausdrückt, er sei in dem Maße nicht Jude, in dem er eben »wirklich« Jude sei,[24] um in der Spannung zwischen der Vermittlung durch Geschichte (»ich bin Jude«) und dem Fehlen von Prinzipien der Zugehörigkeit (»ich bin nicht Jude«) das Wirken eines Prinzips auszumachen, das als solches einschränkende Folgen hat (»ich bin Jude«) *und* allgemeine Geltung beansprucht (»ich bin nicht Jude«), hätte man den Autor wohl gründlich mißverstanden, das Fehlen von Normen und Prinzipien in eine These, die Vermittlung durch Geschichte in eine Gegenthese verkehrt und beide letztlich in einer vorgeordneten Einheit zusammengeführt (»ich bin Jude insofern ich nicht Jude bin und umgekehrt«). Margolis sagt: Juden haben eine »jüdische Identität«, weil sie wissen, daß sich das Gedächtnis ihrer Geschichte, zumal der jüngstvergangenen, als »allzu überwältigend« erweist und dennoch als »unzureichend«.[25] Er sagt aber *nicht*: Juden haben eine »jüdische Identität«, weil »ungeheueres Unheil« allein über sie gekommen ist, sie wie kein anderes Volk von dem Wesen des Unheils eine Ahnung haben, ja geprägt worden sind, und sie sich *wie kein Volk sonst* »in unserer Zeit« zu *anderem* Unheil verhalten, in anderem Unheil *wiederfinden* können. Wie muß man dann das Beharren auf dem Fehlen von Prinzipien und Normen begreifen, will man die Hervorhebung einer Vermittlung durch Geschichte nicht

23 Ebd., S. 334.
24 Ebd.
25 Ebd.

im Besitz seiner eigenen Kräfte ist und deshalb von sich ablenken will? Ist er nicht der wahre Solipsist, ein Selbst ohne Selbst? Dennoch lastet das Schicksal des Übertreibens am schwersten auf

übersehen, ist der einzelne nicht einfach ein beliebiger einzelner, sondern stets auch *dieser* einzelne, *jener* einzelne? Bedrängt Geschichte den einzelnen um so stärker, ist es für ihn um so schwerer, ihren »Anforderungen« den Rücken zu kehren, je mehr er daran festhält, daß es unmöglich ist, sich auf ein Prinzip zu berufen, das die Geschichte bestimmt, je mehr er ein beliebiger einzelner ist?

Das Beharren auf dem Fehlen von Prinzipien und Normen ist eine *Übertreibung*, keine These, keine Setzung eines negativen Prinzips, die sich in einen performativen Widerspruch verheddert; eine Übertreibung aber, die man nicht weniger ernst nehmen darf, als man gemeinhin Normen, Prinzipien, Thesen ernst nimmt. Das zeigt Margolis gerade dort, wo er auf einen »Augenblick« zu sprechen kommt, in dem das Übertreiben abbricht, in dem er nicht nur unvermittelt »in die Fänge der kontingenten Zeit- und Lebensgeschichte gerät«, sondern es ebenfalls nicht »wagt«, sich aus dieser Geschichte auszunehmen und auf irgendeine vormals gegebene, »den Krieg und [seine] jüdische Herkunft« betreffende Erklärung zu rekurrieren.[26] Als wolle er mit dem Pathos einer gewissen Ironie an eine existenzphilosophische Tradition erinnern, die von Kierkegaard bis zu Heidegger reicht, und damit verdeutlichen, welches Gewicht dem Augenblick zukommt, gebraucht Margolis das deutsche Wort. Die Anekdote des Augenblicks erzählt von einer Gruppe deutscher Sozialdemokraten und Kommunisten, alle ehemalige Mitglieder der Hitlerjugend, die als Vertreter des Nachkriegsdeutschlands die Vereinigten Staaten besuchen. Margolis hat sich bereit erklärt, sie in der Stadt, in der er lehrt, zu empfangen. Die Frage nach der Herkunft seines Nachnamens, die einer der Besucher während eines Zusammenseins stellt, hat eine jähe Einsicht zur Folge: »Ich erkannte, daß es mir nicht möglich sein würde, mich von den Schlüssen loszusagen, die sie vielleicht aus der Herkunft meines Nachnamens ziehen würden, also aus dem bloßen Aner-

26 Ebd., S. 326f.

dem, der sowohl vom anderen absieht, indem er den Blick auf sich richtet, als auch von sich, indem er sein Selbst nur im Hinblick auf den anderen wahrnimmt. Er versucht gleichsam, sich in der rei-

kennen der Tatsache, daß es sich um einen hebräischen Namen handelt. Ich würde es mir nicht leisten können, meinen Besuchern einen Einblick in die ausgefeilten Unterscheidungen zu geben, die ich so sorgfältig ausgearbeitet hatte und die ich unter gewöhnlichen Umständen für durchaus angemessen befunden hätte – daß ich zum Beispiel ein Atheist war, ein Gegner des Zionismus, dessen Fürsprecher mein Vater gewesen war, nicht bereit, mich als Anhänger jüdischer Bräuche und Gepflogenheiten auszuweisen. Ich durfte die Last ihres nervösen Gefühls des Beteiligtseins nicht von ihnen nehmen – die Last *meiner* Wahrnehmung des Ernstes, der in der Annahme des Auftrags lag, sie als erklärte Vertreter des Nachkriegsdeutschlands willkommen zu heißen. Ich merkte, daß ich kein Recht hatte, die Dinge für sie oder für mich leichter zu machen. Ich mußte ein richtiges Verständnis davon vermitteln, daß wir – daß sie und ich in gleichem Maße von der schrecklichen Geschichte betroffen waren, an der wir gemeinsam Anteil hatten, wie wir ohne es eigens zu erwähnen wußten. Aber ich mußte ohne ausdrückliche Anklage oder Verurteilung auskommen, ohne mir also irgendwie das Recht anzumaßen, an jenem Ort und zu jenem Zeitpunkt in der kleinen Republik unserer Flughafenbar die Dinge richtigzustellen.«[27] Der Augenblick ist der Augenblick einer Anerkennung der Vermittlung durch Geschichte, *gleichzeitig* jedoch einer, in dem die erfolgte Anerkennung, die gegebene Antwort, die übernommene Verantwortung, die Margolis aus der Vereinzelung seines Fremdheitsgefühls unversehens entläßt, ihn wiederum jenem Dasein näherrückt, das nicht schon einem Prinzip untersteht, einer übergreifenden Norm, einer vorbestimmten Zugehörigkeit. Er will nicht *dieser* oder *jener* einzelne sein, identifizierbar durch die Anwendung von Prinzipien oder Normen, durch die wiedererkennbare Zugehörigkeit zu einem Volk oder einer Gruppe. Plötzlich kann und darf er eine Zugehörigkeit, ein Beteiligtsein, eine Verwicklung nicht leugnen. In diesem gänz-

27 Ebd., S. 326.

nen Übertreibung zu halten, ohne Selbst und ohne anderen, ohne Welt, und den Solipsismus durch dessen Erfüllung abzuschaffen. Sein Auslöschungswille ist so unbeugsam, daß er zum Künstler

lich unvorhergesehenen Augenblick indes scheint sich ihm die Gelegenheit einer Verwandlung zu bieten. Er kann sich wahrlich, das heißt: ohne sich durch ein Fremdheitsgefühl abzusondern und der Vereinzelung anheimzufallen, in einen beliebigen einzelnen verwandeln – *Abbruch* der Übertreibung, der sie aufhebt, indem er ihr Versprechen erfüllt, das Versprechen einer »neuen Lebensform«: »Wir alle wußten sofort, daß es einer Reihe kleiner, aufeinander abgestimmter, sorgsam miteinander verbundener öffentlicher Handlungen bedurfte – es bedurfte gleichsam einer Reihe von Tanzschritten, wenn der Vergleich denn nicht allzu leichtfertig wirkt.«[28] Durch diese Handlungen, die über den Unterschied zwischen Handlung und Handelndem hinausgehen, durch diesen angedeuteten Tanz, an dem *alle* Anwesenden teilnehmen, soll eine Art Protokoll zweiter Ordnung erstellt werden oder zustande kommen, das zu den äußeren Begebenheiten hinzutritt und es erlaubt, jenes aufzufangen, was »auf eine so glücklich sich fügende Art und Weise im Werden begriffen« ist, unbestimmt, aber doch »gegenwärtig«. Eine Verwandlung und eine Befreiung kündigen sich in dem Augenblick an, in dem sich der einzelne, von anderen herausgefordert, den »Anforderungen« seines gesellschaftlichen und geschichtlichen Daseins stellt und es sich trotzdem verbietet, seine Zugehörigkeit, sein Beteiligtsein, seine Verwicklung in eine »Identität« umzudeuten.

Weil aber die Verwandlung und die Befreiung letztlich eben davon abhängen, daß die ohne alle Vorgabe improvisierten Tanzschritte sich als aufeinander abgestimmt und miteinander verbunden erweisen, und daß kein unüberwindbares Hindernis die vortastenden Bewegungen blockiert, die von einem unendlich heiklen, verzwickten, idiosynkratischen Takt begleitet werden und die nicht zum Gegenstand eines Sagens werden können, eines Redens *über* das, was man gerade tut; weil es stets auch Augenblicke gibt, in denen man stolpert, der Versuch mißlingt oder

28 Ebd., S. 327.

werden muß. Im sogenannten Leben, das man der Kunst entgegensetzt, kann man nichts auslöschen, erhält sich das Ausgelöschte und kehrt unweigerlich als ungewolltes oder heimlich

es gar nicht erst zu einem Schritt kommt, eröffnet Margolis seinen Aufsatz mit dem Ausdruck unglaublicher Neugierde, kann der Aufsatz, den Margolis schreibt, nicht mit der Anekdote des Augenblicks enden, folgen auf den ersten Teil, an dessen Ende sie steht, ein zweiter und dritter Teil, in denen der Abbruch der Übertreibung nicht stattfindet. Wäre die Unmöglichkeit einer feststehenden Identität, in der Margolis die verwerfliche Fiktion einer Zugehörigkeit erblickt, ein negatives Prinzip und keine Übertreibung, so bliebe der Augenblick, um den es ihm zu tun ist, ein leerer Augenblick. Er würde nicht etwa einen blinden Fleck in der Ordnung des Diskurses markieren, sondern hätte in dem Aufsatz überhaupt keinen Ort, so schwierig es sein mag, diesen Ort, an dem es keinen Diskurs gibt, kein Reden über den Gegenstand, zu bestimmen und zu entscheiden, ob hier der Philosoph oder der Schriftsteller spricht, der Philosoph, der sich reflektierend und diskursiv zum Gegenstand verhält, oder der Schriftsteller, dessen Sprechen mit dem Sein des Gegenstandes zusammenfällt: Freiheit des Selbstgesprächs, Anekdote, die nicht einfach referiert, was sich einmal zugetragen hat, in der sich vielmehr *das einmal Zugetragene zuträgt*. Daß Adorno es zeitlebens verschmäht hat, über die Positivität zu sprechen, hat vielleicht auch darin seinen Grund, daß die Negativität eine Leidenschaft ist, die Positivität hingegen nichts als ein genauer Punkt, ein Augenblick, über den es nichts zu sagen gibt, ja der sich als solcher der Sprache versagt oder einzig in der Kunst von der Sprache untrennbar ist, gleichgültig, wie kurz oder wie lange er dauert.

Schaffen – In einem während seiner zweiten Italienreise an seinen Freund James Schuyler geschickten Brief schreibt der nordamerikanische Maler Fairfield Porter: »Ich werde mich darüber freuen, wieder zu Hause zu sein und zur Malerei zurückkehren zu können. Aber die italienische Kunst und Architektur lassen die ganze Avantgarde, die mit Picasso anfängt, als eine ziemlich dünne Seifenblase erscheinen. Das erhöht freilich keineswegs den Wert der Nachhut. Es gibt eben keine Antwort,

begehrtes wieder. Das Laborieren am Trauma zeigt die Verwechslung an. »Mein Bericht ist nichts anderes als eine Auslöschung«, nicht, weil ich im Namen des Neuen das Alte auflöse und schließ-

wenn Du weißt, was ich meine.«[29] Daß diese Bemerkungen eines Künstlers, der einerseits mit den bedeutenden abstrakten Malern in Nordamerika bekannt war und regelmäßig Artikel über deren Werke verfaßt hat, andererseits selber Werke schuf, die weder der Abstraktion noch der Figuration zugerechnet werden können, in denen also die Figuration an die Abstraktion rührt, als ernstgemeinte Übertreibungen zu verstehen sind, nicht als Invektiven eines Reaktionärs, macht der letzte Satz deutlich, das Eingeständnis, es gebe keine Antwort, man könne nicht traditionelle, klassische, figurative Kunstformen in Anspruch nehmen, um die Nachhut gegen die Avantgarde auszuspielen. Auf die italienische Kunst der Renaissance läßt sich keine Antwort finden; wo man die Avantgarde in der Kunstgeschichte als solche begreift, muß der Vergleich zu deren Ungunsten ausfallen. Daraus folgt aber nicht, daß sich die traditionelle, klassische, figurative Kunst verlängern oder reproduzieren läßt. Es gibt also in dem Sinne auch keine Antwort, daß man, will man als Maler nicht einfach aufhören, tätig zu sein, die Avantgarde gegen die Nachhut verteidigen muß und sie dennoch nicht an der italienischen Kunst messen darf. Weil man diese Schwierigkeit nicht umgehen kann, ist jede Aussage eines gegenwärtig tätigen Malers, die sich auf die Möglichkeit von Malerei bezieht, eine Übertreibung, eine Aussage, die unangemessen, einseitig bleibt, dessen Ernst sich jedoch nicht abstreiten läßt.

Vielleicht gilt unter solchen Umständen für den Betrachter moderner oder avantgardistischer Kunst, was Porter bereits gegen Ende der fünfziger Jahre dem Rezensenten empfiehlt. Der Rezensent soll kurze Artikel schreiben und nicht Literaturkritiker zum Vorbild erheben, die sich mit abgehobenen, dem Werk äußerlichen Streitereien abgeben. Er soll als aufgeschlossener Betrachter Vertrauen haben in seinen ersten Eindruck und ihn

29 Zitiert nach: Justin Spring, *Fairfield Porter. A Life in Art*, New Haven und London 2000, S. 289.

lich auslösche, sondern weil das Ausgelöschte stets das Alte und das Auslöschen selber stets das Neue ist, Altes und Neues sich nicht ergänzend zueinander verhalten. Einzig der Künstler ist

nicht unter dem Schutt jener Streitereien begraben. Seine Bewertung soll aus dem, was er schreibt, hervorgehen, nicht explizit in dem Artikel vorkommen, da die zum Ausdruck gebrachte Beurteilung, das gefällte Urteil, dazu führen, daß »beinahe zwangsläufig etwas ausgelassen« wird.[30] Vor allem indes soll er sich nicht an den Kriterien der Referenz, des Bezugs auf ein Werk, und der Angemessenheit, der Richtigkeit der Beurteilung, ausrichten, sondern an einer »parallelen Schöpfung« versuchen, deren Gegenstand das betrachtete Werk ist. Der Kritiker beurteilt nicht das Werk, das er rezensiert, er wendet nicht Kriterien auf ein ihm vorgegebenes Werk an. Sein Artikel »sagt, was da ist«, und klärt so über »das Wesentliche der Kunst« auf, um die es darin geht. Ist der Betrachter moderner oder avantgardistischer Kunst demnach Schöpfer oder Autor einer Genesis, ungeachtet dessen, ob er die Funktion eines Rezensenten ausübt oder nicht? Es verwundert kaum, daß Porter eine Vorliebe für die Kunstkritik von Dichtern hatte.

James Schuyler, der Dichter, mit dem er befreundet war, hat über einen Zeitraum von fast zwanzig Jahren wiederholt Artikel über das Werk Porters veröffentlicht. In immer neuen Anläufen hebt er daran hervor, daß der Maler nichts anderes malt als jenes, was da ist, oder genauer: daß dieses Malen von dem, was da ist, nicht unterschieden werden kann, und daß es deshalb wohl das bloße Dasein transzendiert, oder genauer: daß deshalb das bloße Dasein in ihm und durch es mit seinem eigenen Wesen ineinsfällt. Wie erfaßt Porter die »verschiedenen Formen von Gegenwart und Anwesenheit, die man nicht sieht, und die von menschlichem Gebrauch und menschlicher Bildung hervorgebracht werden«?[31] Wie wird die Küsten, Insel- und Meereslandschaft des Staates Maine zu einem »Geisteszustand« oder zu

30 Fairfield Porter, »The Short Review«, in: ders., *Art in its Own Terms*, herausgegeben und mit einem Vorwort versehen von Rackstraw Downes, Cambridge (Mass.) 1979, S. 168.

31 James Schuyler, »Fairfield Porter (1)«, in: ders., *Selected Art Writings*, herausgegeben von Simon Pettet, Santa Rosa 1998, S. 3.

ein Auslöscher. Weil Kunst indes wesentlich Auslöschung ist, weil sie nicht die Wirklichkeit verdoppelt und ihr Hervorbringen ununterscheidbar ist von dem Auslöschen, das sie *allein betreibt,*

einer »Befindlichkeit«?[32] Wie fügen sich ein Junge, ein Möbelstück, ein Zimmer zu einem »sinnvollen und zusammenhängenden Ganzen«?[33] Indem der Maler auf Interpretationen und Exemplifikationen verzichtet, auf Aussagen, Verherrlichungen, Gefühlsäußerungen, und nicht mehr meint, nicht mehr darstellt, als das, was er sieht und was »da ist«,[34] als das, was er mit einem Pinselstrich auf die Leinwand bringt oder »setzt«; indem seine Hand nicht danach trachtet, ein überflüssiges Idiom zu erfinden oder durch die Manier des Farbauftrags sich von dem Stoff, von der Materie des Malens, ablenken zu lassen;[35] indem Zurückhaltung, die Verhaltenheit, die nicht mit dem Finger auf etwas zeigt oder etwas ins Blickfeld zwingt, die Wahrnehmung des darstellenden Künstlers für den Umstand schärft, daß einer »es nur schwerlich vermag, nicht er selber zu sein«.[36] Die Aufforderung »Schau *jetzt* hin!«[37] trifft nicht einen gesonderten Aspekt des Schaffens von Fairfield Porter, sondern das Werk und das Kunstverständnis des Malers. Wellen, gefroren zu Gebirgen und übereinandergelagerten Schollen, ein Verschwinden, von einem Krater geschluckt, ein rasches Abgleiten in das weiße Nichts am unteren rechten Bildrand. Farbprächtige Gemälde, die sich wie die Bilder von Viscontis *Senso* in einer schwarzen Wand auflösen. Dem aufmerksamen Blick verwandelt sich das Daseiende, es weicht nicht von der Stelle und wird (zugleich) abstrakt. Willem de Koonings Kommentar zu den Gemälden einer Künstle-

32 James Schuyler, »An Aspect of Fairfield Porter's Paintings«, in: ders., *Selected Art Writings*, a. a. O., S. 11.

33 Ebd., S. 12.

34 Ebd., S. 15 und S. 16. Der Text, ursprünglich im Magazin *ARTnews* erschienen, stammt aus dem Jahr 1967. Schuyler könnte also die Formulierung »what is there« [was da ist] Porters obengenanntem Artikel entnommen haben.

35 James Schuyler, »Fairfield Porter (3)«, in: ders., *Selected Art Writings*, a. a. O., S. 19.

36 Ebd.

37 James Schuyler, »An Aspect of Fairfield Porter's Paintings«, a. a. O., S. 16.

muß man in der Übertreibung das Geheimnis des Geistes ausmachen, steht der Künstler »völlig allein« da, jenseits von Täuschung

rin: »Sie macht kleine Kissen« versinnbildlicht in Porters Augen die geglückte Kritik: ein ganz und gar konkreter, ganz und gar abstrakter Satz,[38] der nicht beurteilt und der das Ende der Erklärung markiert, sich jeder weiteren Erklärung entzieht, da es für ihn keine weitere Erklärung gibt,[39] er keine weitere Erklärung benötigt – wie das höchst anfällige Protokoll, das Margolis erwähnt, die Handlungen oder Schritte, über die er selber nichts sagen kann, nichts zu sagen hat, nichts anderes als: sie sind gelungen, sie sind mißlungen. (Er sagt es nicht.) Kehrt sich aber die Aufmerksamkeit dem Unmittelbaren zu, so ist sie ihrerseits doch nicht unmittelbar. »Man soll so wach und so aufmerksam wie möglich sein«, postuliert Porter in einem 1968 geführten Gespräch. Kunst sei »eigentlich eine Frage der Aufmerksamkeit«. In diesem Gespräch stellt er jedoch ebenfalls fest, für den Künstler sei die Fähigkeit wichtig, Dinge allein, Dinge stehen zu lassen, statt sie gewaltsam zu drehen und zu wenden, »wissend, wann man *nicht* aufmerksam zu sein braucht«.[40] Ohne *Abbruch*, ohne Unterbrechung der Aufmerksamkeit, deren Steigerung eine *Übertreibung* der Konkretion ist, betrachtet man nicht genau, sieht man nur, was man sehen will, die eine Seite der Dinge. Erst durch den Abbruch der Übertreibung wird die Betrachtung genau, rührt die Konkretion an die Abstraktion. Der Unterschied zwischen Ungeduld und Geduld der Übertrei-

38 Fairfield Porter, »The Short Review«, a. a. O., S. 168.

39 Wittgensteins Zurückweisung des philosophischen Erklärungsdrangs, seine Behauptung, daß Erklärungen »irgendwo ein Ende« haben und vor allem der Verhütung oder Beseitigung von Mißverständnissen dienen, hängt bekanntlich mit dem Gedanken zusammen, daß Sprachspiele vollständig sind und die Vorstellung irreführend ist, daß sie einer Grundlegung, einer erklärenden Eingliederung in ein umfassenderes System, bedürfen. D. Z. Phillips versucht in seinem Aufsatz »Wissen, wo man aufhören soll« zu zeigen, daß dieser Gedanke Kritik nicht ausschließt: Die Erklärung, die Mißverständnisse verhütet oder beseitigt, ist mit der Idee des Sprachspiels vereinbar. (D. Z. Phillips, »Knowing Where to Stop«, in: ders., *Belief, Change and Forms of Life*, Basingstoke 1986, besonders S. 34f.)

40 Justin Spring, *Fairfield Porter. A Life in Art*, a. a. O., S. 39 und S. 157.

und Enttäuschung. Er befindet sich im Gnadenstand.

bung, zwischen Übertreibungsfanatismus und Übertreibungskunst, ist der zwischen zwei Abstraktionen, zwischen der Abstraktion der Ungenauigkeit und der Abstraktion der Genauigkeit. Die ungeduldige, fanatische, leerlaufende, lähmende Übertreibung rührt an keine Grenze, erstarrt, kommt aus dem Ungefähren und Vagen nicht heraus.

Ob das Übertreiben schaffend die Augen öffnet oder schließt, die befreiende Verwandlung in einen beliebigen einzelnen durch das Handeln vorbereitet oder den einzelnen zur Vereinzelung verdammt, eine mögliche Welt als solche offenbart oder in der Erklärung steckenbleibt, läßt sich also nicht grundsätzlich entscheiden, sondern muß sich an den Gegenständen zeigen.[41]

41 Ist der Abbruch der Übertreibung eine Art Grenzziehung, die der Hegelschen *und* der Kantisch-Wittgensteinschen Kritik verfällt? Wittgenstein hat es mit einem »topischen Problem« zu tun, mit einer »Abgrenzung«, die dem »Unsagbaren« seinen Ort zuweist, *indem* das »Sagbare deutlich dargestellt« wird (Jacques Bouvresse, *La rime et la raison*, Paris 1973, S. 22). »Von außen« kann man sich also nicht auf die Grenze beziehen; sie gehört nicht zum Sagbaren (ebd., S. 42). Ist die Philosophie in diesem Sinne »Antimythologie«, muß sie ihren »Gegner« dennoch mit der »größten Achtung« behandeln, da er »in gewisser Hinsicht« die »Sprache selber« ist (ebd., S. 221).

Denken als Geste
Übertreibung und Philosophie

I

Daß zwischen Denken und Übertreibung ein Zusammenhang besteht, der sich sowohl für das Denken selbst als auch für dessen Darstellung als konstitutiv erweist, ist ein Gedanke, den Adorno immer wieder vorbringt, ohne ihn je eigens systematisch zu entfalten. Weil dieser Zusammenhang den Bezug des Denkens zur Wahrheit stiften soll, läßt sich die Aussparung einer systematischen Entfaltung nicht einfach als ein Versäumnis des Philosophen deuten. Man muß sich fragen, ob Adornos Gedanke nicht selber eine Übertreibung darstellt. Durchkreuzt die Übertreibung des Denkens nicht den Versuch, einen Gedanken systematisch zu entfalten? Liegt die Aussparung einer systematischen Entfaltung des Gedankens, das Denken sei in seiner Konstitution auf die Übertreibung angewiesen, nicht im Wesen der Übertreibung beschlossen, in der Unmöglichkeit, eine Übertreibung zu begründen?

Jede begründete Übertreibung ist keine Übertreibung mehr. Als begründete ist die Übertreibung entweder ein äußeres Beiwerk oder eine notwendige Begrenztheit des Gedankens. In beiden Fällen ist sie keine für den Gedanken und seinen Anspruch auf Wahrheit *konstitutive* Übertreibung, ja überhaupt keine *Übertreibung*, die man für den Gedanken und seinen Anspruch auf Wahrheit als konstitutiv betrachten könnte. Das Beiwerk mag der rhetorischen Unterstreichung dienen, seine Funktion jedoch läßt sich aus der Sicht des Gedankens strenggenommen gar nicht begründen, da der Gedanke als solcher jener Unterstreichung nicht bedarf, da er wahr oder falsch ist, gleichgültig wie sehr man ihn unterstreicht. Die Übertreibung konstituiert nicht den Gedanken. Sobald die Übertreibung als rhetorisches Beiwerk begründet worden ist, ist sie auch nicht länger Übertreibung. Man hat sie in ihre Schranken gewiesen. Die notwendige Begrenztheit indes gehört zum Gedanken selber und kann in dem Augenblick, in dem diese Zugehörigkeit kritisch nachgewiesen wird, nicht eigentlich als Übertreibung angesehen werden, die in *jedem* Gedanken sich auswirkt. Die Einsicht, daß das Denken abschweift, daß es über den Gegenstand hinaustreibt, den es zu erkennen vermeint, verdankt sich einer Kritik, welche die Übertreibung als Schein durchschaut, selbst wenn sie deren Notwendigkeit in der Denkstruktur ausmacht. Wiederum ist die begründete Übertreibung keine Übertreibung mehr: Als begründete fällt sie in die Vergangenheit eines unkritischen oder vorkritischen Denkens. Da nun Begründungen von Übertreibungen sich einem dieser beiden Fälle stets zurechnen lassen, darf man allgemein feststellen, daß es keine begründeten Übertreibungen gibt, oder daß Übertreibungen allein um den Preis ihrer Preisgabe begründet zu werden vermögen.

An dieser Stelle scheint man sich in einem Kreis zu bewegen. Auf der einen Seite weckt die Behauptung, Denken sei wesentlich Übertreibung, den Verdacht, eine willkürliche Behauptung zu sein, eine unbegründete Übertreibung, die nichts mit Denken zu tun hat. Auf der anderen Seite führt die systematische Entfaltung des Gedankens von der Übertreibung des Denkens, durch die allein er einsichtig werden kann, zu seiner eigenen Verneinung und verweigert so gerade die Einsicht. Kann sich das Denken genau davon Rechenschaft ablegen, warum es Übertreibung ist, also etwas, das über das Abgeben von Rechenschaft hinausschießt, hat es den übertreibenden Überschuß eingesteckt. Einsicht als eine gegen jede systematische Entfaltung und Begründung widerspenstige Eingebung zu bestimmen, öffnet den Kreis nicht, verzichtet man doch damit auf das Denken.

Der Kreis, der das Denken hier umzingelt, genauer: in dessen Bewegung das Denken hier einbegriffen ist, läßt sich als eine eigentümliche Dialektik der Aufklärung beschreiben. Aus der Übertreibung als dem Übermächtigen und für das Denken Undurchsichtigen, das Horkheimer und Adorno als Mythos bezeichnen, sucht die Aufklärung hinauszuführen; je mehr sie aber in ihrer Zerstörung des Mythischen fortschreitet, desto mehr fällt sie ihm anheim, erzeugt sie es selber, da der ganz und gar aufgeklärte Gedanke, der Gedanke, der auf keinen Widerstand mehr stößt und der gleichsam eins geworden ist mit sich selber, ebensowenig ein Gedanke ist wie die reine Übertreibung.

Daß man von einem Kreis des Denkens und von einer Dialektik der Aufklärung überhaupt sprechen kann, supponiert, daß jener Kreis sich nie gänzlich schließt und daß diese Dialektik sich nie ungestört vollzieht. Über die Öffnung des Kreises läßt sich allerdings zunächst nicht viel mehr sagen, als daß sie nicht durch eine Begründung der Übertreibung erfolgen kann. Wie verhält sich das Denken zur Übertreibung, die es sein soll, und was schafft den Wahrheitsbezug des übertreibenden Gedankens, wenn sich weder die Übertreibung begründen noch das Unbegründete zum denkfremden Ersatz für eine Begründung erklären läßt? Anders gefragt: Wie verhält sich die Aufklärung zum Mythos, wenn der Mythos sich nicht als ein zu durchschauender Schein in ihr erschöpft und sie nicht umgekehrt dem Mythos unterworfen werden soll?

Ein Einwand dagegen, die zweite Frage in Analogie zur ersten zu formulieren, mag lauten, daß die ungewohnte These vom Denken als Übertreibung eine positive Aussage ist, wie immer auch rätselhaft, während jede Aussage über das Verhältnis von Mythos und Aufklärung eine negative, kritische sein muß. Recht behält ein solcher Einwand jedoch nur, wenn man zwischen den beiden Thesen, mit denen Horkheimer und Adorno in der Vorrede zu ihrem Werk dessen Gedanken zusammenfassen (die These, Mythos sei bereits Aufklärung, und die These, Aufklärung schlage in Mythos zurück), einen »Kausalzusammenhang« konstruiert, der die Begriffe des Mythos und der Aufklärung letztlich willkürlich voneinander abtrennt. (Strenggenommen würde der »Kausalzusammenhang« freilich zwischen den Kräften von Mythos und Aufklärung bestehen, nicht zwischen den Thesen.) *Weil* der Mythos bereits Aufklärung sei, *müsse* Aufklärung in Mythos oder, wörtlich zitiert, in »Mythologie« zurückschlagen. Für eine Interpretation, die diesen »Kausalzusammenhang« unterstellt und mit ihm die Notwendigkeit, das Verhältnis von Mythos und Aufklärung als ein kritisches zu verstehen, spricht eine Formulierung, die sich im ersten Teil der *Dialektik der Aufklärung* findet: »Nur solches Denken ist hart genug, die Mythen zu zerbrechen, das sich selbst Gewalt antut.«[1] Aufklärung kann den Mythos zerbrechen: Sie tritt ihm nicht als ein ganz und gar Ungleichartiges und Unvergleichbares gegenüber. Der Mythos ist selber historisch,

1 Max Horkheimer und Theodor W. Adorno, *Dialektik der Aufklärung*, in: Max Horkheimer, Gesammelte Schriften, Band 5, Frankfurt am Main 1987, S. 26.

das Ergebnis einer frühzeitlichen Aufklärung (das versuchen Horkheimer und Adorno in ihrer Exposition des Begriffs der Aufklärung zu zeigen) und er enthält in sich die Möglichkeit der Aufklärung (das versuchen Horkheimer und Adorno in ihrem Exkurs zum homerischen Epos zu zeigen); die Aufklärung wiederum enthält in sich die Möglichkeit des Mythos, der gewaltsamen Verhärtung oder Verdinglichung, und kann sich einzig als Mythos gegen den Mythos behaupten (das versuchen Horkheimer und Adorno in ihrer Urgeschichte des Antisemitismus zu zeigen). Die Gleichartigkeit und Vergleichbarkeit von Mythos und Aufklärung läßt sich somit an einer dreifachen Verflechtung ablesen. Aufklärung tritt in Gestalt des Mythos auf und aus der Gestalt des Mythos hervor, die aus der Gestalt des Mythos hervortretende Aufklärung nimmt aber die Gestalt des Mythos an. Die Interpretation der Dialektik der Aufklärung, die im Hinblick auf diese dreifache Verflechtung von Mythos und Aufklärung einen »Kausalzusammenhang« zwischen beiden herstellt, um das Zurückschlagen von Aufklärung in »Mythologie« zu erklären, muß allerdings das Verständnis des Satzes, schon der Mythos sei Aufklärung, verkürzen. Zwar geht sie von der Gleichartigkeit und Vergleichbarkeit von Mythos und Aufklärung aus, doch nur um ihr die Ungleichartigkeit und Unvergleichbarkeit schließlich abstrakt vorzuordnen und die beiden Begriffe gegeneinander auszuspielen. Daß Aufklärung mythische Züge trage, ist so zu verstehen, daß Aufklärung nie vollständig und restlos in den Mythos umzuschlagen vermag, so wenig wie der Mythos in Aufklärung. Die Dialektik der Aufklärung ist kein schematisches, resultathaftes Umschlagen. Aufgrund der für alle Aufklärung konstitutiven Verflechtung mit dem Mythos, aufgrund des für alle Aufklärung bestimmenden Widerstands, an dem der aufgeklärte Gedanke sich mißt, aufgrund der Nichtidentität oder des Uneinsseins der Aufklärung mit sich selber, kann das Zurückschlagen in »Mythologie« stets nur eine Tendenz und folglich eine Übertreibung bedeuten – eine Tendenz, die von der Spannung gezeitigt wird, die Aufklärung und Mythos, gleichartig und dennoch ungleichartig, auseinandertreibt und aufeinander bezieht.

Die Dialektik der Aufklärung wird deshalb auch von jener Kritik verkannt, die ihre vorgebliche Unausweichlichkeit oder Ausweglosigkeit als dogmatische Totalisierung oder Hypostasierung denunziert und die Übertreibung zum Anlaß nimmt, zwischen einer mythisch befangenen und einer kommunikationstheoretisch geläuterten Aufklärung zu unterscheiden. Noch für die kommunikationstheoretisch geläuterte Aufklärung muß das Mythische, der vernunftgeleiteten Kommunikation gegenüber Heterogene, konstitutiv sein, wenn anders sie in ihrer angestrebten Durchsichtigkeit nicht mit der Undurchsichtigkeit des Mythos zusammenfallen und das denunzierte Schema bestätigen soll. Verweist Habermas zum Beispiel in dem einleitenden und referierenden Teil seiner Notizen zur Begründung der Diskursethik auf das dialektische Kraftfeld, das sich zwischen dem Handelnden und dem Beobachtenden erstreckt, zwischen der Perspektive des »Angehörige[n] einer Lebenswelt«[2] und der Perspektive des diese Welt objektivierenden Moralphilosophen, so macht er implizit zumindest darauf aufmerksam, daß Ethik gerade durch die Unmöglichkeit am Leben erhalten wird, beide Perspektiven zu vereinigen, durch den blinden Fleck also, der den Vollzug einer radikalen Dekontextualisierung und Universalisierung immer verhindert und damit die endgültige Überführung der »moralische[n] Alltagsintuition[en]« in einen allgemein geltenden Grund. Eine vollkommen dekontextualisierte und in diesem Sinne universale Gemeinschaft wäre kraftlos und abstrakt, keine Gemeinschaft; ihre erhaltende Kraft muß die unbegrenzte Kommunikationsgemeinschaft aus der ständigen Rückerinnerung an begrenzte, kontextuell gebundene Kommunikationsgemeinschaften beziehen. Elias Canetti drückt den Umstand in seiner Autobiographie aus, indem er das Auseinandertreten der Perspektiven bis zur Paradoxie treibt: »Aber eine ›Moral‹ muß in Gegensatz zu dem stehen, wie man fühlt und handelt, damit sie einem auffällt, und sie muß lange in einem liegenbleiben, bevor sie ihre Gelegenheit findet, sich plötzlich ermannt und zuschlägt.«[3] Daß die zuschlagende Moral durch das Ergreifen ihrer Gelegenheit den Gegensatz nicht *in sich* aufheben kann, ohne wiederum der Ohnmacht zu verfallen, daß jene Gelegenheit selber weder zur Moral noch zum amoralischen Fühlen und Handeln gehören kann, indiziert in der Sprache der

2 Jürgen Habermas, »Diskursethik – Notizen zu einem Begründungsprogramm«, in: ders., *Moralbewußtsein und kommunikatives Handeln*, Frankfurt am Main 1983, S. 57.

3 Elias Canetti, *Die gerettete Zunge*, Frankfurt am Main 1979, S. 285.

Dialektik der Aufklärung eine für die Aufklärung lebenswichtige Verschlungenheit mit dem Mythos.

Der »positive« Begriff der Aufklärung, auf den Horkheimer und Adorno es angelegt haben,[4] setzt bekanntlich eine »Selbstbesinnung« voraus. Als »Selbstbesinnung« kann indes nur eine Aufklärung des Mißverständnisses bezeichnet werden, die Dialektik der Aufklärung sei ein unausweichliches schematisches Zurückschlagen von Aufklärung in Mythos. Aus der These, schon der Mythos sei Aufklärung, folgt nicht die These, Aufklärung schlage in »Mythologie« zurück. Den positiven Aufklärungsbegriff zu gewinnen kommt dem Versuch gleich, über ein lediglich negatives oder kritisches Verständnis der Verflechtung von Mythos und Aufklärung hinauszugelangen. Nicht soll ein positiver Begriff der Aufklärung an die Stelle des negativen treten, vielmehr soll der positive ein Bewußtsein von der Versperrtheit anzeigen, die es verwehrt, die beiden Thesen des Buchs in ein Folgeverhältnis zu setzen oder Mythos und Aufklärung durch ihre »kausale« Verknüpfung abstrakt voneinander loszulösen. So erweist sich die Analogie zwischen der Frage nach der für das Denken konstitutiven Funktion der Übertreibung und der für die Aufklärung konstitutiven Funktion des Mythos als durchaus gerechtfertigt.

Die polemische Pointe aus den *Minima Moralia*, wahr an der Psychoanalyse seien einzig deren Übertreibungen,[5] richtet sich zunächst gegen einen verdrängenden oder verneinenden Konformismus. Wollte man in ihr die besondere Wendung einer allgemeingültigen Erkenntnis erblicken und aus ihr folgern, Wahrheit hänge an den Übertreibungen des Denkens, würde man einmal die Spitze abbrechen, die sich gerade an der Spezifizität schärft, dann aber dem Einwand sich aussetzen, jene Pointe sei untrennbar von dem therapeutischen Wert der psychoanalytischen Lehre, von einem Wert, der nicht jeden begrifflichen Diskurs bestimmt wie die Psychoanalyse – die Übertreibung tut

4 Max Horkheimer und Theodor W. Adorno, *Dialektik der Aufklärung*, a. a. O., S. 21.

5 Theodor W. Adorno, *Minima Moralia*, in: ders., Gesammelte Schriften, Band 4, Frankfurt am Main 1980, S. 54. In dem Aphorismus »Drei Schritte vom Leibe« gibt Adorno ausdrücklich zu verstehen, ein »Element der Übertreibung, des über die Sachen Hinausschießens, von der Schwere des Faktischen sich Loslösens« sei dem Gedanken wesentlich (ebd., S. 142).

gleichsam weh und kann dadurch gerade heilsam auf das leidende Individuum einwirken. Dennoch scheint es nahezuliegen, zu den pragmatischen Voraussetzungen der Argumentation nicht bloß den auf die Herstellung eines universalen Einverständnisses angelegten Geltungsanspruch eines Arguments zu zählen, sondern ebenfalls ein Streben nach Dissens. Wird ein argumentierendes Denken in Begriffen nicht stets von dem unversöhnlichen Widerstreit zwischen einem doppelten Anspruch oder einem doppelten Streben durchkreuzt und angetrieben? Ohne einen zumindest virtuellen Dissens, der den hergestellten Konsens offenhält, würde dieser dogmatisch erstarren; ein Konsens aber, der deshalb von keinem Dissens mehr herausgefordert werden könnte, weil er mit der Wahrheit zusammenfallen würde, nicht mit der Willkür des Dogmas, wäre nicht länger ein Konsens. In dem Maße also, in dem der Geltungsanspruch eines Gedankens durchkreuzt und angetrieben wird von einem doppelten Streben, von einem Streben nach Herstellung eines Konsenses und von einem Streben nach der Herausforderung durch einen Dissens, können nur jene Gedanken auf Wahrheit zielen, für die Übertreibungen konstitutiv sind, jene Gedanken, die hinausgetrieben werden über ihre mögliche Begründung.

In seinem nach der Rückkehr aus dem Exil entstandenen Aufsatz über den »Essay als Form« hebt Adorno die Verwandtschaft des Essays mit »Glück und Spiel« hervor und erblickt in seiner Form eine Absage an ursprungsphilosophisches Denken: »Weder sind seine Begriffe von einem Ersten her konstruiert noch runden sie sich zu einem Letzten.«[6] Die Interpretationen des Essayisten erweisen sich so »prinzipiell« als »Überinterpretationen«. Ist Adornos Begriff des Denkens an die Einsichten gebunden, die er der Form des Essays abgewinnt, so wird die Darstellung des Gedankens von der Übertreibung bedingt, die in jeder »prinzipiellen Überinterpretation« liegt. In seinem Aufsatz über »Meinung Wahn Gesellschaft«, geschrieben in den frühen sechziger Jahren, behauptet Adorno, daß sich kein Gedanke in seiner Entsprechung zu einem Gegebenen erschöpfe, zu Fakten oder Daten, und daß die Übertreibung darum als ein konstitutives Moment des Denkens gelten müsse; der Gedanke

6 Theodor W. Adorno, »Der Essay als Form«, in: ders., *Noten zur Literatur I*, in: ders., Gesammelte Schriften, Band 11, Frankfurt am Main 1974, S. 10.

schieße stets über seine »Einlösung durch gegebene Tatsachen« hinaus, in dieser Differenz liege aber sowohl das »Potential« der Wahrheit als auch das des Wahns.[7] Der Bezug des Denkens zur Wahrheit, um den es an dieser Stelle geht, steckt bereits in einer Frage, die Adorno in der Einleitung zu seiner *Metakritik der Erkenntnistheorie* stellt. Sie erinnert an die Überlegungen zum Essay als Form: »Warum eigentlich sollte das spielerische Glück des Geistes vom Risiko des Irrtums gemindert werden?«[8] Eine Wahrheit, die nicht abstürzen könne in den »Abgrund« des »Wahnsinns«, heißt es dann zehn Jahre später in der *Negativen Dialektik*,[9] sei bloß »analytisch« und »potentiell« nichts anderes als eine Tautologie.

Allein in der gegen Begründungen widerspenstigen Übertreibung wird das Denken zum Denken, kann es auf Wahrheit zielen. Wahrheit ist folglich nie als ein Verhältnis der Entsprechung zwischen dem Gedanken und einem Gegebenen zu denken, ebensowenig jedoch als ein Verhältnis des Denkens zu sich selber; Denken und Wahrheit sind nicht einfach Denken und Wahrheit, da beide nur dort, wo sie über sich hinausgetrieben werden, dem Wahn sich aussetzen und ausgesetzt bleiben, zu dem werden, was man Denken oder Wahrheit nennen mag. Die Übertreibung, die ihr Maß nicht länger an einem Gegebenen oder Vorausgesetzten hat, auf das sie zurückgeführt werden könnte und das für ihre Erkennbarkeit sorgen würde, ist weder ein Anzeichen der Wahrheit noch ein Symptom des Wahns, weder Denken noch Nichtdenken. Vielmehr ist sie Denken als Geste.

Weshalb ist eine solche Übertreibung für den auf Wahrheit zielenden Gedanken konstitutiv? Warum ist das Denken Geste? Weil man mit jedem neuen, stiftenden Gedanken die Welt anders erfährt und das Denken dadurch, daß es eine Welt eröffnet und erschließt, bereits uneinholbar über sich hinausgetrie-

7 Theodor W. Adorno, »Meinung Wahn Gesellschaft«, in: ders., *Eingriffe*, in: ders., Gesammelte Schriften, Band 10.2, Frankfurt am Main 1977, S. 577. Vgl. dazu: Alexander García Düttmann, »Das Recht der Kunst. Übertreibungen und Tautologien«, in: *Kunstende. Drei ästhetische Studien*, Frankfurt am Main 2000.

8 Theodor W. Adorno, *Zur Metakritik der Erkenntnistheorie. Studien über Husserl und die phänomenologischen Antinomien*, Frankfurt am Main 1990, S. 23.

9 Theodor W. Adorno, *Negative Dialektik*, Frankfurt am Main 1975, S. 45.

ben worden ist. Erst in der jeweils eröffneten und erschlossenen Welt kann ein Gedanke dem darin Gegebenen entsprechen oder nicht, erst in ihr kann man von einer bloßen Übertreibung sprechen, eine gerechtfertigte von einer ungerechtfertigten Übertreibung unterscheiden.[10] Hat man aber die Übertreibung des Denkens nicht doch begründet, antwortet man so auf die Frage nach ihrer konstitutiven Funktion? Nein. Denn die Übertreibung ist eine Aussetzung. Es gibt kein Denken ohne die eröffnende und erschließende Praxis, die es dem Wahn und der Wahrheit gleichermaßen aussetzt. Gerade weil nie entschieden werden kann, ob ein Denken tatsächlich wahres Denken ist, vermag man die Übertreibung nie zu begründen. Diese Unmöglichkeit zeitigt freilich kein relativistisches Schwanken. Jedes Denken ist in dem Maße mit dem anderen unvereinbar, in dem es als Denken den Anspruch erhebt, die Welt solle so verstanden werden, wie es sie eröffnet und erschließt; daran ändert nichts, daß es den Gedanken einer Eröffnung, einer Erschließung, ja einer Welt dekonstruieren mag. Der unvereinbare Anspruch eines Denkens entzieht sich der Begründung, da sich die Übertreibung der Begründung entzieht, die es als eröffnende und erschließende dem Denken ermöglicht, einen Anspruch überhaupt zu erheben. Jedes Denken ähnelt einem Kunst-

10 In seinem Aufsatz »Gesellschaftstheorie und Übertreibungskunst« (in: Neue Rundschau, 1, Frankfurt am Main 1997) bemüht sich Bert van den Brink, die *Dialektik der Aufklärung* als Zeugnis einer »Übertreibungskunst« zu lesen. Der Autor beruft sich auf einen Abschnitt, in dem Horkheimer und Adorno feststellen, »nur die Übertreibung [sei] wahr« (ebd., S. 49). Doch vermag er nicht, den Begriff der Übertreibung zu klären. Man soll die »Übertreibungskunst« als einen »stets in persönlicher Erfahrung gründenden, schonungslosen und gerade deshalb befreienden Versuch« deuten, »dem besänftigenden Zwang des Gegebenen zu entkommen«. Vom damit *vorausgesetzten* Standpunkt des »Gegebenen« oder der »Tatsachen« aus läßt sich die Übertreibung nie »rechtfertigen«. Die Übertreibung wird so zum »rhetorischen Mittel« (ebd., S. 56). Das »rhetorische Mittel« dient einerseits dem »Wachrütteln« und der »Sensibilisierung« und hat eine psychologische, keine logische Funktion. Andererseits soll es aber das »Benennen« von »Wesentlichem« überhaupt erst möglich machen und untrennbar sein von einer »›welterschliessenden‹ Kraft« (ebd., S. 55). Dann ist es freilich mehr als bloß ein »rhetorisches Mittel«, dessen übertreibende Wirkungen sich an *vorausgesetzten* »Tatsachen« messen lassen. Ungeklärt bleibt so das Verhältnis von logischer und psychologischer Funktion in dem Begriff der Übertreibung, dessen sich van den Brink bedient.

werk,[11] wenn man Kunst aus der radikal antagonistischen Sicht betrachtet, die Adorno von Valéry übernimmt. Jedes Denken ist aber auch eine Flaschenpost, eine »Geste aus Begriffen«, um eine Wendung zu zitieren, die Adorno in einem Brief an Horkheimer aus den vierziger Jahren gebraucht.[12]

Der Nachweis, daß Denken in dem Maße, in dem es eine Welt eröffnet und erschließt, wesentlich Übertreibung ist, und daß jeder Gedanke, der von einer solchen Eröffnung abhängt, das Mal der Übertreibung tragen muß, scheint freilich nicht auszureichen, um die weiterreichende Analogie zwischen Mythos und Übertreibung zu legitimieren. Während nämlich der Mythos für alles Denken sich als konstitutiv erweisen soll, ist die Übertreibung im Sinne des vorgebrachten Arguments einzig für ein besonderes Denken konstitutiv, das man als philosophisch bezeichnen kann. Die Analogie hat nur eingeschränkt Gültigkeit, da Mythos und Übertreibung hier nicht als Synonyme verwendet werden und die Übertreibung der Philosophie gleichsam ein Sonderfall des Mythos darstellt.

Die instrumentelle Vernunft, die begrifflich identifizierende und mythisch erstarrende Rationalität, die Horkheimer und Adorno als herrschende Gestalt der Aufklärung beschreiben, ist nicht deren einzig mögliche Gestalt. Vielmehr entspricht sie *einer* Welteröffnung und Welterschließung, wie die Aufspaltung des Begriffs der Aufklärung in einen positiven und in einen negativen deutlich macht. Adorno hat in der *Negativen Dialektik* konsequent die Möglichkeit einer Katastrophe in der Vorgeschichte anerkannt und mit ihr das irreduktibel kontingente Moment der Dialektik der Aufklärung.[13] Es gibt folglich stets mehr als nur *eine* Welteröffnung, und nicht *jede* Welteröffnung

11 Proust, dessen Werk Adorno bekanntlich aus seinem »geistigen Haushalt« nicht wegzudenken vermag, schreibt in *Le côté des Guermantes*: »Und so erscheint uns die Welt, die nicht ein einziges Mal erschaffen worden ist, sondern immer dann, wenn sich ein origineller Künstler zu erkennen gegeben hat, ganz anders, als sie uns vormals erschien und doch ganz deutlich.« (Marcel Proust, *A la recherche du temps perdu*, Bibliothèque de la Pléiade, Band II, Paris 1988, S. 623.)

12 Zitiert nach: *Vierzig Jahre Flaschenpost*, herausgegeben von Willem van Reijen und Gunzelin Schmid-Noerr, Frankfurt am Main 1987, S. 9.

13 Theodor W. Adorno, *Negative Dialektik*, a. a. O., S. 317. Vgl. dazu: Alexander García Düttmann, *Das Gedächtnis des Denkens. Versuch über Heidegger und Adorno*, Frankfurt am Main 1991, S. 123.

wird von einem Philosophen geleistet. Ohne die Übertreibung, die auch in jedem neuen philosophischen Gedanken sich unweigerlich auswirkt, wäre das Eröffnen einer Welt indes undenkbar. Angezeigt ist damit nichts anderes als der Umstand, daß die Übertreibung sich auf keine übertreibende *Subjektivität* zurückführen läßt (in der *Dialektik der Aufklärung* konstituiert sich das Subjekt erst im Aufklärungsprozeß) und daß ihre Praxis nie einfach die Praxis des Philosophen als *Subjekt* ist.

Eine Kritik an der *Dialektik der Aufklärung*, die sich nur auf den thetischen Stil und den apodiktischen Duktus bezieht, darauf, daß Horkheimer und Adorno ihre Ideen nicht mit ausreichend wissenschaftlicher Strenge prüfen und an Daten aus der anthropologischen, ethnologischen, historischen, soziologischen und ökonomischen Forschung erproben und erhärten, muß also den Gedanken verfehlen, der in dem Buch vorgetragen und entwikkelt wird. Aufklärerisch oder gegenaufklärerisch gemeinte Revisionen des Kapitels über Kulturindustrie etwa werden stets hinter ihm zurückbleiben, so berechtigt sie auch ihrem Selbstverständnis nach sein mögen. Vielleicht ist der Gedanke eines Umschlagens von Mythos in Aufklärung und eines Zurückschlagens von Aufklärung in »Mythologie« übertrieben und schematisch, wenn man den Gedanken ernst nimmt, der Mythos sei bereits Aufklärung. Wie will man jedoch eine solche Übertreibung kritisieren ohne sogleich den »nationalsozialistischen Terror« zu verharmlosen, der dem Buch der beiden Philosophen den furchtbarsten Anstoß gegeben hat? Wie will man mit Sicherheit feststellen, daß in jener Übertreibung nicht der übertreibende Zug des Denkens selber zum Ausdruck kommt, die Geste des Denkens, ohne welche die Einsicht in die Dialektik der Aufklärung verschlossen geblieben wäre?

II

Man kann die Dekonstruktion als Versuch verstehen, die Geste des Denkens als solche auszustellen. Bestehen in diesem Versuch nicht ihre Übertreibung, ihre Dichtung und ihre Wahrheit, ihr *Verhältnis* zur Philosophie?

Das Verhältnis der Dekonstruktion zur Philosophie ist ihr Verhältnis zur Wahrheit. Der Philosoph, der sich mit der Dekonstruktion beschäftigt, muß nach diesem Verhältnis fragen und sich von der Annahme leiten lassen, daß es selber von der Wahrheit bestimmt wird, mag es sich auch am Ende als Verfehlung, Verfälschung, Verkennung erweisen. Sonst würde er nicht als Philosoph fragen, sondern als Psychologe, als Historiker, als Medien- oder Kulturwissenschaftler, als Dichter. In dem Maße, in dem das Verhältnis zur Wahrheit von der Wahrheit bestimmt und die Wahrheit nicht, wie etwa im Bereich des Glaubens, offenbart wird, nimmt es die Gestalt eines Begriffs an. So fragt der Philosoph, der nach dem Verhältnis der Dekonstruktion zur Philosophie fragt, nach dem Wahrheitsbegriff der Dekonstruktion. Er fragt danach, wie die Dekonstruktion die Wahrheit begreift und sich selber als Philosophie. Für den Philosophen aber stellt sich damit die Frage, ob er nicht Wahrheit und einen Wahrheitsbegriff bereits voraussetzen muß, um nach dem Wahrheitsbegriff der Dekonstruktion überhaupt fragen zu können. Denn andernfalls, ohne eine solche Voraussetzung, würde er wiederum als Psychologe oder Historiker auftreten, der auf den ersten Blick in ein rein äußeres Verhältnis zum philosophischen Gedanken tritt, auf den zweiten Blick jedoch ihn wiederum an einem vorausgesetzten Wahrheitsbegriff mißt, an dem Wahrheitsbegriff einer Wissenschaft. Oder er würde sich in dem von der Dekonstruktion eröffneten Denkraum bewegen und wäre gar nicht in der Lage, nach ihrem Wahrheitsbegriff zu fragen.

Weshalb setzt der Philosoph, der nach dem Wahrheitsbegriff der Dekonstruktion fragt, Wahrheit voraus, nicht einfach einen Wahrheitsbegriff? Weil allein eine solche Voraussetzung ihn davor bewahrt, in einen unendlichen Regreß zu geraten, der die Wahrheit aufzulösen droht. Weshalb setzt er aber zugleich einen Wahrheitsbegriff voraus, nicht einfach Wahrheit? Weil er mit der Frage nach dem Wahrheitsbegriff Wahrheit in eine Reihe von Begriffen aufspaltet, die miteinander im Wettstreit um die Wahrheit liegen, ja weil das schiere Voraussetzen von Wahrheit dazu tendiert, sie zu vergegenständlichen, sie in ein Etwas zu verkehren, in eine Art handhabbaren Begriff. Der Widerspruch, in den der Philosoph sich zu verwickeln scheint, ergibt sich folglich aus der von ihm vorgenommenen Spaltung der Wahrheit. Der Philosoph spaltet Wahrheit in eine vorausgesetzte Wahrheit, die unbefragt bleiben und letztlich als unbefragbar gelten muß, und in einen Wahrheitsbegriff, in eine Wahrheit, die zum

Gegenstand einer Frage wird. Die Voraussetzung einer unbefragbaren Wahrheit hat zur Folge, daß sich die Frage kritisch ausnimmt und den Schatten eines Zweifels auf die Wahrheit wirft, auf die sie sich bezieht. Es gibt aus der verstellten Perspektive dieses Widerspruchs, aus der Perspektive der Philosophie, keine Wahrheit, die sich nicht schon auf die Äußerlichkeit eines Wahrheitsbegriffs hin geöffnet, und keinen Wahrheitsbegriff, der die zu begreifende Wahrheit nicht schon preisgegeben hätte.

Daraus könnte der pragmatische Schluß gezogen werden, Wahrheit sei gleichbedeutend mit der Erfüllung bestimmter festgelegter Bedingungen, nach deren Bedingtheit man nicht wiederum fragen dürfe, wolle man den Wahrheitsbegriff sinnvoll verwenden. Oder es könnte aus dem Uneinssein der Wahrheit der skeptische Schluß gezogen werden, die Wahrheit zeige sich vielleicht, lasse sich indes nicht auf den Begriff bringen. Schließlich könnte man aus jenem Uneinssein den idealistischen Schluß ziehen, Wahrheit bringe sich selber auf den Begriff. Wo sie nämlich nicht von außen auf den Begriff gebracht wird, resultiert Wahrheit nicht in einem Begriff, sondern entfaltet sich als absolutes Sich-Begreifen durch den Widerspruch hindurch. Im Widerspruch erhält Wahrheit sich selber. Daß Hegel das Wahre als Subjekt auffaßt, daß die Darstellung dieser Auffassung sich gegen die Auffassung von der Wahrheit als einer bloßen Substanz richtet und sie gleichzeitig in sich aufhebt, bedeutet, daß sich Subjektität eben gegen die Spaltung der Wahrheit in eine vorausgesetzte und in eine zu begreifende kehrt. Mit der Wendung zur Subjektität der Wahrheit erfüllt Hegel die in aller Philosophie angelegte Forderung, das Verhältnis zur Wahrheit solle von der Wahrheit bestimmt werden. Man muß demnach einerseits davon ausgehen, daß sich der Philosoph immer in der Wahrheit hält, statt sich einfach zu ihr zu verhalten, und daß er sich in dieser Hinsicht nicht als Philosoph auszeichnet. Andererseits muß man aber auch davon ausgehen, daß sich der Philosoph nicht in der Wahrheit halten kann, in ihrer Unverfügbarkeit, ohne nach ihr als Wahrheit zu fragen, ohne sich ausdrücklich zu ihr zu verhalten, ohne sich mit Wahrheitsbegriffen und dem Wesen der Wahrheit auseinanderzusetzen. Zwischen Philosophen herrscht Dissens, Philosophen lassen sich oder lassen sich nicht auf Diskussion und Disput ein. Trotzdem gibt es nichts, worüber Philosophen diskutieren könnten, sind Diskussion und Disput der Philosophie fremd, sind Philosophen in dem Maße, in dem sie sich als Philosophen in der Wahrheit halten, mit dem Erfinden und Schaffen beschäftigt, das Deleuze dem Kommunizieren und Reflektieren entgegensetzt,[14] zehren sie von dem »Vermögen der Konstruktion«, als das Adorno einmal den philosophischen Geist definiert.[15] Der Philosoph, der nach dem Wahrheitsbegriff der Dekonstruktion fragt, fragt im Grunde nach diesem Vermögen, danach, wie es in der Dekonstruktion sich auswirkt und wie es in der Dekonstruktion sich ausbildet. Insofern jedoch das »Vermögen der Konstruktion« untrennbar ist von der Unverfügbarkeit der Wahrheit, die im Denken waltet und die vom Denken zur Darstellung gebracht wird, beinhaltet die Frage nach dem Wahrheitsbegriff der Dekonstruktion die paradoxe Aufgabe, sich in deren Denkraum zu bewegen und die Unterbrechung des Fragens und des Begreifens zu wiederholen, den Abbruch der Reflexion, der Kommunikation und der Diskussion, welche die Dekonstruktion als Denken verursacht hat.

In seinem Vortrag »Vom Wesen der Wahrheit« erörtert Heidegger die Unverfügbarkeit oder die Unverhältnismäßigkeit einer Wahrheit, in der sich das Dasein stets hält, weil sie als Öffnung, die das Dasein selber durchzieht, ein »Verhalten« erst ermöglicht, das Verhalten zu einem Seienden, das dieses Seiende entbirgt,[16] und das Verhalten zur Wahrheit, das ausdrücklich die Frage nach ihrem Wesen stellt. Dabei ist es zunächst gleichgültig, ob ein solches Verhalten die Gestalt eines richtigen oder falschen Aussagens annimmt, oder ob es in einem »Seinlassen« besteht, das sich, wie Heidegger es formuliert, auf das Seiende einläßt.[17] Der Philosoph oder der Denker könnten sich zur Wahrheit nicht verhalten und nach ihrem Wesen nicht fragen, wenn es keine Offenheit für das fragende Verhalten geben würde und wenn eine dem fragend entbergenden Verhalten ge-

14 Gilles Deleuze, »Sur la philosophie«, in: ders., *Pourparlers*, Paris 1990, S. 186.

15 Theodor W. Adorno, *Zur Lehre von der Geschichte und von der Freiheit*, Frankfurt am Main 2001, S. 71. Vgl. dazu: Alexander García Düttmann, »Adorno – ein Philosoph des wahren Anarchismus«, in: Deutsche Zeitschrift für Philosophie, 3, Berlin 2002.

16 Martin Heidegger, »Vom Wesen der Wahrheit«, in: ders., *Wegmarken*, in: Gesamtausgabe, Band 9, Frankfurt am Main 1976, S. 190.

17 Ebd., S. 188.

genüber vorgängige Öffnung oder »Entbergung«[18] es nicht bereits ermöglicht hätten. Die Wahrheit wird von Heidegger als ein Eröffnen und Entbergen verstanden, über das das Dasein nicht verfügt und das zugleich vom Dasein geleistet wird, nicht als etwas, das sich öffnet und entbirgt, nicht als etwas, das wiederum von einer vorgängigen Öffnung abhängig wäre; ähnlich wie die Wendung zur Subjektität der Wahrheit sie nicht mehr als bloße Substanz auffaßt, sondern als Geist, der die Erfahrbarkeit von Erfahrung bezeichnet. Ein Dasein, das über das Eröffnen und Entbergen – über die Wahrheit verfügen könnte, statt sich darin zu halten, wäre eines, dem sie unweigerlich verschlossen bliebe und das nach ihr gar nicht fragen könnte. Denn das verfügende und verdinglichende Verhalten würde seinerseits eine unverfügbare Öffnung voraussetzen, so daß sich ihm die Wahrheit erneut entziehen würde. Ein Dasein aber, das sich nicht entbergend zum Seienden und fragend zur Wahrheit verhalten könnte, wäre eines, dem sie ebenfalls unweigerlich verschlossen bliebe und das sich in ihr nicht halten könnte. Denn die Wahrheit, in der es sich dann unmittelbar halten würde, wäre keine Eröffnung und keine Entbergung mehr. Wahrheit ist unbefragbar, die Frage nach der Wahrheit liegt jedoch gerade in solcher Unbefragbarkeit, in solcher Unverfügbarkeit, in solcher Unverhältnismäßigkeit. Wenn nun das Dasein über die Wahrheit nicht zu verfügen vermag, weil sie der Verdinglichung widersteht, so läßt sich ihre Unverfügbarkeit genauer bestimmen, indem man auf den Bezug zwischen »Entbergung des Seienden« und Verbergung des »Seienden im Ganzen« hinweist. Der Gedanke, daß die Unwahrheit der Wahrheit nicht äußerlich entgegengesetzt ist, sondern ihr wesentlich »zugehört«, besagt in Heideggers Vortrag, daß jedem durch die Entbergung ermöglichten Verhalten zu einem Seienden, jedem »Entbergen eines Seienden« durch das Dasein, der unwiderstehliche Hang innewohnt, über dieses entborgene und zu entbergende Seiende dessen Sein zu vergessen, eben das Entbergen selbst, ähnlich wiederum wie im dialektischen Gang die beschränkten und endlichen Gestalten des Bewußtseins Wahrheit vindizieren und, indem sie über den systemischen Zusammenhang der Bewußtseinsgestalten hin-

18 Heidegger gebraucht das Wort »Unverborgenheit«, wenn er diese Öffnung meint. »Entbergung« als die des Seienden kennzeichnet dagegen das Verhalten des Daseins.

wegtäuschen, den Geist und seine Kraft verkennen. Schließt nicht jedes Verhalten zu einem Seienden, jede »Entbergung des Seienden«, die das Dasein leistet, das Verhalten zu dem »Seienden im Ganzen« aus, zu der Entbergung, die das Dasein in dem Maße voraussetzt, in dem sie die Möglichkeit für ein derartiges Verhalten schafft? Schließt nicht umgekehrt jedes Verhalten zum »Seienden im Ganzen«, das ebenfalls ein Verhalten zum Verhalten ist, das Verhalten zu einem jeweils Seienden aus und damit jenes, was nicht weniger zur Wahrheit gehört wie das Verbergen des Entbergens? Führt dieser doppelte Ausschluß nicht dazu, daß jedes Verhalten zur Wahrheit das Mal eines blinden Flecks trägt, und daß die Philosophie oder das Denken in dem Zwiespalt verharren müssen, den Heidegger am Ende seines Vortrags im »Erfragen [der] Wahrheit«[19] erblickt? Müht sich das philosophische Denken nicht immer wieder an der unmöglichen Gleichzeitigkeit ab, die den doppelten Ausschluß zeitigt, wie zum Beispiel und vor allem der Begriff der Aufhebung zeigt, der Aufhebung, die sowohl etwas festhält als es auch außer Kraft setzt? Verwischt nicht die Zwiespältigkeit der Philosophie, die Schwierigkeit, das Verhältnis zur Wahrheit selber als ein von der Wahrheit bestimmtes zu denken, die Grenze, die sie von der Dichtung trennt?[20] Die Unwahrheit gehört also nicht zur Wahrheit wie das eine Stück eines Ganzen zu dem anderen Stück, sie

19 Martin Heidegger, »Vom Wesen der Wahrheit«, in: ders., *Wegmarken*, a. a. O., S. 199.

20 In ostentativ hemdsärmeliger Manier, die ein genaues Pendant zum verworfenen hohen Ton bildet, so, als hätte der »Amerikanismus« Germanien nicht weniger verdient als Germanien den »Amerikanismus«, handelt Richard Rorty in Ausführungen zu Heidegger ebenfalls von einem Verwischen dieser Grenze. Bevor er sich auf den Vortrag »Vom Wesen der Wahrheit« beruft, um die These zu stützen, daß für Heidegger jedes Seinsverständnis einen gleichberechtigten Anspruch auf Wahrheit erheben kann und damit letztlich keinen (Richard Rorty, »Heidegger, Contingency, and Pragmatism«, in: ders., *Essays on Heidegger and Others*, Philosophical Papers, volume 2, Cambridge [Engl.], 1991, S. 39), behauptet er, Sein sei deshalb ein Gedicht, weil es nichts anderes sei als eine offene Reihe kontingenter *final vocabularies*, die sich nicht wiederum in ein notwendiges *final vocabulary*, in eine Metasprache, in ein Sein des Seins, einreihen lassen (ebd., S. 37). Daß das Verständnis von Sein *als* Sein weder einem *final vocabulary* anzugehören vermag noch einer Reihe von *final vocabularies*, ist in Rortys Darlegung gleichbedeutend mit einer Erinnerung an Dichtung (ebd., S. 45) – mit einem Bewußtsein von Wahrheit als Dichtung, also mit einer Gleichzeitigkeit der Entbergung des Seienden

ergänzt nicht die Wahrheit in ihrem Wesen, sie ist kein negativer Bestandteil der Wahrheit. Vielmehr ist die Unwahrheit in einem Sinne, der sich mit dem einer Erkenntnisfunktion oder mit dem der kritizistischen Unterscheidung zwischen konstitutiven und regulativen Prinzipien als unvereinbar erweist, für die Wahrheit konstitutiv, meint das Zusammengehören von Wahrheit und Unwahrheit, in dem Heidegger den Irrtum ausmacht, »vom gewöhnlichsten Sich-vertun, Sich-versehen und Sich-verrechnen bis zum Sich-verlaufen und Sich-versteigen in den wesentlichen Haltungen und Entscheidungen«,[21] jenes Uneinssein der Wahrheit, das man an der Frage nach einem Wahrheitsbegriff ablesen kann und das ihre Unverfügbarkeit bedingt.

Die Frage nach einem Wahrheitsbegriff und nach dem Wesen der Wahrheit verfehlt die Wahrheit, weil sie aus der Wahrheit treten, sich in einem Spiel- oder Denkraum halten muß, den das Uneinssein der Wahrheit oder die »Un-Wahrheit« eröffnen; sie verfehlt die Wahrheit, weil jeder Begriff die Wahrheit vergegenständlicht und weil umgekehrt jeder Versuch, sich zur Wahrheit anders zu verhalten als durch eine Vergegenständlichung, daran scheitern muß, daß man sich nicht gleichzeitig zum Entbergen und zu dem, was entborgen ist oder was es zu entbergen gilt, verhalten kann. Verfehlt die Frage nach einem Wahrheitsbegriff und nach dem Wesen der Wahrheit eben die Wahrheit, so ist dieses Verfehlen in der Wahrheit angelegt, in ihrem Uneinssein, in dem »Un-«, das konstitutiv zur Wahrheit gehört. Man hält sich nie einfach in der Wahrheit, sondern ist ihr stets ausgesetzt, oder genauer: daß man sich in der Wahrheit hält und über sie nicht verfügt, daß der Philosoph deshalb die Frage nach der Wahrheit stellt, heißt, daß die Wahrheit wesentlich »Un-Wahrheit« ist, daß das Verhältnis zu ihr im Zwiespalt befangen bleibt.

Geht man dem Gedanken nach, Wahrheit sei wesentlich »Un-Wahrheit«, wird man nicht nur schnell dessen gewahr, daß er sie

und der Entbergung der Entbergung. Verleugnet Rortys *debunking*, sein Mach-mal-halblang, nicht eben die unauflösbare Spannung, die von Anfang an eine solche Gleichzeitigkeit aus dem Gleichgewicht bringt und in Ungleichzeitigkeit umkippen läßt? Liegt in solchem Hinwegtäuschen nicht schon die Utopie nordamerikanischer *suburbia*, in der man auf den letzten Seiten seiner Ausführungen landet und die lediglich das nächste *coming out*, den nächsten Angriff vorbereitet?

21 Martin Heidegger, »Vom Wesen der Wahrheit«, in: ders., *Wegmarken*, a. a. O., S. 197.

gerade nicht auf die Unwahrheit herabmindert, auf die sie letztlich alle Gedanken herabmindern, die sie entweder in einen Gegensatz zur Unwahrheit bringen oder von der Unwahrheit gänzlich ablösen. Wie bereits deutlich geworden ist, gelangt man ebenfalls zu der Einsicht, daß einzig das Zusammengehören von Wahrheit und Unwahrheit, die Unverfügbarkeit der Wahrheit als »Un-Wahrheit«, die Frage nach der Wahrheit herausfordert, die Frage nach ihrem Wesen und nach ihrem Begriff. Die Einheit dieses Gedankens und dieser Einsicht trägt den Namen der Dekonstruktion, ist der Ort, an dem die Dekonstruktion ihr »Vermögen der Konstruktion« erlangt und erprobt.[22] Weil Schrift für das Wort konstitutiv ist, kann es Kommunikation geben, wird Kommunikation von der Iterabilität herausgefordert, als die Derrida das Verhältnis von Wort und Schrift beschreibt. Weil Nicht-Wissen für die Entscheidung konstitutiv ist, kann es ein

22 In seinem Aufsatz »›Il faut la vérité‹«, in dem er auf Heideggers »Erfragung« des Wesens der Wahrheit rückverweist, rekonstruiert und kritisiert Jacob Rogozinski das Verhältnis von Wahrheit und Unwahrheit in der Dekonstruktion als einseitige und ungerechtfertigte Unterordnung der Wahrheit, die freilich nicht zum Anlaß für eine ebenso einseitige und ungerechtfertigte Unterordnung der Unwahrheit werden darf: »Wenn es keine Wahrheit gibt, die Schutz bietet gegen den Abgrund der *différance*, so wird damit der *différance* selber ein Ende gesetzt. Wenn es aber wirklich Wahrheit gibt, die wahre Wahrheit, die nicht Trugbild ist, sondern Grenze und Anhaltspunkt, dann unterschreibt die Wahrheit das Todesurteil der *différance*.« (Jacob Rogozinski, »›Il faut la vérité‹«, in: Rue Descartes, 24, Paris 1999, S. 37.) Die »Un-wahrheit«, von der Heidegger redet, also das »Zusammengehören« von Wahrheit und Unwahrheit, das, Rogozinski zufolge, für das Verhältnis der Dekonstruktion zur Wahrheit ausschlaggebend sein soll (ebd., S. 34f.), impliziert weder eine Unterordnung der Wahrheit noch eine der Unwahrheit. Wahrheit und Unwahrheit sind nicht in einer Hinsicht ununterscheidbar, in anderer Hinsicht indes einander scharf entgegengesetzt und unterscheidbar, *so daß* man entscheiden muß, ob man die Wahrheit vor der Unwahrheit der Ununterscheidbarkeit retten will oder sie preisgeben. Gewiß, gemessen an der Idee einer von ihrem Gegensatz scharf unterschiedenen Wahrheit, erscheint die »Un-Wahrheit« als Unwahrheit einer Ununterscheidbarkeit – wo Derrida *polemisch* und *strategisch* gegen jene Idee argumentiert, mag er dazu neigen, die Unwahrheit und die idealisierende Aufgabe der Wahrheit hervorzuheben. Aber die »Un-Wahrheit« beschließt in sich Möglichkeit und Unmöglichkeit von Wahrheit und Unwahrheit, ist nicht wahr und nicht unwahr, zeigt keine Ununterscheidbarkeit im Sinne der Unwahrheit an und keine Entscheidbarkeit im Sinne der Wahrheit. Rogozinski identifiziert voreilig Unwahrheit und »Un-Wahrheit«, dissoziiert dadurch Zusammengehören und Herausforderung.

praktisches Verhalten geben, wird praktisches Verhalten von der Unentscheidbarkeit herausgefordert, als die Derrida das Verhältnis von Entscheidung und Nicht-Wissen beschreibt. Weil Unmöglichkeit für die Möglichkeit konstitutiv ist, kann es überhaupt etwas geben, wird Gegebenes von der Aporie herausgefordert, als die Derrida das Verhältnis von Möglichkeit und Unmöglichkeit beschreibt. Die Herausforderung ist in diesem Zusammenhang sowohl im Sinn einer In-Frage-Stellung und Heimsuchung als auch im Sinn einer Hervorbringung und Erzeugung zu verstehen. Der Umstand, daß man am Ende sich darüber nicht wird einigen können, ob man eine solche Auffassung der Dekonstruktion und ihres Verhältnisses zur Wahrheit als eine Fortführung von Gedanken betrachten muß, auf die man an wichtigen Stellen bei Heidegger stößt, oder ob man erst in dem von Derrida eröffneten Denkraum und aus der Sicht der von ihm wiederholt in Angriff genommenen Dekonstruktion des Wahrheitsbegriffs und des Wesens der Wahrheit[23] jene Stel-

23 Eine Wiederholung, die, wie Derrida nach vierzig Jahren *bekennt*, einen gewissen Überdruß provoziert und eine gewisse Ermüdung gezeitigt hat. Es ist, als würde Derrida gerade dadurch, daß er keinen weiteren Grund für diesen Überdruß und diese Ermüdung angibt, die Wahrheit herstellen, eine Wahrheit, die sich in ihrem Herstellen oder in ihrem Vollzug gleichsam erschöpft und die daher die Wahrheit des Bekenntnisses ist, nicht die einer Aussage. Müßte eine solche Wahrheit jedoch nicht wiederum als die letzte erscheinen und folglich das Bekenntnis desavouieren? »Da bin ich, der Wahrheit überdrüssig und satt, der Wahrheit als Unwahrheit eines Da-seins, das ›je schon‹ in der Wahrheit und in der Unwahrheit ist, ›gleichursprünglich‹ in der Wahrheit und in der Unwahrheit, in der Entdecktheit und in der Verdecktheit, in der Enthüllung und in der Verhüllung, in der Verborgenheit und in der Unverborgenheit der Erschlossenheit. Ich bin dieses Gegensatzes, der keiner ist, müde, der Entbergung als Verbergung und der Verbergung als Entbergung; müde all der angeblichen Derivate der Wahrheit, der Wahrheit als Übereinstimmung, *and so on*, und so weiter.« Diesem Passus ist eine lange Fußnote beigefügt, in der Derrida auf Passagen in seinen Texten aufmerksam macht, in denen er versucht, im Zusammenhang mit der Figur des Schleiers oder der Hülle den Wahrheitsbegriff und das Wesen der Wahrheit zu dekonstruieren (Jacques Derrida, »Un ver à soie«, in: ders. und Hélène Cixous, *Voiles*, Paris 1998, S. 41). In einem früheren Text, der als eine auslegende Aneignung augustinischer Motive gelesen werden kann, zeigt Derrida, daß die »*wesentliche* Wahrheit des Bekenntnisses« als eine hergestellte oder hervorgebrachte mit der Wahrheit nichts zu tun, daß die Wahrheit nie zu einem wahrhaften Bekenntnis oder Geständnis geführt hat, versteht man unter dem Wahren die angemessene Darstellung dessen, was der Fall ist (Jacques Derrida, »Circonfession«, in: ders. und

len so lesen kann, zeugt wiederum von dem Uneinssein des philosophischen Denkens und damit in letzter Konsequenz von der »Un-Wahrheit«, zwischen dem argumentierenden Austausch von Fragen und Antworten einerseits und dem unterbrechenden Schaffen, Erfinden, Konstruieren andererseits. Die Uneinigkeit ist der Anfang von Dichtung und Wahrheit. Am Ende sagt Derrida nichts – und fordert dadurch, durch *das Nichts einer Geste des Denkens*, die Philosophie heraus. Denn die strukturelle Gleichzeitigkeit von strukturell Ungleichzeitigem oder Unvereinbarem, in der die Herausforderung der Dekonstruktion liegt, kommt einer Suspension gleich, einem In-der-Schwebe-Halten, das es zwar erlaubt, das eine gegen die Hypostasis des anderen und das andere gegen die Hypostasis des einen geltend zu machen, das aber selber sich nicht zu einer Frage oder einer These, einem inhaltlich bedeutsamen Gedanken verdichtet.

III

[...] voi sapete quel che fa [...]

Ich hatte Alma Park im Licht von Straßenlampen durchquert, die man vor kurzem aufgestellt hatte, war die Chapel Street hinuntergelaufen und rechts eingebogen. Nach einer vierjährigen Abwesenheit entdeckte ich, daß *The Precinct* in den Führern

Geoffrey Bennington, *Jacques Derrida*, Paris 1991, S. 49. Vgl. dazu auch: Alexander García Düttmann, *Uneins mit Aids*, Frankfurt am Main 1993, S. 23). Sartre insistiert in einem posthum veröffentlichten Manuskript, das wohl 1948 nach einer Lektüre von Heideggers »Vom Wesen der Wahrheit« entstanden ist, auf dem Umstand, daß die Wahrheit nur dann wahr ist, wenn sie »gelebt, erlebt oder gemacht, hergestellt« wird (Jean-Paul Sartre, *Vérité et Existence*, Paris 1989, S. 66). Könnte man das Werk aller Philosophen, wie das aller Dichter oder Künstler, auch als Versuch betrachten, die Wahrheit herzustellen, statt sie einfach zu sagen, statt einfach über sie etwas zu sagen? Ist es gerade das Werk Derridas, das durch die Dekonstruktion der Wahrheit eine solche Perspektive eröffnet – Wahrheit und Dichtung der Dekonstruktion? »Ob es eine Wahrheit gibt, ist ganz unwichtig. Bei der Kritik eines Kunstwerks zählt allein, ob der Autor seine Wahrheit sagt.« (Hans Erich Nossack, *Die Tagebücher 1943–1977*, Band 2, Frankfurt am Main 2001 [2., durchgesehene Auflage], S. 1046.)

nicht mehr auftauchte, weil die Gebäude einer Wohnsiedlung gewichen waren. *The Precinct* hatte von außen wie ein Lagerhaus ausgesehen und aus einer Diskothek und einer Sauna bestanden. Gewöhnlich ging ich vier- oder fünfmal in der Woche durch einen Hintereingang die Treppe zum ersten Stockwerk hinauf, wo ich zunächst meine Mitgliedschaftskarte vorzeigte, ein glänzendes Stück Plastik, das ich in meiner Brieftasche trug. In der Mitte eines weiten Korridors, der die Umkleidekabinen und das Dampfbad miteinander verband, schwebte das vergrößerte Haupt einer Skulptur über einem mit Wasser gefüllten länglichen Becken. Ich lag auf flachen, mit schwarzem Schaumgummi bezogenen Möbeln, ein Handtuch lose um meine Hüften gebunden, und sah mir ausschnittsweise Videos an, die auf eine Leinwand projiziert wurden, Abenteuerfilme und Komödien, keine Pornos. Im Erdgeschoß befand sich ein Sexclub, in dem ein altmodischer Eisenbahnwagen und ein Bus nordamerikanischer Herstellung standen. Es handelte sich um einen sogenannten Themenpark. Doch dem Einfall, Bühnenbilder für den Geschlechtsverkehr zu schaffen, war kein Erfolg beschieden, und der Sexclub wurde geschlossen. Man verwandelte ihn in die Diskothek, in die ich nie ging. Mein Weg zur Sauna führte am Parkplatz vorbei. Dort befand sich nun der Bus. Zwischen meinem gemieteten Haus und *The Precinct* gab es ein paar Abwechslungen: einen *7 Eleven*-Supermarkt, eine Klappe, das Astor-Kino, eine Milchbar. Obwohl ich ein regelmäßiger und zuverlässiger Gast war, sind vor allem zwei Besuche in meinem Gedächtnis hängengeblieben. Einmal waren die Straßen wegen eines Footy-Spiels leergefegt. Es muß im Winter gewesen sein, am Ende eines sonnigen Tages. Ich war in eine der grünen Straßenbahnen gestiegen. Ein anderes Mal, im Frühjahr, hatte es den ganzen Nachmittag geregnet. Als ich ankam war ich klatschnaß. Wie genau will man es wissen? Ich habe eine klare und deutliche Vorstellung der Strecken, die ich innerhalb und außerhalb des *Precinct* zurückgelegt habe. Die Körper habe ich alle vergessen, jene, die mich zurückgewiesen haben, und jene, deren Annäherung ich zurückwies (vielleicht ist kein Gedanke anmaßender als der einer willentlichen oder zwanghaften Wahl beim Sex), jene, die ich nie sah, weil ich ihre Schwänze durch die Löcher in den hölzernen Zellen lutschte, und jene, die ich im Dampfbad berührte und die sich an mir rieben, wenn wir im Kreis standen.

Ich bin unfähig, einen bestimmten Fick zu beschreiben, egal, ob ich daran teilnahm oder ihn nur beobachtete. Ich trete vor dem Massaker zurück. Was von dem Sex übrigbleibt, den ich in den Räumen des *Precinct* zwischen, sagen wir, April und November 1997 gehabt habe, ist ein beinahe trunkener Sinn für rein räumliche Verbindungen, den ich nie mit anderen teilen werde, durch den ich aber auf recht sonderliche Art und Weise einer Stadt verfallen bin, die ich verließ. Ich schreibe dieses Stück in einem kalten Rausch, nicht etwa, weil mich das warme überschäumende Verlangen ergriffen hat, mich in einer Beschwörung zu ergehen. Ich will mich an einer Aufzeichnung der verschiedenen Orte versuchen, als hätte meine wahrhaft erhabene Neutronenbombe, die ich im Laufe jener Monate planmäßig bastelte, von der Lust und der Verzweiflung, der Erwartung und der Enttäuschung, dem Hunger nach Sex und seiner Befriedigung nichts hinterlassen als ein Nennen, das ebenso bedeutungslos ist wie die Anhäufung von Körperteilen und die Übertragung von Körperflüssigkeiten. Was für Sex ...

Trust Me
Übertreibung und Aufklärung

Kann man Aufklären verneinen? Oder kann man nur aufklärend verneinen? Formal und nicht eigentlich klärend mag der Bescheid sein, Aufklärung könne nicht verneint werden, weil Negativität als Medium der Verneinung, der Kritik, die einen Ausgang anzeigt und einen Ausgang nimmt, eben das Aufklären ausmache und Aufklärung stets auch Aufklärung über Aufklärung sei, Aufklärung, die sich nicht bei einer Vorstellung oder einem Begriff ihrer selbst beruhigt. Das Über der Reflexion, das sich noch auf die Reflexion richtet und sie in eine Reflexion der Reflexion, in zweite Reflexion oder in Selbstreflexion verwandelt, in Eingedenken oder Selbstbesinnung, die über das Reflektieren und Spekulieren aufklärt, statt sich von ihm leiten zu lassen, gehört konstitutiv zur Aufklärung, ist von ihr nicht ablösbar. In dem Maße, in dem Aufklärung eines anderen bedarf, unablösbar Aufklärung über etwas ist, das sie erhellt, bleibt sie an eine Voraussetzung gebunden, an eine dunkle oder wolkige Vergangenheit, verhält sie sich dem Neuen gegenüber gleichgültig oder feindlich und richtet sie Negativität gegen Negativität. In dem Maße aber, in dem das Über an keine bestimmte Voraussetzung gebunden sein darf und Aufklärung ihm so sehr untersteht wie es der Aufklärung, ist Aufklärung ein unablässiges und grundsätzlich offenes Entwerfen ihrer selbst, offen für und gar angewiesen auf das Neue, ohne das sie zu erstarren und sich in einen Selbstwiderspruch zu verwickeln droht. In dem Maße schließlich, in dem ihr das Neue wiederum zu einem Vorausgesetzten wird, das sie auflöst, ist Aufklärung nichts als ein Medium, eine Mitte, in der Kräfte aufeinandertreffen, die sich nie zu einem positiv Gesetzten verselbständigen. Ihre eigene Kraft liegt in der Negativität der Auflösung, des entwerfenden Auflösens und des auflösenden Entwerfens.

Jede Verneinung der Aufklärung würde also lediglich zu dieser beitragen, diese weitertreiben, über sich hinaus und dadurch gerade auf sich zu. Die Öffnung der Aufklärung, durch die sie sich zu einem Vergangenen und einem Kommenden verhält, prägt ihren Gegenwartsbezug oder ihren strukturell modernen Aspekt, die »reine Aktualität«, um die es der »Haltung« des Aufklärers geht, die Foucault in seinem bekannten Vortrag aus den frühen achtziger Jahren als *»attitude de modernité«* bezeichnet, als eine gegenwartsbezogene Haltung oder als ein Modernsein.[1] Ob man plötzlich des Verlusts eines vormals Geglaubten sich bewußt wird oder tätig Aufklärung über die Heteronomie herrschender Bewußtseinsgestalten betreibt, regelmäßig ist Aufklärung ein Eingriff, ein Einschnitt, der einen Gegenwartsbezug schafft, einen Bezug zu einem Hier und Jetzt.

Die Übertreibung der Aufklärung, das Hinaustreiben der Aufklärung über die Aufklärung, durch das sie sich über sich aufklärt, setzt sie der Gegenaufklärung aus, dem Aberglauben und dem Vorurteil, der ideologischen Handhabung ihrer Mittel, der selbstzerstörerischen Beschränkung ihrer selbst, der Verklärung. Weil indes solches Hinaustreiben an Aufklärung teilhat und sich damit in der Negativität hält oder als Negativität bewährt, erweist es sich als eines, durch das Aufklärung ständig auf sich zutreibt. Wie muß man dieses zutreibende Hinaustreiben verstehen? Nicht als ein Resultieren, so, als würde Aufklärung am Ende aus der Aufklärung über Aufklärung hervorgehen. Vielmehr beschreibt es die doppelte Bewegung einer Aussetzung und einer Einsetzung, durch die sich Aufklärung als Negativität oder Medium des Verneinens erhält. In diesem Sinne gibt es keine Gegenaufklärung, die nicht bereits von der Aufklärung bestimmt würde, mag auch die Gefahr, welche die Gegenaufklärung für die Aufklärung darstellt, darin bestehen, daß die Spannung zwischen Aussetzung und Einsetzung, welche die aufklärende Bewegung zeitigt, sich zeitweilig zumindest als Unterbrechung auswirkt. Was in der Aufklärung nicht aufgeht, was sie, kantisch gesprochen, beschränkt, nicht aber begrenzt, kann nicht ihre Verneinung sein, kann nichts sein als bloße Verneinung, die als Verneinung der Aufklärung äußerlich bleibt, Verneinung ohne Verneinung, blinde, unumkehrbare und unwiderrufliche, im Verhältnis zu möglicher Mündigkeit und Unmün-

1 Michel Foucault, »Qu'est-ce que les Lumières?«, in: *Dits et Ecrits*, Band 4, Paris 1994, S. 564 und S. 568. Foucault wehrt sich dagegen, die Aufklärung lediglich als geschichtliches Zeitalter zu definieren, und spricht von ihr als einer »Art und Weise, sich zur Gegenwart zu verhalten«, als einem »Ethos«.

digkeit unverhältnismäßige und niemals selbstverschuldete Gewalt, Gewalt jenseits allen Vermögens und Könnens, ohne Ausgang.

So zeigt sich, daß nie ein anderes die Aufklärung verneint, weil allein Aufklärung ein anderes zu verneinen vermag. Man kann nicht für oder gegen die Aufklärung sein; die vermeintlichen Aufklärer, die mit dieser falschen Alternative den anderen »erpressen«, wie Foucault wiederum es ausdrückt,[2] sind über die Aufklärung unaufgeklärt, verdinglichen sie, reden dem Dogmatismus das Wort. Was Aufklärung verneint, ist von ihr schon angesteckt worden, behauptet sich lediglich verstockt und ohnmächtig gegen sie.

In dem Abschnitt der *Phänomenologie des Geistes*, in dem Hegel jene Gestalt des Bewußtseins untersucht, deren Züge man in der geschichtlichen Aufklärung wiedererkennt, ist es nicht eigentlich der Glaube, der die Aufklärung verneint, sondern die Aufklärung, die den Glauben verneint. Die aufklärende Verneinung erweist sich jedoch als Verkennung und verweist auf ihre eigene Beschränktheit, auf eine mangelnde Aufgeklärtheit der Aufklärung über sich selber. Daß nämlich allein Aufklärung ein anderes zu verneinen vermag, beinhaltet, daß es ein anderes, einen Gegenstand der Verneinung, gar nicht gibt, und daß das andere, durch seine Verneinbarkeit von Aufklärung immer schon angesteckt, in sich deren Keim trägt, von ihrem Begriff nicht verschieden ist. Immer liegt es an der Aufklärung. Die Macht der Aufklärung, ihr unwiderstehlich Ansteckendes, ist zugleich ihre Ohnmacht, ihre Autoimmunisierung, vergeblicher Kampf gegen ein anderes, in dem sie versäumt, sich wiederzuerkennen. Die wahre Einsicht in die Schwierigkeiten der Aufklärung, die mit dem Titel ihrer Verneinung gemeint sind, kann man aus diesem Grund dort ausmachen, wo ihr nicht ein anderes entgegensetzt wird, ein Prinzip, ein Wesen, eine Kraft, sondern ihre Selbstverstrickung erörtert wird, die Dialektik der Aufklärung. Darum spricht Kant konsequent von einer selbstverschuldeten

2 Ebd., S. 571 f. In der Aufklärung erblickt Foucault das »Prinzip einer Kritik« und das »Geschichtsbewußtsein« einer »ständigen Erschaffung unserer selbst«, die Autonomie sowohl bestätigt als auch stiftet. Beide sind mit einem »Humanismus« inkompatibel, der von einem Menschenwesen oder von einem festgesetzten Begriff des Menschen ausgeht (ebd., S. 573).

Unmündigkeit, nicht von einer Unmündigkeit, die der Aufklärung geschichtlich vorausgeht, als eine frühere Stufe des Bewußtseins, die sich von Aufklärung noch unangetastet wähnen darf. Längst habe die »Natur« den Menschen von »fremder Leitung« freigesprochen, sagt Kant am Anfang seines berühmten Artikels, um im weiteren Verlauf das gewaltsame Abbrechen des Aufklärungsprozesses als »Verbrechen wider die menschliche Natur« und ihre »ursprüngliche Bestimmung« zu brandmarken.[3] Aufklärung hat immer schon alle Unmittelbarkeit vermittelt und alle Unschuld mit dem Schatten eines Zweifels bedeckt. Immer schon hat sie die schlichte Aufeinanderfolge von Mittelbarkeit auf Unmittelbarkeit und von Mündigkeit auf Unmündigkeit durchkreuzt, Virus, Tod Gottes, unvordenkliches Ereignis, das Struktur und Geschichte konfundiert.[4] Wäre die Unmündigkeit, aus der Aufklärung den Weg weist, nicht selbstverschuldet, kein Aufklärungseffekt, wäre sie nicht der Effekt einer unentwickelten, über sich selber ungenügend aufgeklärten, willkürlich angehaltenen Aufklärung, hätte Aufklärung keinen Bezug zur Unmündigkeit, wäre ihre Mündigkeit verdinglicht und damit unmittelbar ihr eigenes Gegenteil, wären das Medium, die Mitte, das Zwischen zum Ding erstarrt. Man könnte nicht von einer Aufklärung *über* reden, nicht von Aufklärung überhaupt. Umgekehrt erzeugt Aufklärung wiederum eine Aufeinanderfolge, inauguriert sie Geschichte, muß sie Ausgang aus einer selbstverschuldeten Unmündigkeit sein, eben weil das Über für sie konstitutiv und sie wesentlich Verhältnis oder Negativität ist. Diese Aufeinanderfolge stellt sich zwangsläufig als ein Fortschreiten dar, als ein Fortschritt von dem einen Über zu dem nächst höheren, und damit ebenfalls als universalisierende Tendenz, buchstäblich als Vollendung. Aufklärung erscheint stets auch und vor allem als Fortschritt zum Allgemeinen. Die Grenze solchen Fortschritts und der mit ihm gleichgesetzten Aufklärung wird von dem Über gezogen, das kein Über mehr ist, weil es sich auf das Über und seine fortschreitende Erneuerung bezieht. Mit der Aufklärung stirbt Gott in

3 Immanuel Kant, »Beantwortung der Frage: Was ist Aufklärung?«, in: Werke, Band 9.1, herausgegeben von Wilhelm Weischedel, Wiesbaden 1964, S. 58.

4 Alexander García Düttmann, *Uneins mit Aids. Wie über einen Virus nachgedacht und geredet wird*, a. a. O., S. 111.

dem Augenblick, in dem er geboren wird, wird er in dem Augenblick geboren, in dem er stirbt.

Hegel unterscheidet zwischen zwei Verhältnissen, in die Aufklärung zu ihrem anderen tritt, zum Glauben. Einerseits erlaubt gerade die grundsätzliche Einheit von Glaube und Aufklärung, über die beide sich täuschen, die »durchdringende Anstekkung«, gegen die kein Gegenmittel gefunden werden kann. Verneint der Glaube die Aufklärung, hat er sich ihr bereits preisgegeben. Die Verbreitung der Aufklärung besteht allerdings nicht nur in einer »gegensatzlosen Ausdehnung«, durch die »Gleiches mit Gleichem zusammengeht«. Die Aufklärung verhält sich zu ihrem anderen ebenfalls negativ oder als ein »Tun des negativen Wesens«, als »Kampf mit dem Entgegengesetzten«, der in diesem Fall sich nicht deshalb »zu spät« ereignet, weil die Anstekkung geschehen ist, sondern weil die Aufklärung, über sich unaufgeklärt, verkennt, daß sie als »absolute Negativität« wesentlich »das Anderssein an ihr selbst« hat.[5] Hat es Aufklärung also stets nur mit sich selber zu tun, dann muß man gerade in diesem Selbstverhältnis jenes suchen, was in ihr nicht aufgeht – dann muß man das Verhältnis von Glaube und Aufklärung als ein Selbstverhältnis denken, das den Übergang von dem An sich zu dem Für sich des Andersseins verspricht und versperrt. Bei Hegel indiziert dieses Versprechen und dieses Versperren die geschichtliche Aufklärung oder die Aufklärung in ihrer Verwirklichung, durch die hindurch sie erst zu ihrem Begriff kommen, sich über sich selber aufklären[6] und am Ende in ihrer Beschränktheit aufheben kann, Negativität gegen Negativität, die allein das »unbefriedigte Sehnen«[7] der verwirklichten Aufklärung befriedigt, das Sehnen, das durch die in der Denunziation des Glaubens angelegte Leere des Jenseits ebenso entsteht wie durch die in der unmittelbar sinnlichen Gewißheit des Diesseits angelegte Verallgemeinerung der Nützlichkeit. Was bedeutet es also, daß die Aufklärung das Anderssein »an ihr selbst« hat, den Glauben oder das Vertrauen?

Die geschichtliche Aufklärung, die Aufklärung, die sich verwirklicht, tritt, zumindest aus der Sicht Hegels, in einen Bezug

5 G. W. F. Hegel, *Phänomenologie des Geistes*, in: Theorie-Werkausgabe, Band 3, Frankfurt am Main 1970, S. 404.
6 Ebd., S. 418.
7 Ebd., S. 424.

zur Wahrheit, da der Mangel an Realität einem Mangel an Wahrheit gleichkommt und dem bloßen Bewußtsein, der bloßen Vorstellung, der bloßen Reflexion gegenüber die Kraft des Wirklichen »mit der Wahrheit im Bunde« steht, wie es einmal in der *Phänomenologie des Geistes* heißt.[8] Einerseits bleibt eine Aufklärung, die sich nicht verwirklicht und die in der Möglichkeit verharrt, kraftlos und unwahr, verloren an die Abstraktion, in der sie zu verschwinden droht; andererseits wird gerade die Kraftlosigkeit und Unwahrheit der Aufklärung in ihrer Verwirklichung offenbar, ja durch sie hervorgebracht. Die Verwirklichung der Aufklärung schließt gleichsam die Öffnung, die ihrem Begriff wesentlich ist, ihrer Bestimmung als Aufklärung über etwas, die selbst das Über und das Etwas betreffen kann, die Vorstellung als Vorstellung und den Gegenstand als Gegenstand. In diesem Sinne läßt sich behaupten, Aufklärung müsse sich positiv oder negativ verwirklichen und gehe in ihre negative oder positive Verwirklichung ein, in die entlarvende Kritik an der Gewißheit des Glaubens, in die pragmatistische Setzung des sinnlich Gewissen, während zugleich keine Verwirklichung einfach die der Aufklärung sei. Deshalb – aufgrund dieses Uneinssein der Aufklärung – ziehe sie auch einen doppelten Affekt auf sich, einen Affekt gegen ihre als reduktionistisch empfundenen kritischen Entlarvungen und gegen ihre eigene Plattheit *und* einen Affekt gegen ihre Ungreifbarkeit, zwischen Verwirklichung und Unwirklichkeit, zwischen Wahrheit und Unwahrheit. Alle Ungreifbarkeit hat eine irritierende Wirkung und provoziert eine Ungeduld, die dem Aufklären den Riegel vorschieben möchte. Alle Setzungen haben etwas Beschränkendes und Plattes, das sich in der Enttäuschung kundtut: ein Abgrund tut sich auf zwischen dem Aufwand an aufdeckendem Scharfsinn und jenem, was nach geleisteter Aufklärung bleibt, offen und sichtbar für alle. Alle Entlarvungen, mögen sie berechtigt sein oder nicht, rufen den Protest gegen ein Herabminderndes auf den Plan, das in der Einseitigkeit und in der Übertreibung liegt, deren sie um ihrer Wirksamkeit willen bedürfen, deren sie bedürfen, soll die aufklärerische Widerstandskraft gegen Dogmatismus und Usurpation der Macht nicht im Ansatz schon gebrochen werden.

8 Ebd., S. 344.

Bestimmt er in einem Abschnitt der *Minima Moralia* das »dialektische Verfahren« kurz und bündig als negatives, als eines, das »Aussagen macht, um sie zurückzunehmen und dennoch festzuhalten«,[9] so skizziert Adorno mit dieser Bestimmung einen Aufklärungsbegriff, der mit der geschichtlichen Verwirklichung von Aufklärung nicht einfach zusammenfällt, dessen Verwirklichung also allein in dem Ganzen der aufklärenden Bewegung ihren Ort hat, vorausgesetzt, diese Bewegung bildet je ein Ganzes. Daß Adorno an anderer Stelle die »Nötigung« anerkennt, »dialektisch zugleich und undialektisch zu denken«,[10] widerspricht jener Bestimmung nicht. Vielmehr macht diese Anerkennung den Leser auf den aufklärerischen Zug in Adornos Denken aufmerksam, auf die für Aufklärung konstitutive Funktion eines Über, das sich auf sich richten und gegen sich muß kehren können. Die ungeheure Beweglichkeit des Über hat zur Folge, daß es sich nicht einmal zum Über verfestigt und als Über wiedererkennen läßt, als Instanz der Denkbewegung, der man eine Funktion, eine Bedeutung, eine Bestimmung zuerkennt. In einem weiteren Abschnitt, den Adorno in seine Aphorismensammlung schließlich nicht aufgenommen hat und der aus dem Nachlaß veröffentlicht wurde, rückt er den Versuch der Dialektik, »dem Entweder-Oder zu entgehen«, in einen Zusammenhang mit verwirklichendem Vollzug und Wahrheit: »Jeder Gedanke ist ein Kraftfeld, und wie vom Wahrheitsgehalt des Urteils dessen Vollzug nicht sich abtrennen läßt, so sind wahr überhaupt nur Gedanken, die über die eigene These hinausdrängen.«[11] Ein Gedanke kann Wahrheit nur in dem Maße beanspruchen, in dem er ein »einzelnes Moment« isoliert, sich zum Urteil verdichtet und eine These formuliert, in dem er durch diesen Vollzug sich als Gedanke verwirklicht; der Gedanke jedoch, der es bei seinem Vollzug beläßt, als wären sein thetischer Gehalt und sein Wahrheitsgehalt identisch und als würde er mit seiner Setzung an die Wahrheit rühren, auf die sein Anspruch zielt, bleibt über sich unaufgeklärt und erweist sich als unwahr. Denn Gedanken sind Kraftfelder, die sich von ihren Thesen oder Setzungen nicht eingrenzen lassen. Stets schießen

9 Theodor W. Adorno, *Minima Moralia. Reflexionen aus dem beschädigten Leben*, in: ders., Gesammelte Schriften, Band 4, a. a. O., S. 240.
10 Ebd., S. 171.
11 Ebd., S. 293.

sie über sich hinaus und müssen als Übertreibungen gelten, mißt man sie an ihnen selber, an ihren Thesen oder Setzungen, nicht an anderen Gedanken; ihr Vollzug vermag nie auf die Verwirklichung zurückgeführt zu werden, die mit der Formulierung der jeweiligen These, mit ihrer Setzung stattfindet. Am Ende berühren sich die beiden Extreme, in die sich der Gedanke spaltet, die »Obsession«, die in dem Festhalten eines »einzelnen Moments« und gar in der Verdichtung des festhaltenden Gedankens zur »fixen Idee« zum Ausdruck kommt, und die Übertreibung, das »Über-sich-Hinausdrängen«, das die Einzelheit und alle »petrifizierte Ansicht« auflöst, verflüssigt, in die Ströme des Kraftfeldes oder des Werdens reißt.

Die *Minima Moralia* kann man als Kritik an Setzungen im Geiste einer Aufklärung lesen, die ihr konstitutives Über wie einen vereinzelnden Lichtkegel auf den Gegenstand lenkt und zugleich der transzendierenden Bewegung dieses Über folgt, hinaus ins Offene. Wo das »Intime zwischen Menschen«, das in »Nachsicht, Duldung, Zuflucht für Eigenheiten« besteht, nach außen gekehrt und auf solche Weise gesetzt wird, wo sich »Dinge, die einmal Zeichen liebender Sorge, Bilder von Versöhnung gewesen sind«, plötzlich verselbständigen und in »Werte« verwandeln, erscheint die Nähe als Schwäche und wird dadurch preisgegeben, zeigen die besetzten Objekte ihre »böse, kalte und verderbliche Seite«.[12] Wo das Obsolete, gerichtet und durch den Gang der Geschichte um seine Gegenwart gebracht, sich selber noch einmal setzt, um seinem Schicksal zu entgehen, wird es zum »Unheil drohenden Gespenst«.[13] Wo die Setzung das Mal eines Mangels an Widerstand gegen die identifizierende Bestimmung ist, nach der der Gegenstand selber verlangt, trägt sie zu dessen Verhängnis bei: »Kultur einzig mit Lüge zu identifizieren ist am verhängnisvollsten in dem Augenblick, da jene wirklich ganz in diese übergeht und solche Identifikation eifrig herausfordert.«[14] Während die »Befreiung der Natur« von der Abschaffung ihrer »Selbstsetzung« abhängen soll,[15] läßt sich jenes, was den Anspruch auf »Echtheit« erhebt, der »Lüge« überführen, weil es »in der Reflexion auf sich, in seiner Setzung [...]

12 Ebd., S. 33.
13 Ebd., S. 37.
14 Ebd., S. 49.
15 Ebd., S. 106.

bereits die Identität überschreitet, die es im gleichen Atemzug behauptet«.[16] Die Drastik solcher Thesen wie der, es gebe kein richtiges Leben im falschen, und der, das Ganze sei das Unwahre, eine Drastik, an der sich Leser wiederholt stoßen, die sie jedoch ebenfalls unwiderstehlich anzieht, rührt vom Thetischen selber her, von einer Setzung, die weder die Rolle einer reaktiven Selbstbehauptung übernimmt noch die Rolle einer Bestätigung, einer Bewahrung oder einer Wiederherstellung, durch die sie, dienstbar dem Gesetzten, sich selber gleichsam durchstreicht oder verleugnet. Die Setzung gibt sich als Setzung zu erkennen, schlägt mit unausweichlicher und ungerechter Unmäßigkeit zu, aphoristische Zuspitzung, verwirklichende Verdichtung und Vereinzelung des Gedankens, die ihn zwar über seine Rechtfertigung hinausdrängt, es ihm aber so gerade ermöglicht, für einen undurchsichtigen Augenblick zumindest mit dem Argument zu verschmelzen und blitzhaft den Gegenstand zu erhellen. Der Gedanke, der sich im Zuge seiner Setzung erst bildet und der deshalb seine Setzung ausstellt, eilt mit unendlicher Geschwindigkeit und unbändiger Gewalt auf sich zu und doch von sich weg; das macht sein aufklärerisches Potential aus.

Muß sich Aufklärung als Bewegung des Denkens, als Verhalten, nicht immer an einen Adressaten wenden, an den Denkenden, den sie zum Selbstdenken anhält und dessen Selbstverhältnis sie dadurch konstituiert, an einen oder an mehrere, die aufgeklärt werden sollen, an mehr als nur einen,[17] über dessen zufälliges Einzeldasein ihre inhärent universalisierende Tendenz oder ihre Tendenz auf allgemeine Einsicht hinaustreibt, an eine Öffentlichkeit, die sie sowohl voraussetzt als auch stiftet? Muß sie sich deshalb nicht immer verwirklichen, die Negativität unterbrechen, die sie erhält, Negativität gegen Negativität? Wäre nicht eine Aufklärung, die sich gänzlich auf eine Grenze zurückgezogen hätte,[18] in die Reinheit eines Über, das sich nicht zu einem wiedererkennbaren Über verfestigt und das als Verhält-

16 Ebd., S. 174.

17 »Daß aber ein Publikum sich selbst aufkläre, ist eher möglich; ja es ist, wenn man ihm nur Freiheit läßt, beinahe unausbleiblich.« (Immanuel Kant, »Beantwortung der Frage: Was ist Aufklärung?«, a. a. O., S. 54.)

18 Foucaults »positiver« Aufklärungsbegriff ist der einer »Grenzhaltung« (Michel Foucault, »Qu'est-ce que les Lumières?«, a. a. O., S. 574).

niswort, als Prä-position, zur Chiffre der Frage: Was ist Aufklärung? wird, eine Aufklärung ohne Adressaten und ohne Öffentlichkeit, also eine im Widerspruch mit sich selbst befangene Aufklärung? Hat Aufklärung das Anderssein, das als Glauben oder Vertrauen bezeichnet wird, nicht darum »an sich«, weil sie sich verwirklichen, an eine von ihr geschaffene Öffentlichkeit wenden muß?

Die Verwirklichung der Aufklärung macht den begrifflichen Rahmen sichtbar, auf den ihre »lösende« und »bindende« Kraft, die Funktion, mit der Cassirer die aufklärende Vernunft gleichsetzt,[19] jeweils angewiesen ist. Dieses Vertrauen der Aufklärung widerstreitet ihrem Über, das zugleich von ihm abhängt. Folglich sucht es das Über als uneinholbare Verdoppelung heim, als gespenstische Reflexion, als Über, das über das Über hinausreicht, über die Kritik am Überkommenen und über die Offenheit gegenüber dem Kommenden. Es ist zum einen ein Horizont, der jeder Verwirklichung des aufklärerischen Vorstoßes eigentümlich ist, zum anderen eine Mindest- oder Vorleistung, die im doppelten Sinne eines Vertrauens in das Denken und eines Vertrauens des Denkens selber das Denken überhaupt ermöglicht, den Zweifel und den Entwurf, die Kritik und das Projekt.

Am Horizont der geschichtlichen Aufklärung stehen zum Beispiel der Begriff der Menschheit und der Begriff der Toleranz. Foucault, der die Frage unbeantwortet läßt, ob Kritik »*heute*« noch mit »Vertrauen in oder Glauben an [foi] die geschichtliche Aufklärung« einhergehen müsse,[20] unterstreicht die Zweideutigkeit des Menschheitsbegriffs. Die Zweideutigkeit des Toleranzbegriffs unterstreicht bereits Kant, wenn er von einem »hochmütigen Namen« redet;[21] zweihundert Jahre nach

19 Ernst Cassirer, *Philosophie der Aufklärung*, Tübingen 1932, S. 16. Cassirer schreibt, die Vernunft in der Aufklärung löse »alles bloß-Faktische, alles einfach-Gegebene, alles auf das Zeugnis der Offenbarung, der Tradition, der Autorität Geglaubte auf«. Sie ruhe nicht, »bis sie es in seine einfachen Bestandteile und bis in die letzten Motive des Glaubens und Für-Wahr-Haltens zerlegt« habe. Nach dieser »Arbeit der Auflösung« setze allerdings die »Arbeit des Aufbaus« von neuem ein.

20 Michel Foucault, »Qu'est-ce que les Lumières?«, a. a. O., S. 578 – meine Hervorhebung, AGD.

21 Immanuel Kant, »Beantwortung der Frage: Was ist Aufklärung?«, a. a. O., S. 60.

der geschichtlichen Aufklärung hat sie Marcuse zur »Kritik der reinen Toleranz« angehalten.[22]

Die Mindest- oder Vorleistung des Denkens, das in ein Spannungsverhältnis zu sich selber tritt, vor allem als Aufklärung, als Kritik und Zweifel an allem Gegebenen, Hergebrachten, Vorausgesetzten, kann als arbeitsteiliges, anerkennendes und abgrenzendes Vertrauen verstanden werden. Die Arbeitsteilung zwischen einem privaten Vernunftgebrauch, dessen Einschränkung das vernünftige Denken dem Gehorchen und Befolgen unterordnet, und einem freien öffentlichen Vernunftgebrauch, der »allein Aufklärung unter Menschen zustande bringen«[23] kann, ist Kant zufolge erforderlich, weil ohne die Mindest- oder Vorleistung des Denkens, die als ordnungsstiftenden und ordnungserhaltenden Verzicht den privaten Vernunftgebrauch prägt, die Vernunft nicht in der Lage wäre, ihr kritisches Geschäft zu betreiben: Negativität gegen Negativität. Die Anerkennung der Unmöglichkeit, durch Zweifel einer Beantwortung grundsätzlicher Fragen wie etwa der nach der Existenz der Außenwelt nahezukommen, ist ihrerseits, folgt man Stanley Cavell, eine Mindest- oder Vorleistung des Denkens, ein Skeptizismus des Vertrauens, dessen Negativität sich wiederum gegen die Negativität richtet – findet das Denken doch in solchem Vertrauen die unerkennbare und darum strenggenommen unauffindbare Bedingung seiner Möglichkeit, die Bedingung möglichen Wissens und Erkennens: »Es ist natürlich umwillen des Wissens und Erkennens, daß man auf Wissen und Erkenntnis verzichtet.«[24] Schließlich läßt sich die Notwendigkeit eines

22 »Die Idee der Toleranz erscheint *heute wieder* als dasjenige, was sie an ihren Ursprüngen war, zu Beginn der Neuzeit – als ein parteiliches Ziel, ein subversiver, befreiender Begriff und als ebensolche Praxis. Umgekehrt dient, was *heute* als Toleranz verkündet und praktiziert wird, in vielen seiner wirksamsten Manifestationen den Interessen der Unterdrükkung.« Herbert Marcuse, »Repressive Toleranz«, in: Robert Paul Wolff, Barrington Moore und Herbert Marcuse, *Kritik der reinen Toleranz*, Frankfurt am Main 1973, S. 93 – meine Hervorhebungen, AGD.

23 Immanuel Kant, »Beantwortung der Frage: Was ist Aufklärung?«, a. a. O., S. 55.

24 Stanley Cavell, *Must We Mean What We Say?*, Cambridge (Engl.) 1976, S. 325. Auch die »Einstellung zur Seele«, von der Wittgenstein in seinen *Philosophischen Untersuchungen* einmal handelt (Ludwig Wittgenstein, *Philosophical Investigations*, Zweisprachige Ausgabe, Oxford 1999, S. 178), könnte man als Mindest- oder Vorleistung des Denkens interpre-

Glaubens oder Vertrauens, eines Abbrechens des zweifelnden Fragens, mit dem das Denken eine Mindest- oder Vorleistung erbringt, als Abgrenzung von Wahn und Schein deuten. So gilt es, mit gewissen Gedanken nicht zu spielen und gewisse Zweifel nicht in Erwägung zu ziehen, will man in der Lage sein, vernünftig zu denken; durch den Ausschluß von gewissen Gedanken und gewissen Zweifeln, durch solche auch in diesem Fall gegen die Negativität gekehrte Negativität unterscheidet sich der Denkende, den man als zurechnungsfähig betrachtet, vom Wahnsinnigen. In seinem Buch *A Common Humanity* bemerkt Raimond Gaita: »Wissen und Verstehen – und damit alle ernsthaft radikale Kritik – hängen davon ab, daß man fähig ist, mit gesundem Verstand abzuwägen, was als Beweisstück zählen, wann man sich auf höhere Instanzen verlassen und wann man zu Recht ihnen keinen Glauben schenken darf.«[25] Das Abwägen, von dem Wissen und Verstehen abhängen, ist aber kein Argumentieren, das zu einem bestimmenden Urteil führt, sondern eine letztlich von keinem Argument getragene Entscheidung über jene Möglichkeiten, die man nicht bereit ist, zu erwägen: »Daß Dinge nicht aus der Erwägung ausgeschlossen werden, gehört zu der Art und Weise, wie verrückte Menschen die Welt sehen [...] Nicht Vernunft bestimmt, was es bedeutet, einen ›Bezug zur Wirklichkeit‹ zu haben. Der Bezug zur Wirklichkeit bedingt nämlich die

tieren, als Annahme oder Anerkennung, ohne die das Verhalten des anderen undurchsichtig bliebe; nicht als erkenntnistheoretisches Argument, welches das Wissen um das Dasein des anderen begründet, um dessen Befindlichkeiten, Bewußtseinszustände und Verhaltensweisen, sondern als eine selber irreduktible Form, dem anderen zu begegnen, die es allererst erlaubt, sinnvoll etwa zu behaupten, man glaube, der andere habe Schmerzen. Peter Winch spricht in diesem Kontext von Reaktionen, die so ursprünglich sind, daß jeder Versuch, sie weiterhin in ihre Bestandteile zu zerlegen, einer Auflösung intelligibler Beziehungen gleichkommen würde (Peter Winch, *»Eine Einstellung zur Seele«*, in: ders., *Trying To Make Sense*, Oxford 1987, S. 153). Raimond Gaita hebt in diesem Kontext die Verflechtung von Antwort und Begriff hervor. Wir verfügen nicht zunächst über einen Begriff des anderen, der bestimmte Antworten auf dessen Befindlichkeiten hervorruft. Vielmehr sind Antwort und Begriff so miteinander verflochten, daß Verhalten im allgemeinen ohne die »Einstellung zur Seele« undenkbar ist (Raimond Gaita, *Good and Evil. An Absolute Conception*, Basingstoke und London 1991, S. 189).

25 Raimond Gaita, *A Common Humanity. Thinking About Love And Truth And Justice*, London 2000, S. 160.

nüchterne Anwendung jener kritischen Begriffe, die unser Verständnis von richtigem oder falschem Denken auszeichnen.«[26] Das Vertrauen des Denkens, das als arbeitsteiliges, anerkennendes und abgrenzendes gerechtfertigt wird, stellt den Denkenden vor die Frage, ob eine derartige Rechtfertigung nicht in Wahrheit die Spannung verdeckt, die zwischen Aufklärung und dem Anderssein, das sie »an sich« haben soll, herrscht; die Spannung, die sowohl die Aufklärung selber als auch das Anderssein durchquert und durchtrennt. Kann man zwischen dem privaten und dem öffentlichen Gebrauch der Vernunft *einfach* eine Grenze ziehen, ohne das Befehlen und Gehorchen der Kritik und dem Zweifel zu unterwerfen und damit das Vertrauen des Denkens, seine Mindest- oder Vorleistung prinzipiell einzuschränken? Kann man etwas *einfach* annehmen und anerkennen, ohne das Angenommene und Anerkannte der Erkenntnis und dem Wissen zu unterwerfen und damit das Vertrauen des Denkens, seine Mindest- oder Vorleistung prinzipiell einzuschränken? Kann man gewisse Gedanken und gewisse Zweifel *einfach* ausschließen, ohne das Ausgeschlossene dem Ausschließenden zu unterwerfen und damit das Vertrauen des Denkens, seine Mindest- oder Vorleistung prinzipiell einzuschränken? Einfach: ohne den Widerstreit des Uneinsseins. Wenn Denken, das sich mit bloßem Vertrauen nicht abgeben kann, ja dessen Begriff unvereinbar ist mit bloßem Vertrauen, durch die arbeitsteilige, anerkennende und abgrenzende Rechtfertigung des Vertrauens, in dem seine unabdingbare Mindest- oder Vorleistung liegt, diese prinzipiell einschränkt, so erhebt es sich subreptiv über das, was es ermöglicht, eignet sich Aufklärung das Anderssein an, das sie »an sich« haben soll.

Um aber überhaupt eine Grenze zwischen einem privaten und einem öffentlichen Vernunftgebrauch ziehen, um überhaupt etwas annehmen und anerkennen, um überhaupt einen Gedanken und einen Zweifel ausschließen zu können, durch

26 Ebd., S. 164f. Vgl. dazu auch folgende Stelle in Gaitas Untersuchung über Gut und Böse: »Der Umstand, daß wir als zurechnungsfähige und gesunde Wesen bestimmte Gedanken nicht haben, läßt sich nicht auf praktische Gründe zurückführen, sondern wirkt sich bedingend auf den Sinn aus, den Begriffe wie Möglichkeit (›es ist möglich, daß ...‹), Wahrscheinlichkeit (›es ist wahrscheinlich, daß ...‹) und Unmöglichkeit (›es ist unmöglich, daß ...‹) haben.« (Raimond Gaita, *Good and Evil. An Absolute Conception*, a. a. O., S. 314.)

eine reflektierte oder durch eine beinahe unmittelbare Entscheidung, muß das Denken bereits Vertrauen in sich haben, genug, um anzuheben, anzusetzen, anzufangen, um einen ersten und vorläufigen Ausgang zu nehmen. *Das Denken muß sich trauen.* Dieses Vertrauen des Denkens in das Denken geht der Unterscheidung von Wahn und Vernunft voraus, dem Vertrauen des Denkens, durch das es sich als Vernunft vom Wahn abhebt. Ohne ein solches Vertrauen in sich selber, das einerseits schon einen Abstand, eine Reflexion, zu implizieren scheint, andererseits analytisch nicht zerlegbar ist, wie eigentlich Vertrauen stets sich der Analyse entwindet und eine Leerstelle in ihr einträgt, könnte sich das Denken indes gar nicht vom Wahn abheben, von einer Gestalt des Aberglaubens oder des Dogmatismus, und als vernünftiges, aufgeklärtes und aufklärendes Denken konstituieren. Somit zeigt sich, daß das Vertrauen in sich selber, das Denken als Anderssein »an sich« hat, unaufhebbar ist und nicht weniger abstrakt als das Über, an dem sich sein aufklärerischer Zug ablesen läßt.

Hegel faßt Glauben als Vertrauen und Vertrauen als unmittelbare Selbstgewißheit, als »schöne Einheit« von vertrauendem Subjekt und Gegenstand des Vertrauens: »Wem ich vertraue, dessen Gewißheit seiner selbst ist mir die Gewißheit meiner selbst; ich erkenne mein Fürmichsein in ihm, daß er es anerkennt und es ihm Zweck und Wesen ist. Vertrauen ist aber der Glaube, weil sein Bewußtsein sich unmittelbar auf seinen Gegenstand bezieht und also auch dies anschaut, daß es eins mit ihm, in ihm ist.«[27] Daß die Aufklärung den Glauben zunächst verkennt, am Ende aber gegen ihn das »absolute Recht« behauptet, weil »das Selbstbewußtsein die Negativität des Begriffs ist, die nicht nur für sich ist, sondern auch über ihr Gegenteil übergreift«,[28] vermag Hegel nur darzustellen, weil er das Wesen des Vertrauens in einer unmittelbaren Selbstgewißheit ausmacht, die von der Anerkennung bedingt wird, von der Einheit des Selbstbewußtseins in seinem Anderssein.[29] Ist jedoch Vertrauen nicht an die Ungewißheit gebunden, die in einem Mangel an Autarkie und in der Möglichkeit eines Verrats enthalten ist? Wenn ich mir meiner

27 G. W. F. Hegel, *Phänomenologie des Geistes*, a. a. O., S. 406.
28 Ebd., S. 417.
29 Vgl. dazu: Alexander García Düttmann, *Zwischen den Kulturen. Spannungen im Kampf um Anerkennung*, Frankfurt am Main 1997, S. 182f.

selbst gewiß wäre und autark, brauchte ich einem anderen nicht zu vertrauen. Wenn sich der andere seiner selbst gewiß wäre, wenn ich mir aufgrund dieser Gewißheit des anderen und meiner selbst gewiß wäre, wenn ich von dem anderen nicht verraten und mein Vertrauen von ihm nicht zerstört werden könnte, brauchte ich ebensowenig einem anderen zu vertrauen. Das Vertrauen wird von dem Zweifel heimgesucht, den es wiederum einholt. In ihren für die BBC geschriebenen Vorträgen über Vertrauen unterstreicht Onora O'Neill, daß Vertrauen einerseits nicht eine Angelegenheit »blinder Unterwerfung« sein darf, sondern auf einer Wahl beruhen muß, die der Urteilskraft bedarf, andererseits jedoch sich als »überflüssig« erweist, wenn man bereits über »Bürgschaften oder Beweise« verfügt.[30] Um eine übermittelte Information zu beurteilen, muß man schon vertrauen;[31] deshalb wird Vertrauen nicht eigentlich von fehlgeleiteten, irrigen, falschen Urteilen gefährdet, sondern vielmehr von jenem »Terror«, der Vertrauen verneint und vernichtet, von der terroristischen Täuschung, die sich gegen die Möglichkeit des Urteilens und Unterscheidens selber richtet. Auch Niklas Luhmann, der in seiner funktionalen Analyse des Vertrauens dessen »Einheit« zu erfassen sucht[32] und sie letztlich in dem Paradoxon erblickt, daß Vertrauen in ausdifferenzierten Gesellschaften gerade durch die zeitlich vermittelte Reduktion von Komplexität deren Steigerung dient, der Eröffnung neuer »Möglichkeiten des Erlebens und Handelns«,[33] macht einerseits darauf aufmerksam, daß Vertrauen durchaus als »rational« bewertet werden kann, immer dann nämlich, wenn es die Funktionalität des Systems erhält und es dieses weder durch seine eigene Übertreibung noch durch seine Verkehrung in ein zerstörerisches Mißtrauen bedroht, während er andererseits zeigt, daß Vertrauen stets als »riskante Vorleistung« betrachtet werden muß, als gewagtes, unbegründbares, am Ende latent bleibendes »Hinausgehen über Tatsachen« in »unumkehrbarer Folge«: Weil sich der Vertrauende dem anderen zunächst aussetzt, muß er davon ausgehen, daß »der Schaden beim Vertrauensbruch größer sein kann als der Vorteil, der aus dem Vertrauenserweis

30 Onora O'Neill, *A Question of Trust*, Cambridge 2002, VII und S. 6.
31 Ebd., S. 87.
32 Niklas Luhmann, *Vertrauen*, Stuttgart 2000 (4. Auflage), S. 126.
33 Ebd., S. 8.

gezogen wird«.[34] Um in der Lage zu sein, mit der systemtheoretischen Einsicht »zu leben«, daß »alles anders sein könnte«,[35] mit einer Reflexivität, die sich in dem Maße lähmend auf das »Hinausgehen über Tatsachen« auszuwirken vermag, in dem sie dieses »Hinausgehen« verabsolutiert und mit der Verabsolutierung Vertrauen abschafft, muß man weiterhin eine »Vertrautheit« mit der Welt voraussetzen, eine »Vorleistung von Ordnung«, welche die Grundlage für das selektive Verhalten des Vertrauens und des Mißtrauens bildet.[36]

Weniger formal als der Bescheid, Aufklärung sei das Medium der Negativität und könne daher nicht verneint werden, ist also vielleicht die Auskunft, Aufklärung könne zwar nicht verneint werden, erfahre aber ständig ihre eigene Beschränktheit, da sie eines Vertrauens bedürfe, an das sie nicht rühren könne. Dieses Vertrauen fordert die Aufklärung heraus, um so mehr, als es sich nicht zur Negation zusammenzieht, Anderssein, das die Aufklärung stets »an sich« hat, nie aber »für sich«, Trauma, Tatsache, Gedächtnis des Denkens, Gewalt, die sich von der des unterbrechenden und abbrechenden, möglicherweise tödlichen Schlages nicht unterscheiden läßt. Aufklärung strebt folglich nicht nach der Herstellung einer gänzlichen Durchsichtigkeit und vollkommenen Helle der Reflexion, wie jene irrtümlich meinen, die ihre Selbstverstrickung außer acht lassen, das An-sich-Haben eines unaufhebbaren Andersseins, sondern danach, an ein Glauben oder Vertrauen zu rühren, *das sich ihr entziehen muß*, durch das sie außer sich gerät und sich gegen ihre Einheit kehrt, gegen die Einheit des kritischen und des entwerfenden Über. Für die Aufklärung gilt jederzeit der Satz, den Kant als einen vorläufigen formuliert: »Wenn denn nun gefragt wird: Leben wir jetzt in einem *aufgeklärten* Zeitalter?, so ist die Antwort: Nein, aber wohl in einem Zeitalter der *Aufklärung*.«[37] Vertrauen ist die Passion der Aufklärung, der Schatten, den sie an sich und in sich ziehen möchte, bis sie beinahe zum Schatten, der Schatten hingegen beinahe zum Leib wird. Mit leidenschaft-

34 Ebd., S. 29.

35 Ebd., S. 78 und S. 88 (Fußnote Nr. 5). Vgl. dazu auch: Alexander García Düttmann, *Kunstende*, a. a. O., S. 152.

36 Niklas Luhmann, *Vertrauen*, a. a. O., S. 23.

37 Immanuel Kant, »Beantwortung der Frage: Was ist Aufklärung?«, a. a. O., S. 59.

lichem Doppelsinn sagt der Aufklärer: Der lösende und bindende Zweifel ist meine Sache, und deshalb kann ich nicht umhin, dem anderen zu glauben und zu vertrauen, dem anderen in mir selbst. *Trust me*.

Odd Moves
Übertreibung und Ironie

Könnte ich mich ohne Übertreibung und Ironie je in der Kunst üben, einen Text oder einen Vortrag zu schreiben, ja einen Text zu veröffentlichen oder einen Vortrag zu halten? Könnte ich einen Gedanken konstruieren, etwas im Denken zusammenstellen und durch das Schreiben herstellen, etwas schematisierend von seiner bloßen, das heißt widerspruchsfrei gedachten Möglichkeit loslösen, etwas durch den Widerstand und die Reibung der Besonderung in die Wirklichkeit hineinstellen und bloßstellen, würde nicht eine Übertreibung, ein ironischer, entstellender, entäußernder und veräußernder Zug meine Natur durchziehen, *para physin* oder *contra naturam*, wäre meine Natur also nicht selber dekonstruierbar und aus diesem Grund konstruierbar, statt einfach eine Einheit zu bilden, eine analytische Einheit oder eine Einheit von Konstruiertem und Konstruierendem? Welches Erstaunen, welches Unbehagen, welche Neugierde, welch peinliches, gleichgültiges, gelangweiltes Wiedererkennen, welch ironischen Gegenschlag würde ich hervorrufen oder auslösen, wenn ich im geteilten Bewußtsein solcher Ironie der Konstruktion einen Text oder einen Vortrag mit der politisch naiven, politisch mutigen, politisch korrekten, politisch indifferenten Feststellung beginnen würde: »Ich bin schwul«?

Die Ironie teilt stets das natürliche Bewußtsein, um es seiner Beschränktheit, seiner Unangemessenheit oder seiner Lüge zu überführen, um eine vermeintlich erste Natur ihrer Unmittelbarkeit zu berauben und sie als das Symptom einer zweiten Natur zu exponieren. Die Ironie bedarf aber ebenfalls, zumindest als subjektive, als Verstellung oder sich dumm stellendes Sagen, eines geteilten Bewußtseins, eines vorausgesetzten und durch sie bestätigten Einverständnisses, eines Konsensus, ohne den sie den Halt verliert und ihrem eigenen Sog erliegt. In diesem Sinne wohnt aller Ironie, ungeachtet ihres kritischen Potentials, ein konformistisches Moment inne, selbst und vor allem in dem Fall, in dem der Konsensus durch die Ironie erst suggeriert und in einen bereits bestehenden zurückverwandelt wird, selbst in dem Fall also, in dem man, von der Ironie angesteckt oder von dem Verdacht eines ironischen Anflugs eingeschüchtert und herausgefordert, das vorgängige Bestehen eines Konsensus simuliert, mit der uneingestandenen und ernsten Absicht, nicht hinter der Ironie zurückzubleiben und dadurch vielleicht ihr zum Opfer zu fallen. Wenn Benjamin in einem frühen Aufsatz über Sokrates die Schamlosigkeit der Ironie kritisiert, so wirft er damit dem Ironiker gerade vor, daß er die Antwort immer schon weiß und sich auf dieses Wissen dogmatisch verläßt, daß er folglich das Denken nicht schöpferisch betreibt und sich in seinem Drang nach Objektivierung äußerlich oder formal verhält,[1] dem Formalisten nicht unähnlich, dessen Konstruktionen Hegel bekanntlich denunziert. Gilles Deleuze, der zwischen Ironie und Humor unterscheidet und in der griechischen Ironie ein »Spiel der Grundsätze und der Ursachen« erblickt, bemerkt in einem Gespräch, die Ironie höre schnell auf, wenn sie über sich selber rede.[2] Für die objektive Ironie gilt freilich die Voraussetzung eines der Ironie Entzogenen nicht weniger, sei es, daß sie als Ironie des Schicksals dessen Herrschaft inthronisiert, sei es, daß sie als romantische Ironie das beschränkende einzelne auf das unbeschränkt Allgemeine, das Kunstwerk auf die Idee der Kunst bezieht, sei es, daß sie durch die Absicht des ironischen Subjekts und zugleich über diese Absicht hinaus die Wahrheit meint oder eine in der Gestalt des Unterschieds von privater Ironie und liberaler Hoffnung hypostasierte Kontingenz. Den konservativen Politiker, der das Interesse eines ideologischen Nominalismus verfolgt und die Existenz der Gesellschaft mit dem Hinweis leugnet, existieren würden nur Individuen, kann man an die Erfahrung objektiver Ironie erinnern, die Adorno in seinen Vorlesungen zur Einleitung in die Soziologie festhält. Die empirisch und alltäglich erfahrbare Herabminderung des Individuums zum »Exemplar einer allgemein verbreiteten Gesetzmäßigkeit«, die den Akademiker nicht ausspart, verdeutlicht besonders kraß und sinnfällig das Einhaltgebietende, Verhärtete, Unumstößliche der Ironie, die unbefragbare Voraussetzung, ohne die sie

1 Walter Benjamin, »Sokrates«, in: ders., Gesammelte Schriften, Band II.1, Frankfurt am Main 1977, S. 131.

2 Gilles Deleuze und Claire Parnet, *Dialogues*, Paris 1996, S. 83ff. Die Bewertung der Ironie unterliegt in dem Werk von Deleuze Verschiebungen und Veränderungen, die es verdienen, eigens untersucht zu werden.

auch als objektive nicht auskommt: »Gesellschaft [wird] unmittelbar dort fühlbar, wo es weh tut – wenn man etwa in bestimmte soziale Situationen kommt wie die eines Menschen, der einen Job suchen muß, und der dann auf Granit beißt, das Gefühl hat, daß alle Türen ihm sich automatisch verschließen, oder der sich Geld borgen muß in einer Situation, in der er nicht Garantien dafür beibringen kann und der dann zehn, zwanzig Mal in einer bestimmten automatischen Weise dem Nein begegnet [...]«[3]

So bewegt sich Ironie zwischen Öffnung und Schließung, erweist sich dadurch gleichsam in sich selber als politisch, als strategische Verhandlung, als das Einnehmen eines Standpunktes, dem indes eigentümlich ist, daß Freund und Feind nicht ausdrücklich auseinandergehalten und anerkannt werden. Die Ironie ist eine Form, ein Zeigen, das sich in seinem Vollzug nicht zur inhaltlichen Aussage eines Urteils verdichten darf. Deshalb wohl kann sie sowohl subjektive als auch objektive Ironie sein und sowohl politisierende als auch entpolitisierende Wirkungen haben; deshalb wohl verstellt sie dem anderen den Weg, beschreibt sie den Verlauf einer Einbahnstraße, ist sie eine Sache für Eingeweihte und polarisiert die Adressaten in jene, die wissend dazugehören, und jene, die tumb draußenbleiben müssen, denen die Türen sich wie dem Arbeit- oder Geldsuchenden automatisch verschließen; deshalb wohl kann sie der Wahrheit so sehr wie der Unwahrheit dienen, einer reaktionären Politik so sehr wie einer revolutionären; deshalb wohl vermag sie in ihrer Abstraktheit von historischen, politischen, sozialen Konstruktionen nicht abstrahiert zu werden: jenes, was zur Ironisierung führt, ist keine bestimmte oder bestimmbare Eigenschaft des Gegenstands, sondern hat seinen Ort in dem *Verhältnis* zum Gegenstand, in der stummen Reflexion, nicht anders als Schönheit in der *Kritik der Urteilskraft*, scheint auch Schönheit als Affektion, als Erfüllung des Sich-Fühlens, als unmittelbares, reines, »trockenes«[4] Wohlgefallen, das sich vom Reiz unterscheidet, gänzlich unironisch zu sein. (Gründet die Ironie des Philosophen nicht darin, daß er mit differenzierten und diffizilen begrifflichen Mitteln etwas sehr Einfaches sagt, das er ohne Ver-

3 Theodor W. Adorno, *Einleitung in die Soziologie*, Frankfurt am Main 1993, S. 65 ff.

4 Immanuel Kant, *Kritik der Urteilskraft*, § 14, Frankfurt am Main 1977, S. 141.

einfachung anders nicht sagen könnte?) Zweimal übt Ironie Askese. Das Ironisierte, das sie des Schutzes beraubt, der Witterung aussetzt und dem Zerfall oder der Zerstörung, der Beschämung oder der Schmach preisgibt, läßt sie nicht weniger unberührt als das Einverständnis und den Hintergrund, deren Kontrastwirkung ihr wesentlich ist.

Ironie macht Ernst. Sie ist die Konstruktion des Ernstes. Der Ernst liegt hinter und vor ihr, erweist sich als ihr vorgeordnet und zugleich als ihr nachgeordnet. Der eine Ernst liegt in dem Sich-Ernst-Nehmen, auf das die ironisierende Verdoppelung zeigt, während der andere Ernst in der Voraussetzung eines Einverständnisses oder eines Hintergrunds liegt, ohne die keine Ironisierung je gelingen würde. Der eine Ernst ist der Ironie vorweg, als ironisierter Gegenstand oder als Voraussetzung für das Gelingen der Ironisierung, der andere Ernst wird durch die Ironisierung erst hervorgebracht, als ironisierter Gegenstand oder als Voraussetzung für das Gelingen der Ironisierung. Ironisch ernst, hyperironisch und überernst, übertrieben ernst und übertrieben ironisch, ist somit die Unentscheidbarkeit, die in der Rede von der Ironie als Konstruktion *des* Ernstes den Genitiv heimsucht. Gibt es einen größeren Ernst als den der höchsten Ironie, eine höhere Ironie als die des größten Ernstes? In der Reaktion auf das Sich-Ernst-Nehmen des Objekts, in dem der Ironie innewohnenden »reaktiven« Element, von dem Richard Rorty spricht,[5] liegt ein weiterer Ernst, ein Ernstnehmen des Sich-Ernst-Nehmens, ohne das die Ironie ihren distanzierenden Effekt nicht erzeugen könnte. Die höchste Ironie vermag man deshalb in der unendlichen, bis zur Ununterscheidbarkeit reichenden Annäherung an den Ernst auszumachen, zum Beispiel in der Dekonstruktion, für die jede Bedingung der Möglichkeit untrennbar und ununterscheidbar bleibt von einer Bedingung der Unmöglichkeit des Ermöglichten. Nicht zufällig stellt sich die Dekonstruktion als Gleichzeitigkeit eines spielerischen und durchtriebenen Geistes und eines Geistes unerbittlichen und überfordernden Ernstes dar. Zwar kann sich letztlich kein Einverständnis vor der Ironie der Dekonstruktion unberührt erhalten, zwar bildet nicht einmal der Ironie*begriff* eine Vorausset-

5 Richard Rorty, *Contingency, Irony and Solidarity*, Cambridge (Engl.) 1989, S. 88.

zung für das Dekonstruieren, doch muß sich auch die Dekonstruktion *als* Dekonstruktion auf einen gewissen Transzendentalismus verlassen,[6] auf den Ernst der Unumgänglichkeit ihrer Ironie, ungeachtet ihrer Versuche, die Als-Struktur und die Forderungen transzendentaler Erkenntnis zu dekonstruieren.[7] Wenn nun Ironie Ernst macht, Konstruktion des Ernstes ist, unausgesprochen geleistete Anerkennung einer Voraussetzung, die sich ihr entziehen muß, dann kann man die These aufstellen, daß in dem Formalismus oder Konstruktivismus der Ironie einerseits das ironische Verfügen über einen beliebigen Gegenstand angelegt ist, und zwar von beliebiger Seite, andererseits aber die notwendige Gebundenheit der Ironie an eine unsichtbare Absicht oder Tendenz.

Indem er darauf hinweist, daß sich geschichtlich die Funktion der Ironie geändert hat und daß sie von einer Voraussetzung abhängt, von einem »transzendentalen Einverständnis«, das sie ohne die sei's noch so kurze Unterbrechung eines Perspektivenwechsels nicht wiederum ironisch reflektieren kann, hat Adorno in einem Abschnitt der *Minima Moralia* den Konstruktivismus der Ironie genau bezeichnet und dargestellt: »Das Mittel

6 Vgl. dazu: Alexander García Düttmann, *Zwischen den Kulturen. Spannungen im Kampf um Anerkennung*, a. a. O., S. 98ff.

7 Daß die Ironie der Dekonstruktion in der Fassung, die Paul de Man ihr verleiht, einen gewissen Transzendentalismus, eine gewisse Idealität, an der sie nicht rühren kann, selber produziert oder konstruiert, belegt Rodolphe Gasché am Ende seines Buchs *The Wild Card of Reading*: »Ein Text ist nicht mehr in dem Sinne einzigartig, daß er auf eine Frage eine bestimmte und besondere Antwort gibt [...] einzigartig ist ein Text allein in seiner Eigenschaft als sprachliches Ereignis. Diese Voraussetzung verurteilt das Lesen überhaupt, auf der Stelle zu treten, zwingt es zur eintönigen Wiederholung, Sprache (sei) Sprache (sei) Sprache (sei)... Die Wiederholung hat jedoch eine Verdoppelung der letztlich willkürlichen, ziel- und bedeutungslosen Sprache zur Folge: dadurch wird Sprache zu einem Idealen, ja zur Idealität selber.« (Rodolphe Gasché, »Adding Oddities«, in: ders., *The Wild Card of Reading*, Cambridge [Mass.] und London [Engl.] 1998, S. 233.) In seinen Allegorien des Lesens reklamiert de Man Ironie ausdrücklich für die Dekonstruktion. Anspielend auf Benjamins Rede von einem romantischen Bauen »durch Abbruch«, sagt er in einem Vortrag über den unmöglichen oder widersinnigen Begriff der Ironie: »Die Erwartung, Dekonstruktion möge etwas konstruieren, wird von einem solchen Passus [Schlegels] entkräftet [...] So ist es auch sehr schwer, eine Geschichtsschreibung sich vorzustellen oder ein Geschichtssystem zu entwerfen, die vor der Ironie bewahrt werden könnten.« (Paul de Man, »The Concept of Irony«, in: ders., *Aesthetic Ideology*, Minneapolis 1996, S. 184.)

der Ironie selber ist in Widerspruch zur Wahrheit getreten. Ironie überführt das Objekt, indem sie es hinstellt, als was es sich gibt, und ohne Urteil, gleichsam unter Aussparung des betrachtenden Subjekts, an seinem Ansichsein mißt [...] Dabei setzt sie die Idee des Selbstverständlichen, ursprünglich der gesellschaftlichen Resonanz voraus.«[8] Welche Schlußfolgerungen kann man aus dem Konstruktivismus der Ironie, aus der doppelten Wirkung ihres Formalismus ziehen, welche weiteren Einsichten lassen sich aus dem ironischen Ernstmachen gewinnen, welche womöglich erhellenden Beispiele vermag man für es zu finden?

A. Selbstmord. [»... und am ende mir selber geglaubt, was man doch momentan im allgemeinen verhindern will...«[9]] Der formale Charakter der Ironie, ihre Ungebundenheit an einen gegebenen oder vorgegebenen Inhalt, an eine Natur, ermöglicht das in verschiedenen und miteinander unvereinbaren Zusammenhängen wiederholte Auseinanderhalten einer Voraussetzung, die von dem Ironiker ernstgenommen werden muß, und eines Gegenstandes, dessen Ernst er brandmarkt und auflöst. Doch aufgrund eben dieses formalen Charakters, dieses Konstruktivismus, droht die Ironie stets an die von ihr unberührte Voraussetzung zu rühren. Antonio Negri und Michael Hardt mögen in ihrem Buch *Empire* gegen Heidegger polemisieren und ihn einer Verkehrung wirklicher Zerstörungen in »metaphysische Erzählungen über die Negativität des Seins«[10] zeihen; ihre Polemik darf nicht darüber hinwegtäuschen, daß die Logik des doppelköpfigen Adlers, die ihrem Argument zugrunde liegt, genau der des Janusgesichts entspricht, die Heidegger im Nihilismus erkennt. Diese Logik ist eine der Ironie, die sich permanent selber ansteckt: »Die deterritorialisierende Macht der Menge ist die produktive Kraft, die das Reich [Empire] erhält, zugleich jedoch auch die Kraft, die dessen Zerstörung herbeiruft und unumgänglich macht.«[11] Nach der Zerstörung des World Trade Center durch einen selbstmörderischen Terrorismus, der zwei nordamerikanische Verkehrsflugzeuge in zielsichere Ge-

8 Theodor W. Adorno, *Minima Moralia*, a. a. O., S. 237.
9 Kathrin Röggla, *really ground zero. 11. september und folgendes*, Frankfurt am Main 2001, S. 26.
10 Michael Hardt und Antonio Negri, *Empire*, Cambridge (Mass.) und London (Engl.), 2000, S. 46.
11 Ebd., S. 61.

schosse verwandelte, ist häufig auf die beunruhigende Ironie aufmerksam gemacht worden, die sich darin zeigt, daß eine fanatisch fundamentalistische Ideologie sich der Mittel ihres erklärten Feindes bedient, um sie auf entsetzliche Art und Weise gegen ihn zu kehren – kein einfacher Angriff auf die Zivilisation, auf recht unsichere »kapitalistische Zitadellen«,[12] keine bloße Entgegensetzung von Gegebenem und Konstruiertem. Nennt Jürgen Habermas in seiner Friedenspreisrede die »fahle Hoffnung auf eine List der Vernunft«,[13] so spiegelt sich jene objektive Ironie in dieser. Was in dem Fall 9/11 jedoch die Unruhe steigert und die Ironie bis an ihre Grenze treibt, bis an jene Grenze, an der das Reale einbricht, an der die Konstruktion einstürzt, an der Ironie und Ernst in den Abgrund unheilbarer Verwirrung gezogen werden, ist die Gefahr einer Ansteckung, die es verwehrt, den Ernst einer fanatisch fundamentalistischen Ideologie abzugrenzen von der Ironie der Mittel, die vor allem umfunktionierenden Einsatz technobiochemischer Waffen für die Auflösung allen Ernstes stehen, für eine inhaltlich gleichgültige Beweglichkeit, für die umwälzende und aufzehrende Kraft des Kapitalismus.[14] Wer allerdings als Beobachter oder Zeuge solch

12 Jürgen Habermas, »Glauben und Wissen«, in: Frankfurter Allgemeine Zeitung, 15. Oktober 2001, S. 9. Jean Baudrillard notiert in einem luziden Artikel über den »Geist des Terrorismus«, der Okzident nehme die Stellung Gottes ein, die Stellung »göttlicher Allmacht und absoluter moralischer Legitimität«, und erkläre sich in einer »selbstmörderischen« Wendung den Krieg (Jean Baudrillard, *L'esprit du terrorisme*, Paris 2002, S. 13 – zuerst erschienen in: Le Monde, 3. November 2001). Keiner entgeht in der all-ohn-mächtig ironischen Totalität der Ironie: »Wenn jene [Terroristen] unbemerkt haben bleiben können, dann ist jeder von uns ein Verbrecher, den man noch nicht erkannt hat.« (Ebd., S. 28.) Auch Alain Badiou stellt die Behauptung auf, daß die »Grundlagen der amerikanischen Übermacht« und die Grundlagen des Terrorismus, der in der Planung, Anordnung, Ausführung des Anschlags auf die Twin Towers manifest geworden ist, »derselben Welt« angehören (Alain Badiou, »Considérations philosophiques sur quelques faits récents«, in: Lignes, Paris, Mai 2002, S. 28). Geißelt man, wie Noam Chomsky es unermüdlich tut, das Ungenügen einer allgemeinen Verdammung des Terrorismus, so läßt man sich von der Annahme einer wesentlichen Gemeinsamkeit oder Einheit leiten.

13 Ebd.

14 Warum Glaube und Maschine, Glaube und Technik, Glaube und säkularisierend kapitalistische Abstraktion in Wahrheit nicht einander ausschließen, erörtert Jacques Derrida in seinem Text *Foi et Savoir* (Paris 2001).

objektiver Ironie auftritt und noch deren Selbstansteckung, die Symptome einer Ironie der Ironie, zu diagnostizieren und mit Spekulationen über den ironischen Konstruktivismus zu erklären versucht, gerät leicht in den Verdacht, ein letztes Wort sprechen zu wollen, ein Wort jenseits der Ironie und des Ernstes, ein hyperironisches oder überernstes Wort, und dadurch entweder die Parteinahme gegen terroristische Handlungen zu desavouieren und den Widerstand gegen sie zu lähmen, oder den furchtbaren Schrecken, den diese Handlungen einjagen, zu leugnen und deren Rechtfertigung zu betreiben. Es ist, als könne man sich der Ironie nicht entziehen.

Sie kehrt wieder, wo sich in der Not die kompromittierte Eindeutigkeit ernst nimmt und mit rhetorischem Terror behauptet. In dem Ton einer hohen Priesterin der Wahrheit, einer Führerin oder Fängerin studentischer Seelen, die von ihrer Gefolgschaft keinen Widerspruch duldet und sie vorsorglich in einem betäubenden Bann hält, verbietet eine in Manhattan lehrende Literaturwissenschaftlerin eine Woche nach den Anschlägen auf das Pentagon und die Twin Towers den Studenten das Wort. Ihr eigenes pythisches Wort, ihre apodiktischen Feststellungen, schillernd zwischen der Tiefe der Weisheit und der Oberfläche der Platitüde, stehen in Anführungszeichen. Ein Teilnehmer an der fraglichen Seminarsitzung, dem Anschein nach erleuchtet, hat sie transkribiert und im Netz verbreitet. Wenn man also die professoralen Äußerungen nicht ganz wörtlich nehmen darf, wenn sie von dem Hof einer doppelten Virtualität umgeben werden und dadurch in eine vielleicht verfängliche und ironische Distanz zu sich selber geraten, so kann man doch umgekehrt die Tatsache, daß diese Transkription der gelehrten und ungelehrten Welt mitgeteilt worden ist, durchaus als deutungsbedürftiges Zeichen nehmen, als Anzeichen für die Anziehungskraft solcher eingetrichterter Glaubenssätze, solcher autoritären Eingebungen und vorhersehbaren Offenbarungen, die nüchtern betrachtet nichts anderes verraten als kaschierte Halbbildung, als ein Mischmasch von Pathos und nicht mehr ganz taufrischen, zur Formel erstarrten Argumenten, deren hohem Geltungsanspruch die charismatische Professorin wohl kaum argumentativ gerecht werden könnte. Etwas schnappt ein. Die Initiation wird naturgemäß mit einer Heraufbeschwörung der Geister eingeleitet: »The teacher entered the room, and began by ringing a small black bell. She calls this a convocation – to convoke our teachers, bring them to mind – ›that's all!‹.«[15] Das Verbot steht am Anfang der Sitzung und wird nach der Pause bekräftigt. Zunächst heißt es: »We need to hang on to an edge of sheer unintelligibility. There's nothing appropriate to say. We're faced with the inappropriable. We're in a place where we're blasted apart. I'm not saying you can't fabricate meaning – but it's too easy.« Dann, die Pausenzeit ist gerade verstrichen, beweist eine Studentin unerwartet Zivilcourage. Es gilt, der Fehlgeleiteten fürsorglich zu begegnen und erfahren die Herde zusammenzuhalten: »A student says that she can't accept that there's no social or political meaning possible in what's just happened. The teacher responds: we're inscribed in certain types of language that no longer apply [...] I can perform masteries, I have done, but that would be letting you down as a teacher. It would be much easier to perform understanding right now. It's not that there are no social or political discourses, but they're disconnected right now. Shattered.« Inmitten des postulierten, ja oktroyierten Schweigens will die beredte Professorin den Studenten nichts verschweigen. Statt stumpf oder stupide zu verstummen, häuft sie bedeutungsvolle Tautologien: »This is what we share: being. That we're here.« Und: »Understanding understands only itself.« Den Zweiflern, mit denen man immer rechnen muß, sollen Psychoanalyse und Postmoderne Eindruck machen. Die Erklärung wird als Abwehr abgewehrt. Sie wird aufgeschoben, doch über den Aufschub gebietet die Professorin, die sich bescheiden dem kollektiven Schicksal fügt: »All totalizing narratives (like ›America is arrogant‹) are defensive manoeuvres. It marks the failure of understanding at the first level to say: ›this means that‹.« Ihr Privileg, auf dem die Macht ihres Diktats beruht, darf die Professorin nicht aufgeben. Sonst mißlingt die Geisterbeschwörung, die an die Stelle der Erklärung tritt. Telephonisch tauscht sie sich mit den Geistern aus. Für die Betroffenheit des Begriffs sollen sie eine Stütze sein, für die Avitaminose eine Spritze: »I spoke to Derrida's family today. He's in China, but he sends his concern, his best wishes. Hélène Cixous and Jean-Luc Nancy, too. A lot of energy is coming here. A lot of language failure.« Den fehlenden Kitt besorgt die Professorin, in-

15 www.hungryghost.net, September 2001.

dem sie sentimentalen Kitsch bemüht, der wohl unfreiwillig in Komik umkippt: »Let's shift focus. One has to take a step back in order to return. This is what I was going to say last week – before the current situation. It's 1946. Hannah goes to Freiberg [sic] and leaves a message for Martin to meet her. Martin's wife refuses to let him go. He pushes his wife aside, goes to Hannah's hotel and spends the night with her, leaves in the morning. Hannah says: ›I have forgiven Heidegger‹. Forgiveness between student and professor, between lovers, sexes, races.« Auf gefährliche Fragen wird sibyllinisch geantwortet: »A student speaks of a friend who was raped and is struggling. Should she forgive? The teacher responds: if she needs to forgive then she should.« Trotz aller anderslautenden Beteuerungen dürfen keine Lücken bleiben, in denen ein verirrtes Schaf auf dumme Gedanken kommen könnte. Als Germanistin weiß die Professorin, wie man mit den Ellipsen umgeht, von denen literarische Texte zehren, und eilt den Schriftstellern zu Hilfe, die es häufig versäumen, die Dinge beim Namen zu rufen: »Bataille says that at moments of extreme laceration, we need stories. We will read Kleist [...] The Marquise von O [...] finds herself pregnant but doesn't know how. A lapse must have occurred. A rape.« So werden die Fluchtlöcher gestopft. Einen Ausweg gibt es eh' nicht: »There is no trauma free zone. I've read that if you're having obsessional or intrusive thoughts, that's a sign of trauma. But if you're having no thoughts, a lack of thought, then that's also a sign of trauma. So there is no trauma free zone right now.«

Zwischen dem aufgegebenen Schweigen und den ausgeliehenen oder abgerufenen »Argumenten« tut sich die Kluft der Ironie auf, so, als würde die Differenziertheit gegen sich selber gekehrt. Gleichzeitig gerät aber das Schweigen durch genau diese Wendung in die Gefahr ironischer Ansteckung, tendiert die Ironie wiederum zur Selbstansteckung, zur Verdoppelung, zur steigernden Aufspaltung in eine Ironie der Ironie. Handelt es sich um den Ernstfall einer amerikanischen Fiktion? Oder um anti-amerikanische Propaganda?

B. Handeln. In einer der letzten Szenen von Brechts *Leben des Galilei* unterhält sich der alternde Wissenschaftler, der nunmehr ein »Gefangener der Inquisition« ist, mit seiner Tochter. Ihr diktiert er seine regelmäßige Korrespondenz mit einem hohen Geistlichen, in der, wie auch an anderen Stellen des Stücks,

Bibelzitate agonistisch verwendet werden. Es kommt zu folgendem Dialog: »Galilei – Wie ist das? Virginia – Es ist wunderbar, Vater. Galilei – Du meinst nicht, daß eine Ironie hineingelesen werden könnte? Virginia – Nein, der Erzbischof wird selig sein. Er ist so praktisch.«[16] Mit diesem expliziten Bezug auf die Möglichkeit eines ironischen Verständnisses bereitet Brecht den Leser oder Zuschauer auf das Treffen zwischen Galilei und seinem enttäuschten Schüler Andrea Sarti vor, auf ein Gespräch über das Verhalten des Wissenschaftlers, über die politischen und ethischen Folgen seiner Abschwörung, seines Verrats, seines Rückzugs. Denn jeder Satz, der eingangs in diesem Gespräch gesprochen wird, muß als ein ironischer verstanden werden. Die Ironie fungiert als List, als Waffe gegen die repressive Obrigkeit. In der Replik der nicht allzu hellen Tochter, deren ironische Reserven vielleicht ihrerseits unterschätzt werden, steckt allerdings eine Frage, ein Problem, das nicht so sehr in dem Stück selber verhandelt wird als in dem »Kleinen Organon für das Theater«, in einem späten Text, in dem es Brecht um die Möglichkeit eines »Theaters des wissenschaftlichen Zeitalters« zu tun ist und in dem er auf das *Leben des Galilei* häufig zurückgreift. Wie verträgt sich der irreduktible dramatische Anspruch auf Unterhaltung, mit dem der zweideutige sinnliche Materialismus des Stücks auf den Begriff gebracht wird, wie verträgt sich die von Brecht aufgestellte Forderung nach der gesellschaftlichen Überflüssigkeit des Theaters mit dem geforderten Zeigen eines »unnatürlichen« Gestus,[17] mit der Hemmung »restloser Verwandlung«,[18] mit der Beeinflussung gesellschaftlicher Vorgänge, die ihnen den »Stempel des Vertrauten« nimmt,[19] mit dem Fällen eines »Urteils«,[20] das die dargestellten Geschehnisse unterbricht, mit dem Werfen eines »fremden Blicks«, eines Blicks des Wissenschaftlers,[21] auf die uneinige, antagonistische Gesellschaft?

16 Bertolt Brecht, *Leben des Galilei*, Frankfurt am Main 1998, S. 119.

17 Bertolt Brecht, »Kleines Organon für das Theater«, in: ders., *Schriften zum Theater*, Frankfurt am Main 1957, S. 149.

18 Ebd., S. 153.

19 Ebd., S. 151. Brecht redet natürlich auch von der »Verfremdung des Vertrauten« (ebd., S. 152).

20 Ebd., S. 166.

21 Ebd., S. 151. In der Szene, die das *Leben des Galilei* eröffnet, legt Brecht seiner Figur den dialektisch ironischen Aphorismus in den Mund: »Da es so ist, bleibt es nicht so.« (Bertolt Brecht, *Leben des Galilei*, a. a. O., S. 10.)

Allgemeiner und im Hinblick auf das Verhältnis von Ironie und Politik gefragt: Wie verträgt sich Ironie als Konstruktion des Ernstes mit Praxis, mit politischer oder revolutionärer Praxis? Trägt Ironie nicht dazu bei, den Grund der Entscheidung zu untergraben, den Ernst, ohne den kein praktisches Engagement und kein praktischer Eingriff möglich sind? Erschöpft sie nicht das Vertrauen, das dieser Ernst birgt und durch den er sich erhält, indem sie die implizite Beanspruchung eines Vertrauens zum Vorschein bringt? Affiziert am Ende solche Erschöpfung nicht die Ironie selber, die ja ihrerseits der Konstruktion eines Ernstes und der Inanspruchnahme eines Restvertrauens und eines Restverständnisses nicht entraten kann, soll sie, wie Paul de Man es formuliert, als »permanente Parabasis einer Allegorie der Tropen« wirken,[22] als ernüchternde, störend zerstörende Unterbrechung der Ästhetik, der Dialektik, der Geschichte, als performativer Akt, der einer Tröstung, einem Versprechen, einer Entschuldigung gleichkommen kann? Muß man nicht wissen, ein Gespür dafür ausbilden, wo und wann man ironisch sein darf, muß man nicht ein idiosynkratisches Sensorium für die Angemessenheit und die Unangemessenheit, für das Gewicht und die Gewichtung von Ironie besitzen, insbesondere in politischen Angelegenheiten, will man nicht Politik der Resignation des Relativismus, der Verblendung des Defätismus, dem Ressentiment des Nihilismus ausliefern?

Um das Erreichen politischer Ziele zu sichern, advoziert Gayatri Spivak gelegentlich einen »strategischen Gebrauch essentialistischer Begriffe«, solcher für die Praxis bedeutsamen Begriffe also, die sich der Möglichkeit eines strategischen Gebrauchs widersetzen, weil sie als unberührbare Voraussetzung gegeben sind oder als unberührbare Idee gedacht werden müssen. Es scheint, als käme man nicht umhin, sich auf sie zu beziehen, als tue man es jedoch verschämt und mit schlechtem Gewissen. Spivak beharrt auf dem negativen Wert des »strategischen Gebrauchs«, darauf, daß man das Risiko einer gefahrvollen Negativität eingehen müsse, einer Negativität, die in der Formulierung zum Ausdruck kommt, es gehe hier um etwas, das man »nicht nicht« tun könne.[23] Letztlich macht die Verdinglichung

22 Paul de Man, »The Concept of Irony«, a. a. O., S. 179.
23 Gayatri Spivak, »In a Word: Interview«, in: dies., *Outside in the Teaching Machine*, New York 1993, S. 5.

der Strategie, das Vergessen des Kontextes, in dem »essentialistische Begriffe« mobilisiert werden sollen, um für oder gegen einen politischen Zweck eingesetzt zu werden, Spivak größere Sorgen als die aushöhlenden Auswirkungen, die der strategische Gebrauch auf diese Begriffe selber hat, auf die begrifflichen Hülsen.[24] Kurz, die skizzenhafte Lösung, die Spivak für das Problem des Verhältnisses von (De)konstruktion und Praxis, von Ironie und Politik bietet, erweist sich als kurzatmig und unzureichend.

Wie ist es dagegen um die »Würde des Scheiterns« bestellt, die Ernesto Laclau in dem »unendlichen Prozeß von Einsätzen und Besetzungen« erblickt,[25] den die Dialektik von ethischer Entscheidung und bestehender Gesellschaftsordnung anstrengt, die Politik, die zwischen der ethischen Regel des Sollens und den Regeln eines gesellschaftlichen Seins verhandelt? Ethisch ist, Laclau zufolge, die Entscheidung zum praktischen Eingriff, die Besetzung des Einsatzes, die, von der Unzulänglichkeit einer bestehenden Gesellschaftsordnung angestachelt, eine emanzipatorische Handlung veranlaßt, die nicht nur diese partikulare Gesellschaftsordnung zu transzendieren sucht, sondern es universalistisch auf die Einrichtung einer letzten angelegt hat. Dabei erweist sich das Handeln als bedingt und als unbedingt oder bedingend, als bedingt, weil das entscheidende Subjekt aus sedimentierten gesellschaftlichen Praktiken hervorgeht, als unbedingt oder bedingend, weil es, wenn seine Handlung erfolgreich ist, zur Schaffung und Sedimentierung neuer gesellschaftlicher Praktiken beiträgt. Niemals aber, so Laclau, wird es ethisch handelnden Subjekten gelingen, Bedingtes und Bedingendes ineinsfallen zu lassen, die Kontingenz der Handlung in die Notwendigkeit des durch sie veränderten gesellschaftlichen Seins überzuführen und den dialektischen Prozeß zu einem resultathaften Ende zu bringen. Das Unbedingte, das dem Universalismus ei-

24 Gayatri Spivak, »Setting to Work (Transnational Cultural Studies)«, in: Peter Osborne (Hg.), *A Critical Sense*, London und New York 1996, S. 165. Bernard Williams warnt vor der Gefahr, die einer »Konstruktion« dadurch droht, daß zwischen dem »gerechtfertigten« und dem »rechtfertigenden Geist« eine allzu »radikale Unangemessenheit« besteht (Bernard Williams, *Truth and Truthfulness*, Princeton 2002, S. 91).

25 Ernesto Laclau, »Identity and Hegemony«, in: Judith Butler, Ernesto Laclau und Slavoj Žižek, *Contingency, Hegemony, Universality*, London und New York 2000, S. 81.

ner endgültigen Koinzidenz von Bedingtem und Unbedingtem wesentlich ist, läßt sich nicht durch pragmatische Bedingungen streichen: indem Laclau ihm alle verändernde Praxis unterstellt, erinnert er daran, daß selbst jener Handlung, die auf eine rein pragmatische, gänzlich vorhersehbare Veränderung aus ist, ein Unbeugsames innewohnen muß, das Unbedingte einer Weigerung, Kompromisse zu schließen, wo gänzlich unerwartet Widerstände auftreten, die die Handlung gefährden und mit ihr die Veränderung, die sie herbeiführen soll. Es gibt stets eine Grenze, auf der Reformist und Revolutionär sich nicht mehr strikt auseinanderhalten lassen. Demokratisch nennt Laclau jene Gesellschaft, die ironisch die stets fortzusetzende politische Verhandlung zwischen Sollen und Sein, den »unendlichen Prozeß von Einsätzen und Besetzungen« anzeigt: »Die einzig demokratische Gesellschaft ist die, die unablässig die Kontingenz ihrer eigenen Grundlagen sichtbar macht – [...] die unausgesetzt zwischen dem ethischen Moment und der geregelten Ordnung einen Abstand schafft.«[26] Es besteht folglich eine unüberbrückbare Kluft zwischen Würde und Bewußtsein, zwischen denen, die, hin- und hergerissen zwischen Offenheit und Schließung, zwischen Ironie und Ernst, es immer wieder ernst meinen und an der Ironie immer wieder scheitern, und denen, die sich der Gründe für das unvermeidliche Scheitern der anderen bewußt sind und an der Erfordernis politischer Verhandlung nicht weniger festhalten als an ihrem Schein: Hegemonie der Einsicht, von der die Einsicht in die Hegemonie abhängt. Während jene stets ihre Würde, wo sie sich eifernd in den Konflikt begeben, an die tödliche Wut des Wahns und, wo sie sich erschöpft aus dem Konflikt zurückziehen, an die Leblosigkeit der schönen Seele zu verlieren drohen, droht diesen das Schicksal des heuchlerischen, ohnmächtig mächtigen Intellektuellen. Könnte die Kluft aber nicht dennoch überbrückt werden, dadurch nämlich, daß der Intellektuelle sich eben für die Erhaltung eines demokratischen gesellschaftlichen Rahmens engagiert, für das Fortbestehen von Bedingungen, die neue und neuartige Handlungen auch künftig sichern? Unter diesen Bedingungen würde die intellektuelle Einsicht in die Ironie der Wirklichkeit immer nur partiell und provisorisch verschleiert, dann nämlich, wenn sich innerhalb je-

26 Ebd., S. 86.

nes Rahmens ein Umsturz oder eine eingreifende Veränderung der Gesellschaft ereignen würde.

Ein solches Argument wäre dem nachgebildet, auf das man bei Rorty stößt. Der privatisierende Ironiker, für den die Devise des Konstruierens gilt, die Devise eines dem Finden entgegengesetzten Machens, und der öffentlich sich äußernde Liberale, werden einerseits von einem Graben getrennt, über den sich kein Bogen spannen darf. Andererseits werden sie indes dadurch zusammengebracht, daß der Ironiker in dem Liberalen die äußere, eigentümlich selbstvergessene Verkörperung seines eigenen Überlebens erkennt.[27] Freilich kann diese Auskunft nichts daran ausrichten, daß in Laclaus Modell weiterhin der Intellektuelle, der aufgrund seiner Einsicht in die Ironie der Wirklichkeit ernsthaft handelt, von dem Handelnden konstitutionell geschieden bleibt, der allein um den Preis zu handeln vermag, daß er im Augenblick des Entscheidens und Handelns – im Augenblick des Vertrauens gegen diese Einsicht blind ist.

Das Ineinsfallen von Überernst und Hyperironie in dem Genitiv der Formulierung, Ironie sei Konstruktion des Ernstes, der paradoxe, geteilte Indifferenzpunkt von Ironie und Ernst, können nie zu einem Standpunkt werden, von dem aus sich die Ironie und der Ernst eines »strategischen Gebrauchs«, einer »Würde des Scheiterns«, einer selbstvergessenen Verkörperung strapazieren lassen. Die Einsicht in die Wirklichkeit, die Forderung nach praktischem Handeln, die man bei Spivak, Laclau und Rorty gleichermaßen findet, implizit oder explizit, gründen jedoch in dem Versuch, den differierenden Indifferenzpunkt in einen beständigen Standpunkt zu verwandeln. In dem Maße, in dem dieser Versuch ein unmöglicher ist, können Einsichten in die Wirklichkeit und Forderungen nach praktischem Handeln nur von einer Ironie ausgehen, der sich der Ernst, den sie ansteckt, stets erneut entwindet. Man vermag folglich nicht zu sagen, ob praktisches Handeln am Ende zum Scheitern verurteilt ist oder nicht, ebensowenig wie man festzustellen vermag, ob ein begrifflicher Gebrauch einfach strategisch sein kann, oder ob jener, der in der Öffentlichkeit steht, den privatisierenden Ironiker selbstvergessen verkörpert. Jedesmal, wenn praktisch gehandelt, ein Begriff strategisch gebraucht, der privatisierende Ironiker

27 Richard Rorty, *Contingency, Irony and Solidarity*, a. a. O., S. 92.

selbstvergessen öffentlich verkörpert wird, bleibt der Ausgang solcher Unternehmungen offen, kann der Ernst der Ironie so wenig untergeordnet werden wie die Ironie dem Ernst, kann von keinem Standpunkt aus der Ausgang als ein vorgezeichneter betrachtet werden; denn nur der differierende Indifferenzpunkt von Ironie und Ernst, der sich eben nicht in einen Standpunkt verwandeln läßt, würde einen derartigen Ausblick bieten.

Was wäre eine Ironie, die sich nicht an einem Ernst messen, was wäre ein Ernst, der sich nicht an einer Ironie messen würde und messen müßte? Wenn Ironie Konstruktion des Ernstes ist, gilt es, diese Frage ebenso aufzuwerfen wie die nach der Unentscheidbarkeit, die den Genitiv heimsucht.

C. Magie. »Es sei denn, wir behaupten, Homosexualität *sei* selber nichts anderes als eine Art Erklärung, was ein merkwürdiger Schritt wäre, ein seltsamer Zug – *which would be an odd move to make*«, schreibt Judith Butler in ihrer Einleitung zu ihrem Entwurf einer »Politik des Performativs«.[28] Dieser Entwurf läßt sich von der Annahme leiten, das Subjekt oder das Individuum werde sprachlich zu einem wiedererkennbaren Dasein erweckt, durch ein Benanntwerden, durch ein An- oder Aufrufen, welches das Dasein unmittelbar in ein gesellschaftliches verwandle, da Sprache immer das »Erbe ihres mannigfaltigen Gebrauchs«[29] antrete; daß aber das Subjekt oder das Individuum in diesem Heißen nicht aufgehe und deshalb sich die Freiheit des Handelns bewahre, die Freiheit, an den vorgängigen Namen mit anderen Namen, an den vorgängigen Aufruf mit unerwarteten Antworten anzuknüpfen. Die eine Konstruktion tritt so gegen die andere, wobei das Gegen selber nicht bloß ein konstruiertes sein kann, bedarf es doch des weder konstruierbaren noch dekonstruierbaren Freiheitsraums zwischen den Konstruktionen. Butler macht sich in gewisser Hinsicht den Gedanken zueigen, den Jean-François Lyotard in seinem Werk über den Widerstreit philosophisch stringent und nuanciert entfaltet. So kann man an einer Stelle des *Différend* lesen: »Man muß an einen aufkommenden Satz anknüpfen, und sei es durch Schweigen, denn Schweigen ist selber ein Satz; Nicht-Anknüpfen ist unmöglich [...] Jeder Satz vermag indes von einer anderen Diskursart ei-

28 Judith Butler, *Excitable Speech*, New York 1997, S. 22.
29 Ebd., S. 27.

nem anderen Zweck unterstellt zu werden.«[30] Die Freiheit des Handelns, der überraschenden und durch das vorgängige Heißen, Nennen, Anrufen nicht vorgezeichneten Antwort, wohnt der Sprache inne, die dem Subjekt oder Individuum diese Freiheit gerade nimmt: Ironie und Ernst der Sprache, Ironie als sprachliche Konstruktion des Ernstes. Am Beispiel der beleidigenden und kränkenden Rede, des verletzenden Wortes, erläutert Butler den Zusammenhang zwischen Sprache und Freiheit: »Indem jemand beschimpft wird [by being called a name], wird er auch in ein zeitliches Leben der Sprache eingelassen, das über die in der Beschimpfung ursprünglich enthaltene Absicht hinausreicht, über die Absicht, die ursprünglich die Beschimpfung hervorruft.«[31] Dieses Hinausreichen, diese Transzendenz der sprachlichen Immanenz, hat ihren Grund wohl in der Iterabilität, die Sprache auszeichnet und ihre Nennkraft sowohl speist als auch schwächt, den Bezug zwischen Sprache und Verhalten sowohl herstellt als auch unterbricht. Es ist folglich die Freiheit des Handelns und Sich-Verhaltens, deren Möglichkeit der Sprache innewohnt und die gleichzeitig von der Möglichkeit eines Kontrollverlustes und einer Lähmung des Handelns und Sich-Verhaltens untrennbar ist, die es Butler erlaubt, zwischen Präsentation und Performanz, zwischen Deskription und Akt zu unterscheiden und jene Beschuldigungen zurückzuweisen, die mit progressivem oder reaktivem Anstrich für eine Zensur des Sprachverhaltens eintreten, weil sie den Unterschied leugnen und die performative Dimension des Sprechens mit der ansteckenden Schaffung eines beschreib- und darstellbaren Gegenstands gleichsetzen: Wenn ich zu einem anderen sage, ich sei schwul, mache ich den anderen zum Schwulen, Allmacht der Gedanken, Magie der Sprache, unmittelbare Stiftung des Gegenstandes der Beziehung durch das Wort, das sich auf ihn bezieht (die Aussage »ich bin schwul« macht mich zum Schwulen), *und* unmittelbar verwandelnde Ansteckung des anderen, der das Wort vernimmt (die Aussage »ich bin schwul« macht den anderen zum Schwulen). Die Debatte um Pornographie und um eine öffentliche Selbstbeschreibung in den nordamerikanischen Streitkräften dient Butler als bevorzugte Beispiele. Umgekehrt

30 Jean-François Lyotard, *Le différend*, Paris 1983, S. 51ff.
31 Judith Butler, *Excitable Speech*, a. a. O., S. 2.

ist es die sprachlich oder symbolisch bewirkte Lähmung, die es Butler erlaubt, die reaktionären Implikationen zu denunzieren, die in bestimmten Kontexten einem strikten Auseinanderhalten von Deskription und Akt eignen, in Kontexten, in denen die Berufung auf das Recht freier Meinungsäußerung die intendierten Effekte der Äußerung, ihre performative Dimension, unberücksichtigt läßt. Die Politik des Performativs ist also eine, die sich seiner als Mittel bedient, nicht eine, die in der Konstruierbarkeit der Sprache ihre Bestimmung, ihr Kriterium, ihren Leitfaden entdeckt. Die konstruierbar dekonstruierbare Sprache ist die Ironie einer Politik, die, vollzieht man Butlers Argument, sich nicht im Konstruktivismus erschöpft; sie markiert die »Bedingtheit« in der von Thorsten Bonacker beschriebenen »Paradoxie der Kritik«.[32] Wie soll man nun die »Bedeutung dessen, was wir sind und was wir tun«, die Butler aus den dargelegten Gründen von dem Namen und dem Nennen abgrenzt, verstehen? Als Natur, als »Homosexualität selber«,[33] die sich der Konstruktion[34] entgegensetzt oder die ihr Schranken auferlegt, und die eine »Selbstbestimmung« oder eine »Selbstzuschreibung« gestattet?[35] Wäre dann nicht der Freiheitsraum zwischen und in den Konstruktionen, die Freiheit, die Sprache gewähren kann, willkürlich, nämlich durch eine Setzung verdinglicht? Oder soll man jene Bedeutung als Benanntes verstehen, als sedimentierte Praxis und konstituierte Tradition sprachlicher Konstruktionen? Können wir uns solche Konstruktionen jedoch anders aneignen als eben durch ein konstruierend dekonstruierendes Nennen, Heißen, Rufen, das in sie eingreift und sie verändert?

In dem Kapitel aus *Totem und Tabu*, das Freud der Allmacht der Gedanken widmet, wird der Idealismus der animistischen Weltsicht, der »erste[n] vollständige[n] Theorie der Welt«[36] vor Religion und Wissenschaft, auf eine mangelnde Realitätsgerech-

32 Thorsten Bonacker, *Die normative Kraft der Kontingenz*, Frankfurt am Main 2000, S. 30.

33 Judith Butler, *Excitable Speech*, a. a. O., S. 107.

34 Von einem Konstruieren oder entwerfenden Auffassen handelt Butler wiederholt, dem Sinn nach und im Wortlaut: »I think we must read this *construal* of homosexuality ...« (ebd., S. 122), »to *construe* sexuality as an ›act‹ is already ...« (ebd., S. 123) – meine Hervorhebungen, AGD.

35 Ebd., S. 105 und S. 113.

36 Sigmund Freud, *Totem und Tabu*, in: Studienausgabe, Band IX, Frankfurt am Main 1982, S. 382.

tigkeit zurückgeführt, auf ein fehlendes oder verdrängtes Todesbewußtsein, auf eine nicht geleistete Anerkennung der *ananke*, der Not und der Notwendigkeit, die zu einer Verwechslung von Realem und Idealem führt. Freud konzediert aber, daß eine solche unumschränkte Allmacht der Gedanken, eine solche Magie ohne Schranken, die auf dem unvermittelten Einfluß des Wunsches oder Gedankens auf die Außenwelt beruht, auf dem Versuch, den »realen Dingen« die »Gesetze des Seelenlebens« aufzuzwingen, mit der Geisterlehre, die den »Kern des Animismus« bildet, nicht vereinbar ist und als hypothetisch präanimistische Phase der Menschheitsentwicklung angesehen werden muß. Der Animismus hat bereits den Weg zur Religion eingeschlagen, zum Zweifel und zum Glauben, weil er einen Teil der magischen Allmacht an die Geister abgegeben hat. So kommt es zu einer sonderbaren Gleichzeitigkeit: »Wenn es wirklich die Situation des Überlebenden gegen den Toten war, die den primitiven Menschen zuerst nachdenklich machte, ihn nötigte, einen Teil seiner Allmacht an die Geister abzugeben und ein Stück der freien Willkür seines Handelns zu opfern, so wären diese Kulturschöpfungen eine erste Anerkennung der *ananke*, die sich dem menschlichen Narzißmus widersetzt.«[37] Beschreibt aber die sonderbare Gleichzeitigkeit von ausbleibender und geleisteter Anerkennung der Notwendigkeit nicht genau die Struktur oder die Bewegung der Sprache, die im Nennen eine unmittelbare Macht über das Benannte ausübt, in ihrer unterbrechenden Iterabilität hingegen das Nennen entmachtet? Wenn ich sage, ich sei schwul, fordere ich vielleicht gesellschaftliche, rechtliche, individuelle Anerkennung, mache ich vielleicht einen sogenannten Annäherungsversuch, als hätte ich den Namen des anderen erraten und dadurch eine »gewisse Macht über den Träger des Namens gewonnen«,[38] gebe ich vielleicht eine herausfordernde Auskunft, um das Verhalten des anderen zu prüfen, stelle ich vielleicht eine Tatsache fest, deren Mitteilung einen rein informativen Wert haben soll. In dem Maße aber, in dem es zutrifft, daß meine Äußerung als unerwartete Antwort aufgefaßt und von einer weiteren unerwarteten Antwort dem Zweck einer mit meiner Absicht unvereinbaren Diskursart unterstellt werden

37 Ebd., S. 381.
38 Ebd., S. 370.

kann, weiß ich niemals ganz genau, was ich in dem Augenblick sage, in dem ich sage, ich sei schwul – unabhängig davon, mit welcher Absicht ich es sage, wie meine Äußerung gedeutet wird, welche Antwort möglicherweise erfolgt; unabhängig auch davon, daß in *diesem* Fall es besonders schwierig zu sein scheint, genau zu wissen, was man sagt und wovon man spricht, da ja das definierende Kriterium für eine schwule oder homosexuelle Identität besonders schwer auszumachen ist, wie sich in den Debatten um die Auswirkungen von Aids gezeigt hat, in denen die Advokaten einer solchen Identität regelmäßig auf eine Interpretation des Wesens der Sexualität rekurrieren, auf eine Konstruktion.[39] Gerade weil ich nicht genau weiß, was ich sage, mag das Gesagte auch zwangsläufig Konnotationen und Resonanzen wecken, Konnotationen und Resonanzen, die um so unheimlicher wirken, hat meine Rede – meine Auskunft, meine Feststellung, meine Forderung unausweichlich einen magischen Effekt, deckt sich in einem *odd move* der Sprache die Äußerung mit der Stiftung, bin ich schwul, weil ich sage, daß ich schwul bin, hat dieses Sagen, das von keiner undurchlässigen Grenze umgeben wird, eine ansteckende Nennkraft, die den Unterschied zwischen Realität und Idealität verwischt: Bin ich, der andere, ebenfalls schwul? Abstand, Entfernung, Auf-Distanz-Halten spielen keine entscheidende Rolle, ein telepathisches Geschehen ereignet sich, das um so ironischer und um so ernster ist, als es nicht von der Absicht eines Wissens, von einem bestimmbaren Wunsch oder Gedanken, von einem allmächtigen, souveränen Subjekt, von einem »rechenschaftspflichtigen« Autor[40] beherrscht wird. Nur im nachhinein kann man dieses Geschehen als Ironie oder Konstruktion des Ernstes begreifen, ist es doch viel unmittelbarer, viel schneller, viel unbeständiger, viel anarchischer als jede mögliche Konstruktion. Traut man Freuds Genealogie der Kunst und ihres Zaubers, die im Kunstwerk ein Überleben der Allmacht der Gedanken entdeckt, eine Übertreibung, ein Hervorrufen von Affekten, »als wäre es [die Sache der Kunst] etwas Reales«,[41] bedeutet »Ich bin schwul« soviel wie »Ich bin ein Künstler« – ein Meister der Übertreibung. Wahrheit eines Klischees oder Klischee der Wahrheit?

39 Vgl. dazu: Alexander García Düttmann, *Uneins mit Aids*, a. a. O., S. 69f.
40 Jürgen Habermas, »Glauben und Wissen«, a. a. O.
41 Sigmund Freud, *Totem und Tabu*, a. a. O., S. 378.

Nicht immer gut
Übertreibung und Normativität

An einer Stelle ihrer Glosse über Multikulturalismus spricht Silvia Bovenschen von einer eigentümlichen Entlastung. Daß der Fremdem gegenüber Aufgeschlossene, Fremden gegenüber freundlich Gesinnte gelegentlich zugibt, ein Volk nicht leiden zu können, führt sie hier nicht auf ein Vorurteil zurück, auf ein Verhaltensmuster des autoritären Charakters, sondern auf den Versuch, »sich vom ewigen Gutsein und Rechthaben ein wenig zu entlasten«.[1] Gewiß kann man diesen Versuch der Entlastung zunächst dadurch erklären, daß man ein beinahe zwanghaftes Verhalten in ihm erblickt. Unwiderstehlich ist die Versuchung, vom Erwarteten abzuweichen, wo nichts eine solche Abweichung nahezulegen scheint. Es bedarf dann nur einer unmerklichen Veränderung, die einen Abstand zur Erwartung schafft, um das Erwartete als unerträgliche Last zu empfinden, um nicht anders zu können, als es um der abstrakten Möglichkeit willen zu verraten. So gehört zum Beispiel zum Ethos des Vortragenden, zu der Vorstellung, die er und seine Hörer vom Guten haben, daß er sich bemüht, gut zu sein, das heißt: redlich und erfinderisch. Wer in der Vorwegnahme und unter der Last dieser Erwartung einen Vortrag schreibt, wird vielleicht versucht sein, einmal nicht sich von dem erwarteten »Gutsein« leiten zu lassen, einmal nicht am Ende Recht behalten zu wollen. Was wird ihm wohl ein- und auffallen?

Ein Verwandter dessen, der in der unbegründbaren Abweichung von einer Erwartung nach der abstrakten Möglichkeit einer Befreiung tastet, ist der Richter in Gary Indianas Roman *Resentment*. Beide wehren sich gegen eine Übermacht, der sie zu erliegen scheinen. Während einer Gerichtsverhandlung in Los Angeles sind die Finger des Richters »damit beschäftigt, die an verschiedenen Dokumenten seiner Unterlagen angebrachten Heft- und Aktenklammern *genau so* aneinanderzureihen; wenn

1 Silvia Bovenschen, »Glosse über Multikulturalismus«, in: *Schlimmer machen, schlimmer lachen*, herausgegeben und mit einem Vorwort versehen von Alexander García Düttmann, Frankfurt am Main 1998, S. 298.

zuweilen diese kleinen Metallstücke in Unordnung geraten, erhöht sich das Risiko eines 8.3 messenden Erdbebens auf dramatische Art und Weise.«[2]

Eine solche Erklärung des Verhaltens, auf das sich Silvia Bovenschen bezieht, ist freilich in dem Maße unzureichend, in dem sie unausgemacht läßt, was es mit dem »Gutsein« und dem »Rechthaben« auf sich hat. In einer zweiten Annäherung kann man versuchen, den Versuch der Entlastung, dieses Experiment mit ungewissem Ausgang, dadurch zu rechtfertigen, daß man die herausfordernde Berufung auf eine Idiosynkrasie, die sie nicht zum Vorurteil verfestigt,[3] als Entlarvung deutet. Entlarvt wird ein allgemeines Einverständnis, ein Konformismus, in dem das »Gutsein« und »Rechthaben« zur bloßen Erkennungsmarke des Dazugehörens erstarrt sind, zum Ritual, das nur der gegenseitigen Bestätigung dient und damit dem Ausschluß des Fremden, zur dogmatischen Festlegung, die keine Abweichungen, keine kritischen Fragen duldet, eben nichts Fremdes, nichts Befremdendes und Verfremdendes. Diese Deutung kommt allerdings einer Verharmlosung gleich, wo sie ihrerseits im Dienst eines verdächtigen »Gutseins« und »Rechthabens« steht und in der Entlarvung nicht den Ausdruck einer Scham gewahrt; wo sie vorgetragen wird, um wiederum einer kritischen Frage auszuweichen. Kann man überhaupt im Bewußtsein, gut zu sein, anerkannten Normen zu folgen und begründeten Erwartungen zu entsprechen, gut sein und Recht behalten gegen den, der gut sein sollte, aber nicht gut ist, der also ein unverzerrtes Bewußtsein seines Denkens und Handelns nicht erlangt hat?

Mit einem »Ausblick« auf »das Gute« oder mit dem »Ausblick«, den »das Gute« eröffnet, endet Christoph Menkes Buch *Tragödie im Sittlichen*. Der Begriff des Guten, der von diesem »Ausblick« gemeint ist oder der diesen »Ausblick« meint, muß von zwei oder drei anderen Begriffen des Guten unterschieden werden, die er in sich einbegreifen soll und die deshalb in ihrer Vereinzelung, in der Beschränktheit und Blindheit ihres sich ergänzenden und dennoch unvereinbaren Begreifens schon einen »Ausblick« auf es eröffnen, auf das Gute, das die Unvereinbarkeit überwindet und die Blindheit in Einsicht verwandelt. Sind

2 Gary Indiana, *Resentment*, London 1998, S. 297.

3 Vgl. dazu: Silvia Bovenschen, *Über-Empfindlichkeit*, Frankfurt am Main 2000, passim.

die Subjekte unwiderruflich aus dem substantiell Sittlichen herausgetreten, in dem sie einen Begriff und ein Bewußtsein des Guten nicht haben können, weil der Geist, wie Hegel schreibt, die »unmittelbare Wahrheit« ist und ein »Bewußtsein über das, was er unmittelbar ist«, noch nicht erlangt hat;[4] sind sie in einen »Rechtszustand« eingetreten, in dem sich das »politisch Gemeinsame« und die »lebendige Individualität« entzweien, spaltet sich das Gute auf. Menke unterscheidet die Vorstellung von der Gleichheit aller und eines jeden, über die eine »öffentliche Gerechtigkeit« wachen soll, *und* die Vorstellung von der »Authentizität« einer je eigenen, individuellen, an ihrer »Selbstverwirklichung« ausgerichteten Existenz, deren Integrität und Integralität von einer »singularen Gerechtigkeit« erhalten und wiederhergestellt wird. Er handelt allerdings nicht ausdrücklich von einer Aufspaltung des Guten in unterschiedene Begriffe oder Vorstellungen. Das Prinzip der Gleichheit, das eine »öffentliche Gerechtigkeit« hütet und dessen Unversehrtheit, wie sich zeigen wird, letztlich an dem angestrebten Gelingen eines »wechselseitigen Anerkennens« hängt, soll nicht unter den Begriff des Guten fallen, weil Individualität zu seiner »›semantischen‹ Bestimmung« gehört. Das Gute ist vorrangig das »individuell Gute«, das Gute der Eigenheit. Doch räumt Menke ein, daß es das »gemeinsame Gute«, die »Werte und Güter unseres Gemeinwesens«, stets zum Inhalt haben und daß es sogar nur im Hinblick auf das »gemeinsame Gute« bestimmt werden kann.[5] Von einer Aufspaltung des Guten läßt sich aus zwei Gründen sprechen. Zum einen kann die Idee der Gleichheit, die im Rechtszustand fraglos dem »politisch Gemeinsamen« zugerechnet werden muß, ja die es geradezu definiert, schlecht von dem »gemeinsamen Guten« getrennt werden, zumindest dann, wenn der rechtliche Bereich dem lebensweltlichen nicht einfach abstrakt gegenüberstehen soll. Gegen die Annahme eines solchen abstrakten Gegenüberstehens kann man sich sowohl auf das »Anerkanntsein« der Person im Recht als auch auf die Möglichkeit, das Prinzip der Gleichheit durch die Vorstellung vom »eigenen Guten« zu verletzen, berufen. Zum anderen aber legitimiert die Vorstellung von einem einheitlich Guten, das recht-

4 G. W. F. Hegel, *Phänomenologie des Geistes*, a. a. O., S. 326.
5 Christoph Menke, *Tragödie im Sittlichen. Gerechtigkeit und Freiheit nach Hegel*, Frankfurt am Main 1996, S. 197.

liche Gleichheit und »individuell Gutes« zusammenführt, prospektiv und retrospektiv die Rede von einer Aufspaltung und Verdoppelung oder Verdreifachung des Guten. Das Gute spaltet sich in zwei oder drei Gestalten auf, in das »politisch Gemeinsame« der Gleichheit, in das »gemeinsame Gute« der Lebenswelt und in das »eigene Gute«, das in der Lebenswelt das »gemeinsame Gute« übernimmt, überwindet, überschreitet. Welche Bestimmung erhält jedoch im »Rechtszustand« das »gemeinsame Gute«, bestimmt sich das »Gute« immer nur individuell und kommt einzig dem moralisch-politisch-rechtlichen Prinzip der Gleichheit, das allen Individuen in der Abstraktion von ihrer Individualität gemeinsam ist, eine Bestimmung zu, die den Vorrang des Individuellen transzendiert? Ist das »gemeinsame Gute«, dessen das »eigene Gute« zu seiner Bestimmung bedürfen soll, ein Rudiment der Sittlichkeit?

Die »öffentliche Gerechtigkeit« zielt auf die Erhaltung und Wiederherstellung der Gleichheit im Recht, die »singulare Gerechtigkeit« auf die Erhaltung und Wiederherstellung des individuellen Wohls. Menke setzt die Selbstverfügung, die Autonomie der Person, des rechtlich Gleichen, der Selbstverwirklichung, dem erfüllten guten Leben des ungleichen einzelnen, entgegen: »Selbstverwirklichung ist nicht Selbstverfügung, und sie impliziert sie auch nicht. Selbstverfügung ist vielmehr das, was rechtlich vorausgesetzt werden muß, um sicherzustellen, daß die Folgen des Vorrangs des Rechts nicht als Zwang und Herrschaft beklagt werden müssen.«[6] Selbstverfügung kennzeichnet primär die Person, Selbstverwirklichung primär das Individuum. Soll indes die Autonomie des einzelnen dafür sorgen, daß er als Person, als rechtlich Gleicher, die Zumutungen des Rechts nicht als fremden und rein äußerlichen Eingriff erfährt, impliziert die Selbstverfügung stets auch die Selbstverwirklichung, die sie zugleich ermöglicht: Menke behauptet, daß »öffentliche Gerechtigkeit« sich auf jene »allgemeinen Bedingungen« bezieht, die zur »Errichtung des individuell Guten« erforderlich sind.[7] Wären diese Bedingungen zufällig oder willkürlich hervorgebrachte, wären sie »besondere Bedingungen«, dann wäre die »Errichtung des individuell Guten« ihrerseits

6 Ebd., S. 297.
7 Ebd., S. 225.

einer Willkür ausgesetzt, einer willkürlichen Widerrufbarkeit, die sich ihr mitteilen würde. Die »Errichtung« wäre ein Privileg, das »individuell Gute« ein zumindest virtuell Böses, eines, an dem man im Bewußtsein der Privilegierung nicht anders als verbissen und verstockt, nicht anders als verzweifelt und verloren festhalten könnte, im blinden Vertrauen des Berufenen oder Erwählten, das immer schon in verblendete Selbstgerechtigkeit umgeschlagen sein kann und das dadurch unausgesetzt Zweifel aufkommen läßt. Umgekehrt impliziert die Selbstverwirklichung, die das Ideal des »individuell Guten« errichtet und an ihm sich ausrichtet, eine Selbstverfügung. Nicht nur, weil sie ohne die »allgemeinen Bedingungen«, die ihre Möglichkeit sichern, eine ohnmächtige Bemühung bleiben würde, sondern ebenfalls, weil einzig ein autonomes, frei über sich selbst verfügendes Subjekt sich selbst bewußt verwirklichen kann. Selbstverfügung impliziert also Selbstverwirklichung, während Selbstverwirklichung die freie Verfügung des Selbst über sich impliziert. Da jedoch Person und Individuum nicht zusammenfallen, da das Gute gespalten ist, treten Selbstverfügung und Selbstverwirklichung ebenfalls auseinander, verhalten sie sich in der Person anders zueinander als im Individuum.

Erst mit der Spaltung des Guten, erst mit der zwangsläufig partiellen Erfahrung der Heterogenität, welche die Homogenität der Öffentlichkeit und die Heterogenität individueller Besonderheiten trennt, entsteht ein Bewußtsein vom Guten. Das Bewußtsein vom Guten ist somit ein gespaltenes. Seine Aufspaltung eröffnet aber bereits den Ausblick auf eine restaurierte Einheit, auf ein *ganz* Gutes. Die Einheit des Guten, das ganz Gute wird, folgt man Menkes Argumenten, von einem »souveränen« Subjekt gestiftet, von einem Subjekt, das sich in seiner Bewahrung preisgibt und in seiner Preisgabe bewahrt. Es hält seine Spaltung aus, seine Entzweiung in Person und Individuum, in ein Subjekt, das frei genug ist, um rechtliche Gleichheit herzustellen, zu erhalten und wiederherzustellen, und in ein Subjekt, das frei genug ist, um sich als ein individuelles auszubilden und in seiner Eigenheit selber dauerhaft zu verwirklichen. Das »souveräne« Subjekt vermag reflexiv von der Heterogenität Abstand zu nehmen, die das Gute durchzieht, es vermag das Uneinssein des Guten in ein Einssein zu verwandeln. Es vermag über die Autonomie der Person und über die Selbstverwirklichung der

Individualität hinauszugehen, weil es in der Lage ist, ihren Konflikt darzustellen. Auf solche Weise »vollendet«[8] es sich selbst, entfaltet es die volle »Reflexivität« und »Freiheit« der Subjektivität. Frei ist es als eines, das sich preisgeben kann, ohne sich zu verlieren, reflexiv als eines, das in der Preisgabe an die Einseitigkeit der beiden beschränkten und beschränkenden Gestalten des Guten den entstellten oder beinahe verstellten »Ausblick« des unbeschränkt Guten und auf das unbeschränkt Gute stets im Auge behält.

Das »souveräne« Subjekt restauriert die Einheit des Guten, da sie der Möglichkeit nach in dem von sich abgespaltenen Guten als »Ausblick« enthalten sein muß: »Möglichkeit des Guten« und Möglichkeit eines »souveränen« Subjekts, ohne die der »Ausblick« verstellt bleiben müßte. Dennoch restauriert das »souveräne« Subjekt nicht einfach die Einheit des Guten, es stiftet sie vielmehr zum ersten Mal, es eröffnet zum ersten Mal die Aussicht auf das Gute und die Aussicht des Guten, da die restaurierte Einheit von der unwiderruflich verlorenen der Sittlichkeit sich gerade dadurch unterscheidet, daß sie als ein wie immer auch prekäres Bewußtsein des Guten betrachtet werden muß, als *Einheit eines Bewußtseins von einem einheitlich Guten*, das heißt: als Einheit eines *Selbstbewußtseins*. Der Ausblick auf das Gute, der Ausblick des Guten ist ein Ausblick auf die vollendete Subjektivität, ein Ausblick der vollendeten Subjektivität: in diesem Guten holen das Gute und die Subjektivität ihre Voraussetzung ein und behaupten sich zum ersten Mal in ihrer Vollendung, selbst wenn nichts verbürgt, daß die Verwirklichung des Guten grundsätzlich möglich ist. Im ganz Guten oder im vollends Subjektiven ist der Ausblick auf etwas bereits der Ausblick, der von diesem Etwas eröffnet wird. Mit anderen Worten: Ist das ganz Gute erreicht, hat die Subjektivität sich vollendet, gibt es keinen Ausblick mehr; vom Aussichtsreichen oder Aussichtslosen kann man nur in dem Zeitraum reden, der sich zwischen dem gespaltenen Guten und dem ganz Guten, zwischen der entzweiten Subjektivität und der vollendeten erstreckt. »In die Kollisionen von Recht und Wohl«, stellt Menke im letzten Abschnitt seines Buchs fest, »sind wir trotz ihrer tragischen Notwendigkeit nicht aussichtslos verstrickt. Denn es gibt immer die

8 Ebd., S. 309.

Möglichkeit des Guten: die Möglichkeit ihrer Integration durch die souveräne Freiheit des Subjekts.«[9]

Für den von einem Widerstreit unterbrochenen Zusammenhang zwischen den Begriffen des Subjekts, den Begriffen der Gerechtigkeit, den Begriffen des Guten gilt, was Menke in seiner erfinderischen und genauen Rekonstruktion der Hegelschen »Tragödie im Sittlichen« über die Tragik und die Notwendigkeit des Konflikts sagt. Wenn »tragisch das ›notwendige‹ Konfligieren von ›Notwendigem‹«[10] ist, wenn mit der Auflösung der substantiellen Sittlichkeit das Aufkommen einer gespaltenen Subjektivität, einer gespaltenen Gerechtigkeit, eines gespaltenen Guten unabwendbar ist und der Konflikt, das Kollidieren des Aufgespaltenen mit sich selber, der Zusammenstoß des Abgespaltenen sich aus seiner Beschreibung ergibt, vor allem »Eintritt in den Konflikt«,[11] dann läßt sich einerseits kein rechtlicher Bereich der Gleichheit umgrenzen, in dem Gerechtigkeit auf die »Authentizität« des Individuums zielt, auf sein Gutes, andererseits aber kann sich der rechtliche Bereich der Gleichheit nicht ohne eine »Transformation der Gerechtigkeit«[12] herausbilden, die eine »singulare Gerechtigkeit« generiert. Subjekt, Gerechtigkeit, Gutes hängen mit sich selber zusammen und sind von sich selber abgespalten. Deshalb bezeichnet ihr Begriff nicht schon eine begriffliche Einheit; er bezeichnet eine Bewegung, genauer: einen Prozeß, der, zielgerichtet in dem Maße, in dem ein Ausblick den Weg weist, auf die Herstellung und Wiederherstellung der begrifflichen Einheit abgerichtet ist.

Bietet das Gute indes je einen Ausblick, einen Ausblick auf sich selbst als auf ein bewußt Gutes, erweist es sich als unmöglich, im Bewußtsein des Guten gut zu sein? Ich folge einer Maxime, einer Norm, einem Imperativ, ich unterscheide und entscheide nach Maßgabe eines Werts, einer Wertetafel, ich bemühe mich, das Rechte oder Richtige zu tun, einer Idee oder einer Vorstellung vom Guten zu entsprechen: einer Vorstellung von der Gleichheit aller und eines jeden, *und* einer Vorstellung von dem Guten, um das es mir in meiner individuellen Zugehörigkeit zu einer religiösen oder säkularen Gemeinschaft geht, in der

9 Ebd., S. 315 f.
10 Ebd., S. 29.
11 Ebd., S. 33.
12 Ebd., S. 77.

Eigenheit meines Charakters, in meiner experimentellen oder ästhetischen Haltung zum Leben. Ich möchte schließlich der Vorstellung vom ganz Guten gerecht werden, die in sich die Vorstellung vom Guten der Eigenheit und das Bewußtsein vom moralisch-politisch-rechtlichen Prinzip der Gleichheit vereint, ich orientiere mich dabei am normativen und evaluativen Zug des Guten: Sei gut, verhalte Dich so, daß Dein Leben als gut beurteilt werden kann, weil die das Prinzip der Gleichheit zugrundelegende »öffentliche Gerechtigkeit« Bedingungen geschaffen hat, die es erlauben, ein gutes Leben zu führen, und weil Du Dich selber in Deinem eigenen Guten gefunden hast. Ich blicke auf das Gute und setze mich seinem Blick aus, ich blicke auf mich im Hinblick auf das Gute. Bin ich in diesem Fall gut, so gut wie möglich?

Daß die Person, der rechtlich Gleiche, nicht über eine festgelegte Identität verfügt, daß die Selbstverfügung in der Rechtssphäre dadurch in sich begrenzt ist, konstitutiv offen für ein Unverfügbares und beweglich; daß die »öffentliche Gerechtigkeit« ebenfalls eine Form der »singularen Gerechtigkeit« ist, der Beziehung auf eine verallgemeinerte Eigenheit, in der sie sich nicht erschöpfen darf, konstitutiv offen und beweglich auch sie, unfähig, sich auf eine endgültig festgelegte Identität der Person zu beziehen; daß das Prinzip der Gleichheit seine konstitutive Beweglichkeit und Offenheit durch das Unverfügbare, begrifflich Blinde im Begriff der Person und der »öffentlichen Gerechtigkeit« erhält, bedeutet, daß der »Rechtszustand« kein »gesicherter Zustand« ist und daß er sich durch eine spannungsgeladene Bewegung, durch eine »Prozessualität«[13] auszeichnet, auf die Menke immer wieder aufmerksam macht. Diese »Prozessualität« spaltet wiederum die Begriffe der Person, der »öffentlichen Gerechtigkeit«, des vom Prinzip der Gleichheit genannten Guten, die bereits aus einer Spaltung hervorgehen, aus einer Spaltung des Begriffs des Subjekts, des Begriffs der Gerechtigkeit, des Begriffs des Guten, kurz: des Begriffs des Guten als Begriff eines gerechten Selbstbewußtseins. Das »›notwendige‹ Konfligieren von ›Notwendigem‹« muß das Konfligierende affizieren, muß einen Konflikt im Konfligierenden zeitigen. Sonst bleibt es dem Konfligierenden äußerlich und kann nicht länger als ein

13 Ebd., S. 226.

notwendiges beschrieben werden. Dem Rechtszustand »immanent«[14] oder innewohnend ist die »Prozessualität«, die Bewegung, die zwischen dem einen und dem anderen Subjekt, der einen und der anderen Gerechtigkeit, dem einen und dem anderen Guten stattfindet, aber ebenso in dem einen und dem anderen Subjekt, in der einen und der anderen Gerechtigkeit, in dem einen und dem anderen Guten, allein unter der Bedingung, daß man sie teleologisch begreift, als eine, die sich an dem Ausblick ausrichtet, den das ganz Gute und die »souveräne Subjektivität« eröffnen: »Ausblick« auf eine endlich gelingende »Integration«, die dem unausweichlich und »unaufhörlich« reproduzierten Konflikt ein Ende setzt. Die Bedeutung, die Menke dem Begriff der *Anerkennung* zumessen muß, wird nun deutlich; die Berufung auf das Anerkennen wird allerdings nicht von einer Analyse oder einer Untersuchung dieses Begriffs gerechtfertigt, die eigens seiner Verwendung gelten würde. Explizit muß Menke der Anerkennung eine für die Ausübung »öffentlicher Gerechtigkeit« wesentliche Bedeutung zumessen, weil ohne sie, ohne die Anerkennung der Person als Person, der Gleichheit aller als Gleichheit eines jeden, die »öffentliche Gerechtigkeit« einer einseitigen Abstraktion zum Opfer fallen würde, einem »Realitätsverlust«,[15] durch den der Konflikt zwischen den beiden Gestalten der Gerechtigkeit sich in der Aussichtslosigkeit einer schlechten Unendlichkeit unendlich wiederholen würde. Die Abstraktion der Gleichheit muß eine doppelte sein, sie muß die Berücksichtigung von allen einzelnen ermöglichen, aber auch die von jedem einzelnen, sie muß einen Spielraum für ein »Anerkennungsgeschehen« schaffen und anerkennen, sie muß so die Autonomie des Subjekts hervorbringen und sich zugleich auf das subjektive »Vermögen« stützen, »die rechtskonstitutiven Abstraktionsprozesse immer wieder neu durchlaufen« und »Autor eines (Prozesses des) Anerkennens« sein können.[16] Damit Aussicht auf eine Versöhnung von »öffentlicher« und »singularer« Gerechtigkeit bestehen, damit das ganz Gute in Aussicht gestellt werden kann, muß sich das Subjekt in der Abstraktion der Person anerkannt wissen, darf sich die »singulare Gerechtigkeit« nie einfach der Abstraktion entgegensetzen,

14 Ebd.
15 Ebd., S. 209.
16 Ebd., S. 232 und S. 228.

welche die Ausübung »öffentlicher Gerechtigkeit« zur Bedingung hat. Konsequent faßt Menke das Recht nicht als bloßen Zustand, sondern als »Geschehen, in dem Gerechtigkeit so geübt wird, daß alle als Personen anerkannt werden«.[17] Ist der Begriff der Person jedoch in ein solches Geschehen einbezogen, in ein »Anerkennungsgeschehen«, vermag man ihn niemals als einen gegebenen zu gebrauchen. Zu den »verdeckten Homogenitätsunterstellungen« eines Zustands, die allein durch ein Geschehen ans Tageslicht gebracht werden können, zählt der Begriff der Person selber, der einer anhaltenden Revision unterliegt.[18] Als Revision des jeweils unterstellten Begriffs der Person, als Auflösung eines Zustands durch ein Geschehen, das eine besondere oder begrenzte »rechtliche Allgemeinheit« erweitert, werden die Bewegung und der Prozeß des Anerkennens von einem Verstehen des anderen gesteuert, das nirgends uneingeschränkter und umfassender ist, das nirgends mit mehr Augen in die Welt blickt als in der transzendierenden und reflexiven Darstellung, durch die eine »souveräne« Subjektivität die Kollision von Person und Individuum anerkennt, ja erkennt. Weil sie sich ausdrücklich auf einen »Prozeß wechselseitigen Anerkennens« bezieht, den sie vorantreibt, nicht auf »einen Zustand des ›Anerkanntseins‹«, bietet die verstehende »öffentliche Gerechtigkeit« einen Ausblick auf die mögliche Vereinigung des Entzweiten und erscheint nicht als unverständlicher Urteilsspruch eines »äußeren Schicksal«,[19] als ein willkürlich und gewaltsam den einzelnen Widerfahrendes.

Das Gute der Eigenheit hat mit dem Prinzip oder der Idee der Gleichheit gemein, daß es hergestellt werden muß. Drei Möglichkeiten, eine Vorstellung von ihm zu erlangen, eröffnen den »Ausblick«[20] auf das »eigene Gute«. Das »eigene Gute« ist nie »unmittelbar da«, ist es aber einmal »da«, gesetzt durch das Individuum, das es endlich gefunden, erfunden, sich angeeignet hat, zerstört seine Zerstörung ebenfalls das Individuum. Freiheit und Unfreiheit des Individuums liegen in dem Guten beschlossen, das es zu seinem »eigenen Guten« macht. Das »eigene

17 Ebd., S. 215.
18 Vgl. dazu: Christoph Menke, *Spiegelungen der Gleichheit*, Berlin 2000, S. 26f.
19 Christoph Menke, *Tragödie im Sittlichen*, a. a. O., S. 227.
20 Ebd., S. 199.

Gute« oder das »individuell Gute« wird zum ureigenen Schicksal des Individuums, gleichgültig, ob es sich in der »bejahenden Übernahme«, in der »endgültigen Überwindung« oder in der »ständigen Überschreitung« des »gemeinsamen Guten« bestimmt. Die Verwirklichung einer dieser drei Möglichkeiten, eine Vorstellung vom »individuell Guten« zu erlangen, wird deshalb zum ureigenen Schicksal des Individuums, zu seiner unausweichlichen Bestimmung, weil jene Möglichkeiten identifizierbare und einander ausschließende Festlegungen sind, richtungsweisende Kanalisierungen, von Menke als »ethisch« bezeichnete Begrenzungen, Bündelungen und Berichtigungen der reflexiven, »ästhetischen« Kraft, ohne deren Freisetzung keine Verwirklichung – keine Selbstverwirklichung gedacht werden kann.

Von den »fünf Formen« eines »authentischen Lebens«, die sich das Individuum durch Übernahme, Überwindung und Überschreitung des »gemeinsamen Guten« zueignet, verdient die Form des »Versuchs« besondere Aufmerksamkeit. Sie ist keine weitere, erweiternde und ergänzende Möglichkeit in einer Reihe gegebener Möglichkeiten. Vielmehr ist sie in den anderen Möglichkeiten enthalten *und* steht der Reihe gleichsam als Ur-Möglichkeit voran. In einem »Rechtszustand«, in dem keine lebensweltliche Bindung an das »eigene Gute« gegen die das substantiell Sittliche und das substantiell Eigene auflösende Kraft der Abstraktion immunisiert werden kann, tragen die Bindungen an das Sakrale, an die Gemeinschaft und an den Charakter den Keim einer bedrohlichen »Radikalisierung« in sich. Nichts schützt das Suchen eines »authentischen Lebens«, eines »individuell Guten«, vor seiner Verwandlung in ein experimentelles Verhalten, immer schon tendiert es zu einem solchen Verhalten. Man kommt folglich nicht umhin, die Einsicht zu verallgemeinern, die als eine mögliche Rechtfertigung der Lebensform des Versuchs dient: »Weil niemand jemals sicher sein kann, das ihm oder ihr Eigentümliche gefunden zu haben, besteht das authentische Leben geradezu im Vollzug dieses versuchenden Suchens.«[21]

Die fünfte Lebensform, die Menke aufzählt, die der »ästhetischen« Einstellung, soll von der vierten, von der des »Lebens im

21 Ebd., S. 283.

Experiment« verschieden sein, weil sie sich nicht am Experimentieren selber orientiert, am Gelingen, das in der unbegrenzten Fortführung des Versuchs sein Maß hat, sondern an einer »spezifisch ästhetischen Idee des Gelingens«, die ihre Authentizität bestimmt.[22] Wo dieses Gelingen jedoch an die Setzung von Formen und an deren Anschauung gebunden ist, wird es von einer Entkunstung[23] bedroht, wird es nicht anders als das substantiell Sittliche und das substantiell Eigene von der Abstraktion gefährdet, deren Gewalt man im Recht erfährt, mag sie darin auch durch das »wechselseitige Anerkennen« und die Idee der Gleichheit in unsichere Schranken gewiesen werden. Die Radikalisierung zum Versuch ist in einem Suchen, dessen Horizont die »spezifisch ästhetische Idee des Gelingens« bildet, nicht weniger angelegt als in einem Suchen, das ein substantiell Sittliches oder ein substantiell Eigenes finden möchte.

Welche Folgen hat nun der Umstand, daß die Lebensform des Versuchs innerhalb *und* außerhalb der von Menke untersuchten Reihe von Lebensformen steht? Eine der am weitesten reichenden und am tiefsten greifenden Folgen dieser eigentümlichen Doppelstellung der experimentellen Einstellung ist die, daß sie die Abgrenzung identifizierbarer und einander ausschließender Festlegungen durchlässig macht. Der Versuch ist mehr und anderes als eine in ihren Grenzen beschreibbare Lebensform, als eine individuelle Suche, die von einer vereinzelten Vorstellung des »individuell Guten« ihre Orientierung erhält. So begegnet man zuweilen verstörenden und vielleicht sogar verstörten Menschen, die höflich sind, sich aber allem Anschein nach an keiner Suche nach dem Guten, nach einer authentischen Lebensform, in der sie sich verwirklichen können, beteiligen. Man begegnet ihnen zum Beispiel in der Literatur: in Melvilles Erzählung über Bartleby. In der experimentellen Einstellung, in der Lebensform des Versuchs wirkt stets auch eine *übertreibende Kraft der Abstraktion*, die in der unterscheidenden und bestimmenden Rede von einer Lebensform und von einem »individuell Guten« schon vergegenständlicht worden ist. Deshalb

22 Ebd., S. 288 und S. 293. (»[...] wenn für eine Person das ästhetische Gelingen *ihrer* Versuche, und daher die ästhetische Verhaltensweise überhaupt [...] ihr authentizitätsdefinierendes ›Grundvorhaben‹ ist.«)

23 Vgl. dazu: Alexander García Düttmann, »Entkunstung«, in: *Kunstende*, a. a. O.

wird der Konflikt zwischen den kollidierenden Gestalten der Gerechtigkeit, den Menke darstellt, und der ein Konflikt zwischen vergegenständlichten Kräften ist: zwischen einer in der Idee der Gleichheit und des angestrebten Gelingens »wechselseitiger Anerkennung« vergegenständlichten Abstraktion und einer Abstraktion, die im je »eigenen Guten« und in der ihm entsprechenden Lebensform ihre Vergegenständlichung erfährt, von einem anderen, ungreifbaren und gegen das Vor- und Darstellen widerspenstigen Konflikt heimgesucht: von dem Konflikt zwischen der Abstraktion und den Vergegenständlichungen, die das Subjekt und die Gerechtigkeit davor schützen sollen, mit Blindheit geschlagen zu werden.

In dem Maße, in dem sie sich an der Vorstellung des Guten orientiert, hat Menkes Darstellung der »Tragödie im Sittlichen« ihren Ort in der Homogenität, welche die Vergegenständlichung schafft. Weil die kollidierenden Kräfte vergegenständlichte Kräfte sind, Kräfte, die sich identifizieren und benennen lassen, weil sie sich in einem umgrenzten Feld bewegen, und sei es in dem einer unendlichen Annäherung an die Idee der Gleichheit und der Verwirklichung des »eigenen Guten«, verrät allein das Schwanken zwischen Vereinheitlichung und Öffnung, zwischen einem in der Idee der Gleichheit antizipierten Zustand des Anerkanntseins und einer niemals sich beruhigenden Bewegung des Anerkennens, zwischen nicht zu verwirklichender Möglichkeit und möglicher Verwirklichung, zwischen erweiternd einbeziehender Darstellung und »Freiheit von allem Dargestellten«, daß der dargestellte Konflikt heimgesucht wird von dem Konflikt zwischen der Abstraktion und ihren Vergegenständlichungen, einem Konflikt der Übertreibung, der von keiner »souveränen« Subjektivität vergegenständlicht und dargestellt werden kann, einem Konflikt, dessen unbegrenzbarer Machtbereich sich auf jeden Abstand erstreckt, den man zu ihm gewinnen möchte, um ihn in der Darstellung zu vergegenständlichen.

Vielleicht kommt man ohne eine Vorstellung des »gemeinsamen« und »eigenen Guten«, ohne eine Idee der Gleichheit und des gelingenden »wechselseitigen Anerkennens« nicht aus. Doch jedes Mal, wenn das Gute einen Ausblick eröffnen soll, der die Berufung auf es rechtfertigt, jedesmal, wenn man das Gute als ein das Verhalten normierende vorstellt und im vorstellenden Bewußtsein des Guten so gut wie möglich das Gute zu tun glaubt, jedesmal, wenn man in der Vorstellung vom Guten ihm sich zu nähern vermeint, dem Guten des »politisch Gemeinsamen«, des »gemeinsamen Guten« und des »eigenen Guten«, verfehlt man es, weil man unweigerlich die Übertreibung oder die Unverfügbarkeit verleugnet, die das Verhältnis des Guten zum Bewußtsein, zur Vorstellung, zur Darstellung unterbricht. Man verleugnet die Anarchie, die sich als Fehlen und Ausbleiben auswirkt. Das Gute ist nicht gegeben. Daß man es suchen und sich an ihm versuchen soll, mag man auch nie mit Sicherheit wissen, ob man es gefunden hat, ob die Anerkennung gelungen ist, bringt in der Vergegenständlichung das Fehlen und Ausbleiben zum Ausdruck.

Vielleicht ist das Gute eine Leidenschaft: Selbstvergessenheit eines Tuns, das nicht nach seiner Rechtfertigung schielt, weil es nicht aus einer abwägenden Wahl resultiert, weil es weder sich noch einem anderen Rechnung trägt. Mit Meister Eckhart könnte man sagen, daß das Gute dem tätigen, bei den Dingen stehenden Leben zugehört, wo das beschauliche Leben den Verdacht auf sich zieht, um des »wohligen Gefühls« wegen in der Betrachtung zu verharren. Mit Proust könnte man sagen, daß die »wahre Güte« ein Gesicht hat, auf dem sich kein Mitleid zeigt, kein Mitgefühl für das menschliche Leiden, ein Gesicht »ohne Milde«, »unsympathisch und erhaben«. Mit Lévinas könnte man sagen, daß sich das Gute am äußersten Ende des Seins zeigt, an dem die Ersetzung, das Für-den-anderen, alles Berechnen und Ausgleichen hinter sich gelassen hat. Mit Iris Murdoch könnte man sagen, daß das Gute als ein zweckloses Sehen der Welt, wie sie ist, ein Absehen von dem Willen, von möglichen Entscheidungen voraussetzt[24] – ist das Ergriffensein durch das, was sich in einer irreduktiblen Transzendenz hält und was sich einzig *an* einem Leben oder *als* Kunst kundtut, nicht jenes, was mit der Blindheit der Leidenschaft gemeint ist und was man meistens mit einem Interesse des Selbst verwechselt? »Die Leidenschaft trifft keine Wahl«, heißt es in einer Erzählung Ginevra Bompianis, »sie fällt in die Tiefe des Brunnens. Wer frei ist, zu wählen, ist von keiner wahren Leidenschaft ergriffen. Deshalb kann man auch der Leidenschaft nicht Gründe für ihre

24 Iris Murdoch, *The Sovereignty of Good*, London und New York 2001, S. 89.

Handlungen abverlangen. Man muß sie deuten wie Veränderungen des Himmels und der Erde. Die Leidenschaft hat nichts zu ihrer Entschuldigung vorzubringen: Mit gesenktem Kopf und Blick bewegt sie sich blind in ihrer Masse vorwärts.«[25]

25 Ginevra Bompiani, *L'incantato*, Mailand 1987, S. 134.

Die Gewalt der Zerstörung
Übertreibung und Unendlichkeit

Louis Althusser trägt in seiner »Soutenance d'Amiens« den Gedanken vor, daß das »Übermäßige« bei der Formulierung philosophischer Thesen, die Übertreibung also, der Philosophie wesentlich zugehört. Denken soll nur dann möglich sein, wenn man Grenzthesen aufstellt, und nur dort, wo man sich am Ort des Unmöglichen aufhält.[1] Es geht Althusser darum, sich von einer »rationalistischen Tradition« abzusetzen, um politisch-historische Macht-, Herrschafts- und Kräfteverhältnisse durch die Radikalität der These, nicht bloß durch eine radikale These zu markieren. Läßt man den Zusammenhang, in dem dieser Gedanke steht, einen Augenblick lang außer acht, so kann man aus der These über die philosophische These, die sich manchen vielleicht bereits als Grenzthese darstellt, zwei entgegengesetzte Schlußfolgerungen ziehen. *Einmal*, daß philosophisches Denken kein Denken ist, das *bloß* von einzelnen Setzungen, von einzelnen Positionen ausgeht und zu solchen (näher bestimmten) Positionen zurückkehrt. Denn die Formulierung von Grenzthesen als Aufgabe des Philosophen impliziert zwangsläufig, daß man die Kontrolle über das Formulierte zumindest in gewissem Maße verliert. Nur wenn sich die aufgestellte These nicht mehr durch das Denken einholen läßt, nur wenn sie die Stabilität einer These nicht behaupten kann, nur wenn ihr Setzungscharakter schon durchkreuzt wird und man sie nicht einfach als These wiederzuerkennen vermag, erweist sie sich als Grenzthese und kann überhaupt (zumindest in einem Sinne, der Althussers Gedanken radikalisiert) von philosophischem Denken die Rede sein. *Zum anderen* aber verhält es sich so, daß allein ein Denken, das Grenzthesen aufzustellen vermag, eine Position einnehmen kann, versteht man unter Position gerade jene Setzung, die sich im Vermittlungsprozeß des Denkens, in der Erfahrung des Begriffs, in der begrifflichen Bestimmbarkeit nicht gänzlich auflöst. Als Setzung ist die Position immer Setzung ei-

1 Louis Althusser, »Soutenance d'Amiens«, in: ders., *Positions*, Paris 1976, S. 146f.

ner Grenzthese, sie ist Übertreibung, das Überschüssige und Übermäßige, das auf reine Denkbestimmungen sich nicht zurückführen läßt. Auf der einen Seite muß die These *als solche* wiedererkennbar sein, damit man überhaupt von einer These sprechen kann; auf der anderen Seite ist die These *als solche* ein Übermäßiges, das jedes vollständige Wiedererkennen vereitelt und *als solches* nie erscheinen kann. Will man nun diesen Gegensatz im Begriff der These selber zum Ausdruck bringen, so kann man ihn formelhaft so fassen: In dem Maße, in dem sie eine These ist, kann die These keine sein. Oder auch: In dem Maße, in dem sie eine These ist, muß die These Grenzthese sein. Ist mit diesem Gegensatz, der die Setzung einsetzt und aussetzt, nicht genau jener »Ort des Unmöglichen« umschrieben, den Althusser als den des Denkens ausmacht?

Jede Setzung weist sich durch einen radikalen Zug aus, der jedem möglichen Sich-Ausweisen seine Grenze vorzeichnet. Die Grenze des Sich-Ausweisens aber läßt sich nicht mehr einfach ausweisen. Als Grenze hält jede Setzung ein Übermäßiges in Grenzen und setzt sich zugleich einem Übermäßigen unbegrenzt aus. Weil jede Setzung Aus-setzung ist, und zwar zunächst Aussetzung ihrer selbst, verläuft die Grenze der Setzung nicht als gerade und ununterbrochene Linie. Jede Setzung birgt eine Gewalt der Zerstörung in sich, die nicht erst eine andere Setzung bedroht, sondern bereits sie selber. Daß jedoch mit der Setzung eine Bewegung ausgelöst wird, eine Bewegung der Rückkehr und der Aneignung, des Auseinandertretens und der erinnernden Erfahrung, daß das Denken von dieser Bewegung sich nicht loslösen läßt, liegt an der Idealität, die der Setzung als solcher innewohnt. Durch ihre Aussetzung setzt sich die Setzung in sich selbst, in ihrem eigenen Inneren, einer anderen Setzung aus, ja dem anderen der Setzung, und damit einem Übermäßigen, das sich der begrifflichen Bestimmung zunächst entzieht. Um nun diese Entäußerung in der begrifflichen Einheit aufzuheben, um dem Fortgang einer schlechten Unendlichkeit von Grenze zu Grenze, von Setzung zu Setzung ein Ende zu bereiten, muß die Setzung in ihrer Idealität restlos aufgehen, muß schließlich das Gesetzte im anderen, das mit der Setzung erst gegeben ist, in der Äußerlichkeit des Gesetzten, der anderen Setzung oder des anderen der Setzung, *bei sich* sein.

Das Wiedererkennen, durch das die Andersheit bestimmt

und aufgehoben wird, kennzeichnet die spekulativ dialektische Entwicklung des Begriffs. So heißt es in Hegels *Enzyklopädie*: »Die Entwicklung des Begriffs nach ihrer Bestimmung, nach dem Ziel oder auch, wenn man will, Zweck, ist zu fassen als ein Setzen dessen, was er an sich ist: daß diese Bestimmungen seines Inhalts zur Existenz kommen, manifestiert werden, aber zugleich nicht als unabhängige, selbständige seien, sondern als Momente, die in seiner Einheit bleiben, als ideelle, d. i. gesetzte. Dieses Setzen kann somit gefaßt werden als eine Äußerung, Heraustreten, Auslegung, Außersichkommen, insofern sich die Subjektivität des Begriffs verlöre in dem Außereinander seiner Bestimmungen. Aber er erhält sich in ihren als ihre Einheit und Idealität; und dies Herausgehen des Zentrums an die Peripherie ist daher ebensosehr, von der umgekehrten Seite angesehen, ein Resumieren dieses Heraus in die Innerlichkeit, ein Erinnern, daß er es sei, der in der Äußerung existiert.«[2] Die Idealität der Setzung und der Bezug zur Einheit bestehen folglich in der Erinnerung, welche die notwendige Entäußerung als eine des Begriffs bestimmt. Das zur Existenz Kommende wird in seinem Existieren, in seinem Gesetztsein, begriffen und verwandelt sich so in ein Zurückkommendes, weshalb auch das »Resumieren«, von dem Hegel spricht, das Kommen des Begriffs in den »zu seiner Manifestation gekommenen Begriff« überführt. Das Setzen als Setzen dessen, was das Gesetzte an sich ist, erweist sich als Idealität oder hat Idealität, also die Wahrheit des Endlichen zur Bestimmung, weil es als Bewegung des Für-sich-Werdens begriffen sein will: »Der Begriff will die Rinde der Äußerlichkeit zersprengen und für sich werden. Das Leben ist der zu seiner Manifestation gekommene Begriff, der deutlich gewordene, ausgelegte Begriff, dem Verstande aber zugleich am schwersten zu fassen, weil für ihn das Abstrakte, Tote, als das Einfachste, am leichtesten zu fassen ist.«

Wenn jedes Setzen »ideell« ist, dann kann man in der dialektischen Deutung der Setzung die uneingeschränkte, volle, bestimmte Entfaltung dieser Idealität erblicken. In seiner im Wintersemester 1930/31 gehaltenen Vorlesung über die *Phänomenologie des Geistes* sagt Heidegger, daß »alle Philosophie im

2 G. W. F. Hegel, *Enzyklopädie der philosophischen Wissenschaften II*, in: Theorie-Werkausgabe, Band 9, Frankfurt am Main 1970, S. 36f.

Ersten und Letzten nur ihre *Voraussetzung*« entfaltet und daß »alles daran [liegt], wie sich die Philosophie in die Voraussetzung einsetzt«. Ist bei Hegel nun »das Verständnis des Endes *schlechthin* unumgänglich, weil es schlechthin schon der Anfang ist und weil die Art und Weise, *wie* das Ende der Anfang ist und umgekehrt, sich schon entschieden hat«,[3] so hat die dialektische Setzung zur Voraussetzung, daß sie immer schon sich vorausgesetzt und in ihrer Voraussetzung ihre Aussetzung ausgesetzt hat. Die Setzung als Zerstörung der Tautologie, als Manifestation dessen, was zunächst tautologisch und unvermittelt in sich selber verharrt, ist, wie Derrida gelegentlich hervorgehoben hat, aufhebenden Wesens.[4]

Der Frage, ob am Ende also die Setzung nicht in ihrer absoluten Voraussetzung verschwindet und in ihrer absoluten Erinnerung vergessen wird, läßt sich, aus spekulativer Sicht, mit der anderen Frage begegnen, ob die Aussetzung der Voraussetzung und das Vergessen, das mit ihr einhergeht, nicht die Idealität der Setzung einem »perennierenden Fortsetzen des Wechsels [von] einander herbeiführenden Bestimmungen« aussetzt.[5] Diese beiden Fragen sind Fragen nach dem Unterschied zwischen einem »wahrhaft« und einem »schlecht« Unendlichen, zwischen dem endlosen Hinausgehen über eine Grenze und der Aufhebung der Endlichkeit. Das schlecht Unendliche beschreibt Hegel in der *Enzyklopädie* mit den Worten: »Eine Grenze wird gesetzt, darüber wird hinausgegangen, dann abermals eine Grenze und so fort ins Endlose. Wir haben also nichts als eine oberflächliche Abwechslung, die immer im Endlichen stehen bleibt.« In dem Abschnitt der *Wissenschaft der Logik*, der von der Quantität handelt, liest man, die schlechte quantitative Unendlichkeit sei »das perennierende Herüber- und Hinübergehen von dem einen Gliede des bleibenden Widerspruchs zu dem anderen, von der Grenze zu ihrem Nichtsein, von diesem erneut zurück zu ebenderselben, zur Grenze«. Als schlechte Unendlichkeit unterscheiden sich quantitative und qualitative Unendlichkeit nicht. Der Progreß stellt sich nicht als ein »Fortkommen und Weiter-

3 Martin Heidegger, *Hegels »Phänomenologie des Geistes«*, in: Gesamtausgabe, Band 32, Frankfurt am Main 1980, S. 52ff.

4 Jacques Derrida, *Glas*, Paris 1974, S. 167.

5 G. W. F. Hegel, *Enzyklopädie der philosophischen Wissenschaften I*, in: Theorie-Werkausgabe, Band 8, a. a. O., S. 199.

kommen« dar, sondern als »ein Wiederholen von einem und eben demselben, Setzen, Aufheben und Wiedersetzen und Wiederaufheben – eine Ohnmacht des Negativen, dem das, was es aufhebt, durch sein Aufheben selbst als ein Kontinuierliches wiederkehrt«.[6] Nicht jede Aufhebung hat die Kraft zur Aufhebung, zieht ihre Kraft aus der Idealität der Setzung.

Weil es vielleicht nur durch seine Übertreibung, durch sein Übermaß, durch seine irreduktible Unverantwortlichkeit mehr sein kann als die Wiederholung eines bereits Gewußten, ja als die Bestätigung dogmatischer oder ideologischer Inhalte, muß das Denken sich von der Gewalt der Zerstörung fortreißen lassen, die man an der Simplifikation, an einem barbarischen, undialektischen Moment ablesen kann. Mit der Setzung verhält es sich so, als wolle sie alles und alles auf einmal aussprechen. Das Übermäßige der Setzung liegt darin, daß sie sich und das Gesetzte um ihrer selbst willen: um überhaupt etwas setzen zu können, unwiderruflich preisgeben muß. »Wie vieles geht verloren, wenn man es erst langsam prüfen will« – dieser Satz aus einem Roman Robert Walsers, der die ungeprüfte, unausgesetzte, unmittelbare Rede meint, ein Reden als reines Setzen und als reine Aussetzung, scheint Setzungen eingraviert zu sein. Als ein Denken in Grenzthesen, als ein Denken, das an die Grenzen seiner Setzungen rührt, steht philosophisches Denken aber vor der Frage nach dem Verhältnis von Voraussetzung und Aussetzung der Setzung. Entweder es denkt die Setzung wesentlich als Resultat und hypostasiert deren Idealität, oder es setzt sich dem aus, was allein unter Voraussetzung einer Wahrheit des Endlichen als Endlosigkeit der schlechten, unwahren, ohnmächtig negativen Unendlichkeit abgetan werden kann.

Um den Begriff der Setzung kreist Walter Benjamins Aufsatz »Zur Kritik der Gewalt«. Freilich wird die Setzung darin allein im spezifischen Sinne einer »rechtsetzenden Gewalt« thematisiert. Benjamin unterscheidet bekanntlich zwischen einer »rechtsetzenden« und einer »rechtserhaltenden« Gewalt: »Alle Gewalt ist als Mittel entweder rechtsetzend oder rechtserhaltend.«[7] Setzung als Setzung des Rechts ist folglich nicht nur eine

6 G. W. F. Hegel, *Wissenschaft der Logik*, in: Theorie-Werkausgabe, Band 6, a. a. O., S. 264.

7 Walter Benjamin, »Zur Kritik der Gewalt«, in: ders., Gesammelte Schriften, Band II.1, a. a. O., S. 190.

Gestalt der Gewalt, sondern, genauer noch, eine Gestalt der Gewalt als Mittel. Aber nicht jedes Mittel steht im Dienst einer rechtsetzenden oder rechtserhaltenden Gewalt. Es läßt sich, Benjamin zufolge, eine »Politik der reinen Mittel« denken, die eine gewaltlose Beilegung von Konflikten herbeiführt. Werner Hamacher hat sich mit der Vorstellung einer solchen letztlich unvorstellbaren und undarstellbaren Politik auseinandergesetzt und nachdrücklich betont, daß die »Skizze zu einer Politik reiner Mittelbarkeit«, zu einer Politik, die sich nicht an äußeren Zwecken orientiert, eine Skizze zu einer Politik der »*Entsetzung* der Setzungsakte« ist.[8] Der Gewalt als reines und unreines Mittel, der Gewalt als unrein und als rein mittelbarer Gewalt stellt Benjamin eine unmittelbare Gewalt zur Seite, die wiederum eine Zweiteilung erfährt. Während die »mythische Manifestation der unmittelbaren Gewalt« mit der Manifestation der Rechtsgewalt identisch und daher weit davon entfernt ist, »eine reinere Sphäre zu eröffnen«, eine Sphäre, in der Setzung und (Ent)Gegensetzung sich nicht mehr wechselseitig bedingen, ist die göttliche Manifestation der unmittelbaren Gewalt die Manifestation einer reinen Gewalt, die sich durch die »Abwesenheit jeder Rechtsetzung« und durch die Aufgabe einer »Vernichtung« der Rechts- und also der Staatsgewalt definiert. Einzig die Entsetzung der Setzung (der Ausdruck stammt von Benjamin), die nicht eine andere Setzung erforderlich macht, eröffnet die reine und gewaltlose Sphäre der mittelbaren und der unmittelbaren Gewalt. Diese Eröffnung bezeichnet Benjamin als Vernichtung. Wenn die Setzung an die Gewalt gebunden ist, so ist sie dennoch nicht vernichtend. Sie ist nicht gewaltlos im Sinne einer Vernichtung, die sich lediglich dort ereignet, wo die Gewalt reiner Unmittelbarkeit waltet und eine Politik reiner Mittelbarkeit sich bewährt. Die Reinheit, die der Setzung grundsätzlich abgeht, ist die Reinheit einer Vernichtung ohne Rückfall in das Vernichtete, einer Vernichtung ohne Rest, ohne Vernichtetes, das sie in welcher Form auch immer heimsuchen könnte. Vernichtung als schlechte Unendlichkeit, als unendliche Heimsuchung und endlose Wiederherstellung des Vernichteten ist unrein.

Benjamin identifiziert die reine und grenzenlose Vernichtung

8 Werner Hamacher, »Afformativ, Streik«, in: *Was heißt darstellen?*, herausgegeben von Christiaan L. Hart-Nibbrig, Frankfurt am Main 1994, S. 345.

nicht mit der Macht der Negativität. Dennoch besteht zwischen dem, was Hegel als schlechte Unendlichkeit bestimmt, und der unreinen Sphäre der (Grenz)Setzung ein deutlicher Bezug.[9] Die Geschichte des Rechts ist ein »dialektisches Auf und Ab«. Dies liegt nicht an der besonderen Gestalt, welche die Setzung im Bereich des Rechts annimmt. Vielmehr wird das Kreisen in einem Umlauf, der »im Banne der mythischen Rechtsformen« steht, vom Setzungscharakter gezeitigt, so daß man alles, was Benjamin zur Geschichte und zur Struktur des Rechts ausführt, verallgemeinern und auf das Setzen überhaupt übertragen kann: »Ein nur aufs Nächste gerichteter Blick vermag höchstens ein dialektisches Auf und Ab in den Gestaltungen der Gewalt als rechtsetzender und rechtserhaltender zu gewahren. Dessen Schwankungsgesetz beruht darauf, daß jede rechtserhaltende Gewalt in ihrer Dauer die rechtsetzende, welche in ihr repräsentiert ist, durch die Unterdrückung der feindlichen Gegengewalten indirekt selbst schwächt. Dies währt so lange, bis entweder neue Gewalten oder die früher unterdrückten über die bisher

9 Eine Untersuchung, die den (diskreten?) Gebrauch des Begriffs der Unendlichkeit bei Benjamin berücksichtigen wollte, müßte das bedeutende Fragment »Die unendliche Aufgabe« und die Kritik an der Zweideutigkeit dieser neukantianischen Formel einbeziehen. Was Benjamin unter einer »unendlichen Aufgabe« versteht, läßt sich vielleicht so deuten: Eine Aufgabe ist erst dann mehr als die (unendliche) Suche nach unendlich vielen (endlichen) Lösungen, wenn sie nicht vorgegeben ist und vorgegeben werden kann. Unendlich im Sinn eines solchen Mehr, einer solchen Suspension der Aufgabe, ist folglich allein die Aufgabe, die sich auf »Lösbarkeit schlechthin« richtet. Als unendliche Aufgabe ist Wissenschaft in ihrer Einheit und vor jeder materialen Bestimmung auf Lösbarkeit, nicht auf diese oder jene Lösung (oder Setzung) bezogen. Benjamin notiert: »Die Wissenschaft ist weder Lösung noch besteht sie aus Aufgab*en*: daher ›unendliche Aufgabe‹.« (Walter Benjamin, »Die unendliche Aufgabe«, in: ders., Gesammelte Schriften, Band VI, Frankfurt am Main 1985, S. 52) Weil die »unendliche Aufgabe« gerade nicht die schlechte Unendlichkeit ihrer unausgesetzten Erneuerung (durch Lösungen) inauguriert, sondern »Lösbarkeit schlechthin« intendiert, kann man ihre Unendlichkeit nicht mehr als eine schlechte bezeichnen. Auffällig, daß sich Benjamin nicht für Lösungen, sondern für Lösbarkeit, nicht für Mitteilungen, sondern für Mitteilbarkeit, nicht für Reproduktionen, sondern für Reproduzierbarkeit interessiert. Es ist, als würde er der schlechten Unendlichkeit dadurch begegnen, daß er eine Aktualisierung der Möglichkeit *als solcher* zu denken und auf diese Weise über den Gegensatz von Möglichkeit und verwirklichendem Akt hinauszugelangen versucht, ohne den es keine schlechte Unendlichkeit gibt.

rechtsetzende Gewalt siegen und damit ein neues Recht zu neuem Verfall begründen.«[10] Für die Setzung im allgemeinen scheint damit zu gelten, daß ihre eigene Sicherung, ihre erhaltende Ab- und Entgegensetzung sie zum Schwanken bringt. Wenn sie aber der Sicherung bedarf, so deshalb, weil sie übermäßig ist und sich gegen andere Setzungen, denen sie ausgesetzt bleibt, behaupten muß. Benjamins Formulierung des Schwankungsgesetzes, dem die Setzung unterworfen ist, übersetzt die schlechte Unendlichkeit in die Sprache einer Kritik der Gewalt. »Etwas wird ein Anderes, aber das Andere ist selbst ein Etwas, also wird es gleichfalls ein Anderes, und so fort ins *Unendliche*«: das Werden der schlechten Unendlichkeit, die »Negation des Endlichen, welches aber ebenso wieder entsteht«, ist hier ein gewaltsames Unterdrücken und ein unterdrückendes Siegen über das Unterdrückende. In der Begründung »zu neuem Verfall« kommt das Übermäßige zum Ausdruck, der Widerspruch des Endlichen, »daß es sowohl Etwas ist als [auch] sein Anderes«.

Drei Fragen kann man an dieser Stelle aufwerfen. 1. Ist Gewalt stets setzende oder entsetzende Gewalt, wie verhalten sich dann Natur und Idee zu Setzung und Entsetzung? 2. Warum redet Benjamin einmal von einer reinen und einer unreinen Mittelbarkeit, dann aber wiederum von einer reinen und einer unreinen Unmittelbarkeit? 3. Was ist eine gewaltlose, reine, restlose Vernichtung, eine Vernichtung ohne Vernichtetes, eine Vernichtung, die sich um so vernichtender auswirkt, als sie gerade nicht(s) vernichtet? (Dieses Paradoxon ist vielleicht die Wahrheit selber, wo die dialektische Aufhebung es ausdrückt, die, ihrem Doppelsinn gemäß, das Endliche aufhebt und so von der Reflexion, von der schlechten oder negativen Unendlichkeit, von der Verendlichung des Unendlichen und der Verabsolutierung des Endlichen befreit.)

1. Begriff und Kritik der Gewalt sind, wie Benjamin deutlich macht, von »sittlichen Verhältnissen«[11] untrennbar. Um eine »wirksame Ursache« sein zu können, muß Gewalt in solche Verhältnisse eingreifen. Erst als ein Eingriff des Rechts oder der Gerechtigkeit vermag sie zum Gegenstand der Kritik zu werden. Wenn die Gewalt daher kein »Naturprodukt« ist, Setzung

10 Walter Benjamin, »Zur Kritik der Gewalt«, a. a. O., S. 202.
11 Ebd., S. 179.

und Entsetzung nicht dem natürlichen Bereich angehören, so kann man sich fragen, wie die mythische und die göttliche, die setzende und die entsetzende Gewalt sich zu jenem Bereich verhalten. Einerseits nämlich stellt das Einbrechen der göttlichen Gewalt nicht einfach einen begrifflich faßbaren Übergang zur Idealität der Wahrheit dar, vor allem deshalb nicht, weil sie sich nicht »mit Gewißheit« erkennen läßt. Andererseits ist die mythische, setzende Gewalt dem natürlichen Bereich nicht gänzlich fremd: »Die Auslösung der Rechtsgewalt geht [...] auf die Verschuldung des bloßen natürlichen Lebens zurück, welche den Lebenden unschuldig und unglücklich der Sühne überantwortet.«[12] Die Setzung, »ideell« in dem Maße, in dem sie keine Naturgewalt ist, bleibt dennoch an das gebunden, was Benjamin »das bloße natürliche Leben« nennt, also an den Schuldzusammenhang, der das Schicksal ausmacht. Besteht die Unreinheit der Setzung nicht gerade in dieser Vermischung des Ideellen und des Natürlichen, die das Lebendige von seiner eigentlichen Bestimmung abhält und das Ideelle immer wieder dem Natürlichen anheimfallen läßt? Muß ein Denken in Grenzthesen, ein setzendes und übermäßiges, ein übertreibendes Denken, das in eine von ihm selbst verewigte, unendlich endliche Bewegung eingebettet ist, sich nicht zwangsläufig in Schuld verstricken?[13]

Die Idealität der Rechtsetzung behauptet sich zugleich aber gegen das »bloße Leben«, gegen das schuldhaft Natürliche. Man kann sie nämlich daran ablesen, daß das Recht »in der nach Ort und Zeit fixierten ›Entscheidung‹ eine metaphysische Kategorie anerkennt, durch die es Anspruch auf Kritik erhebt«.[14] Diesen metaphysischen Charakter der Entscheidung, den er in seiner »Kritik der Gewalt« lediglich erwähnt, unterstreicht Benjamin in seiner Abhandlung über Goethes *Wahlverwandtschaften*, indem er Wahl und Entscheidung einander gegenüberstellt. Dabei erweist sich, daß die Entscheidung die Wahl annihiliert: »Denn Wahl ist natürlich und mag sogar den Elementen eignen; die Entscheidung ist transzendent.«[15] Gerade weil sie in einer Ver-

12 Ebd., S. 199f.

13 Vgl. zu diesem Begriff der Schuld auch: Alexander García Düttmann, *Das Gedächtnis des Denkens*, a. a. O., S. 25f.

14 Walter Benjamin, »Zur Kritik der Gewalt«, a. a. O., S. 189.

15 Walter Benjamin, *Goethes »Wahlverwandtschaften«*, in: ders., Gesammelte Schriften, Band I.1, Frankfurt am Main 1974, S. 189.

mischung des Ideellen und des Natürlichen besteht, beruhigt sich die Setzung nie bei sich selber. Sie verfällt nicht nur immer wieder dem Schicksal, sie perpetuiert nicht nur gewaltsam die schlechte Unendlichkeit des mythischen Kreislaufs, sondern transzendiert auch die Immanenz des bloßen Lebens durch die Entscheidung, die sie ermöglicht. Festhalten muß man hier, daß dieses Transzendieren oder dieser Bezug zu einem Transzendenten wiederum einer zerstörerischen Kraft sich verdankt, dem Annihilieren des naturbefangenen Prinzips der Wahl. Den Ausdruck »annihilieren« führt Benjamin bereits in seiner Dissertation ein, in der es ihm darum geht, den genauen Sinn zu bestimmen, den dieser Ausdruck in der deutschen Frühromantik erhält. Als »romantischer terminus technicus« bezeichnet er die »Mittelbarkeit der Ironie«, will sagen die »indirekte Widerlegung des Nichtigen durch Stillschweigen, durch seine ironische Lobpreisung oder durch die Lobeserhebung des Guten«.[16] Waltet in dem Aufsatz aus dem Jahr 1921 die göttliche Gewalt »über alles Leben um des Lebendigen willen«, vernichtet darin die unmittelbare reine Gewalt, ohne zu vernichten (vielleicht muß man unter *Rettung* genau diese Vernichtung ohne Vernichtetes verstehen), so heißt es von der Ironie in der ein Jahr zuvor gedruckten Dissertation: »Sie zerstört nicht allein das Werk nicht, das sie angreift, sondern sie nähert es selbst der Unzerstörbarkeit. Durch die Zerstörung der bestimmten Darstellungsform des Werkes in der Ironie wird die relative Einheit des Einzelwerkes tiefer in die der Kunst als des Universalwerkes zurückbezogen [...] Die Ironisierung der Darstellungsform ist gleichsam der Sturm, der den Vorhang vor der transzendentalen Ordnung der Kunst aufhebt.«[17]

2. Die setzende Gewalt ist als unrein mittelbare ebenfalls eine unmittelbare Gewalt: »Die Funktion der Gewalt in der Rechtsetzung ist nämlich zwiefach in dem Sinne, daß die Rechtsetzung zwar dasjenige, *was* als Recht eingesetzt wird, als ihren Zweck mit der Gewalt als Mittel erstrebt, im Augenblick der Einsetzung des Bezweckten als Recht aber die Gewalt nicht abdankt, sondern sie nun erst im strengen Sinne und zwar unmittelbar zur rechtsetzenden macht, indem sie nicht einen von Ge-

16 Walter Benjamin, *Der Begriff der Kunstkritik in der deutschen Romantik*, in: ders., Gesammelte Schriften, Band I.1, a. a. O., S. 79f.
17 Ebd., S. 86.

walt freien und unabhängigen, sondern notwendig und innig an sie gebundenen Zweck als Recht unter dem Namen der Macht einsetzt. Rechtsetzung ist Machtsetzung und insofern ein Akt unmittelbarer Manifestation der Gewalt.«[18] Die »mittelartige« oder mittelbare Gewalt – das heißt: die Gewalt schlechthin, zumindest in dem Maße, in dem Gewalt zunächst die Funktion eines Mittels hat und sich mittelbar, im Hinblick auf einen Zweck manifestiert, geht in unmittelbare Gewalt über oder ist in ihrem Wesen unmittelbare Gewalt. Sie ist nicht ein Mittel, das nach seinem Gebrauch beiseite gelegt wird und in Vergessenheit gerät. (Ist das Mittel als das Gewöhnliche und Unauffällige, als das, was Heidegger Zeug nennt, nicht immer ein Vergessenes?) Es gilt, die Setzung als Einsetzung der Gewalt, die sie selber ist, zu betrachten. Mit der Kennzeichnung der mittelbaren Gewalt der Rechtsetzung als einer unmittelbaren Gewalt lenkt Benjamin den Blick auf diese Einsetzung, durch die sich die setzende Gewalt selber einsetzt. Daß mittelbare Gewalt eigentlich unmittelbare Gewalt und Setzung eigentlich Machtsetzung ist, bedeutet, daß die Setzung als solche zwar von einem Bezug zur Transzendenz geprägt sein mag, aber nicht die Zerstörung, die Aufhebung oder die Überwindung des Übermäßigen, das sie dem »dialektischen Auf- und Ab« preisgibt, leisten kann. Veranlaßt die unreine Mittelbarkeit der Gewalt Benjamin zur Konzeption einer Politik reiner Unmittelbarkeit, so scheint die Selbsteinsetzung der Gewalt im setzenden Akt eine andere *Gewalt* erforderlich zu machen, eine reine unmittelbare Gewalt, die die Gewalt zerstört, aber die eben doch eine Gewalt bleibt. Die Vernichtung ohne Vernichtetes ist eine Vernichtung der Gewalt.[19]

3. Das Schwankungsgesetz der Gewalt, das Benjamin in deren Dauer aufdeckt, betrifft ihre »Gestaltungen als rechtsetzender und rechtserhaltender« Gewalt. Folglich ist die Gewalt der Zerstörung, die unter dem Namen der Entsetzung und der Vernichtung sich manifestiert, eine »entstaltende« Gewalt, wenn man sich an dieser Stelle eines Ausdrucks bedienen darf, dessen Gebrauch Benjamin in einem frühen Fragment über Phantasie erläutert. Die Niederschrift dieses kurzen Textes fällt wahr-

18 Walter Benjamin, »Zur Kritik der Gewalt«, a. a. O., S. 197f.

19 Dieser Genitiv drückt die äußerste Zweideutigkeit einer Kritik der Gewalt aus, die sich im Zugleich des Inkommensurablen und des Differentiellen zu bewegen scheint (s. u.).

scheinlich in die Entstehungszeit der Arbeiten, zu denen auch der Aufsatz über die Gewalt zählt. Phantasie als »Entstaltung« ist unkonstruktiv, auflösend, zwanglos und frei, sie ist »im letzten Welttag und im ersten«.[20] Kündigt der letzte Welttag in der Kritik der Gewalt nicht das »neue geschichtliche Zeitalter« an, das von der Revolution und dem Sieg der göttlichen über die mythische Gewalt eingeleitet wird? Ist dieser Tag nicht jener, an dem eine »Entstaltung« die Gestaltung selbst (und nicht einfach diese oder jene Gestaltung) erschöpft? Erscheint nicht die göttliche Gewalt nur im Verhältnis zur mythischen als vernichtend? Während die Setzung aufgrund ihres Doppelcharakters das Dasein von der Gewalt nicht zu befreien vermag und die Vernichtung als gewaltsamer Übergang zu einer anderen Setzung das Vernichtete regelmäßig reproduziert, öffnet die vernichtende Entsetzung den mythischen Kreis. Weshalb? Wohl weil der Doppelcharakter der Setzung, ihre Unreinheit, aus einem Übermaß, aus einer Vermischung des Ideellen und des Natürlichen resultiert, die Entsetzung hingegen rein vernichtend und rein rettend ist. Reine Vernichtung und reine Rettung koinzidieren. Ob man von Vernichtung oder von Rettung spricht, hängt davon ab, aus welcher Perspektive man argumentiert. Im strengen Sinne ist der Begriff der Perspektive an dieser Stelle freilich ungeeignet. Sein Gebrauch (er wird hier gebraucht, um zwei miteinander unvereinbare und dennoch nicht gänzlich disparate Perspektiven zu unterscheiden) perpetuiert letztlich die zerstörende Gewalt, da ja jede Perspektive noch eine Setzung involviert. Die Perspektive ist *immer* die Perspektive der zerstörenden Gewalt. Benjamins Idee einer Entsetzung oder Entstaltung geht folglich nicht mit einem bloßen Perspektivismus einher.

Eine Reihe von Notizen zu Welt und Zeit, die Benjamin hinterlassen hat, enthalten Ausführungen, die von diesem reinen Doppelcharakter der göttlichen Gewalt handeln und die auch an die Kritik der Theokratie im sogenannten »Theologisch-politischen Fragment« erinnern: »Echte göttliche Gewalt kann anders als zerstörend nur in der kommenden Welt (der Erfülltheit) sich manifestieren. Wo dagegen göttliche Gewalt in die irdische Welt eintritt, atmet sie Zerstörung. Daher ist in dieser Welt nichts Ste-

20 Walter Benjamin, »Phantasie«, in: ders., Gesammelte Schriften, Band VI, a. a. O., S. 117.

tiges und keine Gestaltung auf sie ⟨zu⟩ gründen, geschweige denn Herrschaft als deren oberstes Prinzip.«[21]

Die wahre, positive Unendlichkeit ist in der spekulativen Dialektik die Idealität oder die Wahrheit des Endlichen, die das Denken über das bloße Setzen und Wi(e)dersetzen erhebt – über die stets übermäßige, nie zu einem Ganzen sich schließende Ökonomie des ohnmächtig Negativen, über die kontinuierliche Wiederkehr des Aufgehobenen durch sein Aufheben. Das Übermäßige der Setzung, das Übertreibende, durch das sie in ihr Entgegengesetztes übergeht, behauptet sich nicht länger als solches, als die Endlichkeit der gesetzten, in ihrer Vermittlung nicht vereinheitlichten Momente des Begriffs. Gerade weil sie aber nur eine schlechte Unendlichkeit ist, gerade weil sie allein für ein Verstandesdenken, das die Unendlichkeit der Reflexion hypostasiert, das letzte Wort behält, weist die Setzung über sich selber hinaus. Diese Übertreibung gehört ihr in dem Maße an, in dem sich keine wahrhafte Aufhebung des Endlichen ereignet. »Das Endliche *soll* hier nur aufgehoben werden«, schreibt Hegel über die schlechte Unendlichkeit des Kritizismus, »und das Unendliche soll nicht bloß ein Negatives, sondern auch ein Positives sein. In diesem Sollen liegt immer die Ohnmacht, daß etwas anerkannt wird als berechtigt und daß sich dasselbe doch nicht geltend zu machen vermag.«[22] Das Schwankungsgesetz von Setzung und Gegensetzung, das ein »nur aufs Nächste gerichteter Blick«, ein Blick, der nicht wahrhaft scheiden und entscheiden kann, niemals erkennt, bezeichnet in Benjamins Kritik der Gewalt genau diese Figur des Übermäßigen, der Übertreibung oder der schlechten Unendlichkeit – freilich in einem anderen Denkzusammenhang als dem der Bewegung des Begriffs. Die Entsetzung als Politik reiner Mittelbarkeit und als Manifestation einer reinen göttlichen Gewalt greift indes einzig deshalb, weil die »Herrschaft des Mythos hie und da im Gegenwärtigen schon gebrochen ist« und das »Neue nicht in so unvorstellbarer Fernflucht liegt, daß ein Wort gegen das Recht sich von selbst erledigte«.[23] Anders ausgedrückt: Sie greift einzig deshalb, weil die

21 Walter Benjamin, »Welt und Zeit«, in: ders., Gesammelte Schriften, Band VI, a. a. O., S. 99.

22 G. W. F. Hegel, *Enzyklopädie der philosophischen Wissenschaften I*, in: Theorie-Werkausgabe, Band 8, a. a. O., S. 200.

23 Walter Benjamin, »Zur Kritik der Gewalt«, a. a. O., S. 202.

Immanenz der Setzungen sich nicht gegen die entsetzende Gewalt abdichten läßt, ja von sich aus zur Transzendenz tendiert. Die Unreinheit der Gewalt bildet keine reine Immanenz. Muß man nicht annehmen, daß die revolutionäre Gewalt der Entsetzung in ihrer radikalen Heterogenität bereits die konservative, das »dialektische Auf und Ab« erhaltende Gewalt affiziert, und zwar dort, wo diese als solche wirksam ist? Bedeutet nicht das Schwankungsgesetz der Setzungen, daß jede Setzung über ihre Endlichkeit hinausweisen muß, um überhaupt sich als Setzung gegen eine andere Setzung behaupten zu können? Würde eine geschlossene Immanenz oder eine absolute Identität nicht jedes Setzen im voraus lähmen? Der entscheidende, sachlich begründete und nicht bloß logische Widerspruch, auf den man im Zuge einer solchen Kritik der Gewalt stößt, beruht darauf, daß das Verhältnis zwischen Setzung und Entsetzung *inkommensurabel* und zugleich *differentiell* ist. Inkommensurabel muß es sein, wenn die rein entsetzende Gewalt die schlechte Unendlichkeit der Setzungen durchbrechen soll. Differentiell aber, soll die setzende, unreine Gewalt sich (in schlechter Unendlichkeit) reproduzieren.

Führt dieses Zugleich des Inkommensurablen und des Differentiellen nicht zwangsläufig zu einer Unterwerfung des Inkommensurablen unter das Differentielle? Läßt das Inkommensurable überhaupt ein Zugleich zu, ist es nicht das jedem Zugleich gegenüber Inkommensurable? Werden die Setzungen durch das Zugleich nicht zu Gestaltungen oder Ausprägungen des Inkommensurablen?

Von diesem Widerspruch unablösbar ist die Frage nach der Neuheit des Neuen, das Benjamin verspricht, also die Frage nach der Begründbarkeit »eines neuen geschichtlichen Zeitalters«, das im Grunde schon mit der Formulierung des Schwankungsgesetzes anhebt, mit einer Formulierung, die selber keine Setzung mehr sein darf. Als Grundlage eines jeden Setzens, als Grund-ge-setz kann das Schwankungsgesetz der Setzungen nicht sich selber unterliegen. Es kann aber auch nicht eigentlich als Grundlage dienen. Die Erkenntnis der wesentlichen Unbeständigkeit der Setzung verweist nicht auf eine ihr gegenüber vorgängige, schlechthin unbezweifelbare und gewisse Setzung eines Grundsatzes oder Grundgesetzes. Eine solche erste Setzung setzt, wie Heidegger im Zusammenhang mit der keineswegs skeptizistischen Funktion des Cartesischen Zweifels darlegt, das Setzen voraus, gleichgültig, ob nur die Position »im Sinne des aussagenden Denkens« vorausgesetzt wird oder nicht: »Wenn überhaupt etwas gegeben ist, dann nur [...] das Setzen, die Position, im Sinne des aussagenden Denkens. Das Setzen, der Satz, hat nur sich selbst als das, was gesetzt werden kann.«[24] Auf die Frage nach dem Anbruch oder der Begründbarkeit eines neuen geschichtlichen Zeitalters läßt sich also die Kritik der Gewalt als Kritik des Übermäßigen aller Setzungen am Ende zuspitzen.

Wenn Althusser das Übermaß der Setzung für das Denken vindiziert und darin: in einer gewissen schlechten Unendlichkeit dessen paradoxe Möglichkeitsbedingung auszumachen scheint, so schickt sich vielleicht die Dekonstruktion an, die Notwendigkeit einer Unendlichkeit, die keine schlechte Unendlichkeit mehr ist, ohne darum eine wahre Unendlichkeit zu sein, als die des Denkens selber aufzuzeigen. Man könnte das Denken der Dekonstruktion als ein Freisetzen des Übermäßigen definieren, der Übertreibung, die jede Setzung, jedes geregelte Verhältnis zwischen einzelnen Setzungen und zwischen einzelnen Gegensätzen im Ansatz schon aus den Angeln hebt. Das *Über-* zeigt hier auch das Maßlose, dem Maß gegenüber Heterogene an. Ist sie überhaupt etwas, so ist die Dekonstruktion wohl eine radikalisierte, allgemeine Aus-, Ver- und Entsetzung. Als Dekonstruktion eines Vorrangs der Synthesis und der Versammlung hält sie auch nicht vor jenem Setzen des »Ge-setzes« inne, das Heidegger von der Position im Sinne der Repräsentation, des vorstellenden und »aussagenden« Denkens, abhebt. Der Tod soll nämlich »in das Ganze des schon Gesetzten, in das Positum des ganzen Bezuges« versammeln und als »diese Versammlung des Setzens [...] das Ge-setz« sein.[25] »Die *différance*«, Derridas mehr oder weniger programmatischer Vortrag aus dem Jahr 1968, endet mit einer Auseinandersetzung, die Heideggers Abhandlung über den »Spruch des Anaximander« zum Gegenstand hat. Derrida zitiert einen Passus dieser Abhandlung, in dem die Seinsvergessenheit als Auslöschung des Unterschiedes

24 Martin Heidegger, *Die Frage nach dem Ding*, Tübingen 1975, S. 80.
25 Martin Heidegger, »Wozu Dichter?«, in: ders., *Holzwege*, Frankfurt am Main 1980 (4. Auflage), S. 300.

von Sein und Seiendem bestimmt wird; vergessen, ausgelöscht wird aber nicht einfach der Unterschied, sondern, genauer noch, dessen »frühe Spur«. Von dieser Präzisierung geht Derrida aus, um die Struktur oder die Bewegung der Spur im allgemeinen zu untersuchen und dabei auf eine Aussetzung der Setzung aufmerksam zu machen, die durch diese Struktur oder in dieser Bewegung gleichsam vorgebildet ist. Wenn man sich hier noch der Aussageform bedienen darf, kann man sagen, daß der Unterschied von Sein und Seiendem nicht erst nachträglich eine Spur hinterläßt. In dem Maße, in dem er nicht die Gestalt der An- oder Abwesenheit annimmt, ist er selber Spur. Was Derrida *différance* nennt, beschreibt nichts anderes als die Bewegung einer solchen paradoxen, weil ursprünglichen und also »frühen« Spur: »Da die Spur kein Anwesen [présence] ist, sondern das Simulacrum eines Anwesens, das sich loslöst und verschiebt, in einen Verweisungszusammenhang tritt und sich eigentlich nicht ereignet, gehört die Tilgung zu ihrer Struktur. Nicht nur die Tilgung, der sie immer ausgesetzt bleiben muß – wäre sie doch sonst unzerstörbare und monumentale Substanz, sondern auch die Tilgung, die sie von Anfang an zur Spur macht, sie einer ständigen Verlegung und Verlagerung unterwirft, sie zum Verschwinden bringt, wo sie erscheint, und sie an ihrem Standort aus sich heraustreten läßt [sortir de soi en sa *position*]. Die Tilgung der frühen Spur des Unterschieds ist also ›das Gleiche‹ wie ihre Einzeichnung in den metaphysischen Text.«[26] Kann man nichts Anwesendes, keine Gegenwart und kein So-Sein ohne Spur denken, so führt die Aussetzung der Setzung, die zu ihrer Struktur oder Bewegung wesentlich gehört, zu der Annahme eines allgemeinen, immer offenen Verweisungszusammenhangs, sie führt zu der Annahme einer »textuellen Allgemeinheit«.[27] Deshalb gilt es stets, wie Derrida im Zuge seiner Radikalisierung des Gedankens einer »frühen Spur« behauptet, den Text der Metaphysik, Spur und Spur des Auslöschens der Spur, zu lesen. Als Spur ist er noch lesbar und schiebt zugleich seine Lesbarkeit un-

26 Jacques Derrida, »La différance«, in: ders., *Marges – de la philosophie*, Paris 1972, S. 25 – meine Hervorhebung, AGD. *Présence* ist der Begriff, mit dem Derrida hier das Heideggersche »Anwesen« übersetzt, während er für »das Anwesende« den Begriff *présent* wählt.

27 Jacques Derrida, »Hors livre«, in: ders., *La dissémination*, Paris 1972, S. 27.

endlich auf. Das Lesen der Spur, das diesen unendlichen Aufschub markiert, ist eine Aussetzung der Setzung.

Daß man in der Dekonstruktion zunächst eine Art Studium erblickt, ein aufmerksames Lesen, eine genaue und geduldige Analyse von Texten (und deren metaphysischer Wirkungen), bestätigt Derrida selber in seinem 1989 gehaltenen Vortrag über Benjamins »Kritik der Gewalt«: »Im allgemeinen folgt die Ausübung der Dekonstruktion zwei verschiedenen Bahnen oder Stilen, die sie meistens aufeinander pfropft. Der eine Stil ist von begründender und dem Anschein nach ungeschichtlicher Art: vorgetragen, vorgeführt werden logisch-formale Paradoxien. Der andere, geschichtlicher und anamnestischer, scheint der eines Lesens von Texten zu sein, einer sorgfältigen Interpretation und eines genealogischen Verfahrens.«[28] Die Dekonstruktion studiert Texte. An dieser Stelle mag man sich daran erinnern, daß sich Benjamin in seiner Darstellung Kafkas auf das bloß studierte, nicht mehr praktizierte Recht, auf das Recht, das dem von ihm selbst erzeugten Schwankungsgesetz nicht mehr einfach untersteht, bildhaft bezieht, indem er von einer »Pforte der Gerechtigkeit« spricht. Das Studium im allgemeinen soll eine solche »Pforte« sein.[29] Wenn die Dekonstruktion, wie man dem Vortrag über Benjamin entnehmen kann, die Setzungen des Rechts im Namen einer Gerechtigkeit dekonstruiert, die in solchen Setzungen nie aufgeht und die selber das ist, was sich nicht dekonstruieren läßt; wenn also die Dekonstruktion zumindest in diesem Sinne einen Benjaminschen Gestus wiederholt, ist es durchaus möglich, mit Benjamin ihren Stil oder ihre Vorgehensweise als Unterbrechung des Mythos oder als Aussetzung der Setzung zu charakterisieren. Weil sie vielleicht von der vernichtenden Gewalt der Gerechtigkeit zehrt, setzt sie sich als fortwährendes Studium nicht einem Vernichteten entgegen und reproduziert sie auch nicht fortdauernd das Vernichtete. Nicht die Gerechtigkeit, sondern deren Pforte ist, wenn man so will, der Ort der Dekonstruktion. Diese Pforte ist aber nicht eine der Ge-

28 Jacques Derrida, *Gesetzeskraft. Der »mystische Grund der Autorität«*, Frankfurt am Main 1991, S. 44. [Die französische Buchausgabe dieses Textes (Paris 1994) erschien in einer leicht veränderten Fassung nach der deutschen Erstausgabe.]

29 Walter Benjamin, »Franz Kafka«, in: ders., Gesammelte Schriften, Band II.2, Frankfurt am Main 1977, S. 437.

rechtigkeit noch äußerliche Schwelle, sondern eher die Differenz in der Gerechtigkeit, die, mit Benjamin zu reden, stets die kommende Welt oder das neue geschichtliche Zeitalter, in denen sich die Gerechtigkeit nicht länger vernichtend auswirkt, von der Welt und der Zeit der Setzung trennt, in denen die reine Entsetzung waltet. Sie ist das Versprechen der Dekonstruktion. Ein Versprechen der Dekonstruktion gibt es also, weil die Gerechtigkeit ihre »eigene« Pforte ist und die Pforte *nicht* zur Gerechtigkeit führt.

Kann man aus dem Studium der »Kritik der Gewalt« eine Lehre ziehen? Derrida scheint eine mögliche Lehre in der Notwendigkeit eines Kompromisses zwischen zwei heterogenen und inkommensurablen Ordnungen oder Dimensionen zu erkennen. Zwar trifft es zu, daß Benjamin die parlamentarische Demokratie gerade deshalb der Gewalt der Entsetzung aussetzt, weil der demokratische Kompromiß die rechtsetzende Gewalt verleugnet, die in den Parlamenten vertreten ist. Eine lediglich von außen herbeigeführte Beilegung des Konflikts zeichnet sich überdies durch deren Zwangscharakter aus. Benjamin stellt aber die Gerechtigkeit in einen Zusammenhang mit der Namensprache, mit der Idee einer Sprache, welche die Gewalt ausschaltet und damit eigentlich eine Sprache reiner Mittelbarkeit oder reiner Unmittelbarkeit sein muß. Deutlicher noch als in der »Kritik der Gewalt« erscheint dieser Zusammenhang zwischen Gerechtigkeit und reiner Sprache in dem Essay über Karl Kraus, in dem die Rede ist von dem »Bild der göttlichen Gerechtigkeit als Sprache«, davon, daß die Zerstörung durch das reinigende und entreißende, rettende und strafende Zitat die Sprache als »Mater der Gerechtigkeit« offenbart: »Zerstörend ist denn auch die Gerechtigkeit [die Sprache, AGD], die destruktiv den konstruktiven Zweideutigkeiten des Rechts [der Setzungen, AGD] Einhalt gebietet.«[30] Derrida führt nun eine Stelle des *Moskauer Tagebuchs* an, in der Benjamin einen Kompromiß zwischen den beiden Polen »aller sprachlichen Wesenheit«, zwischen Ausdruck und Mitteilung, für unumgänglich hält. Der Ausdruck zerstört die Mitteilung nicht restlos. Aus einer solchen erweiterten Sicht formuliert Derrida die Lehre, die er aus der »Kritik der Gewalt«

30 Walter Benjamin, »Karl Kraus«, in: ders., Gesammelte Schriften, Band II.1, a.a.O., S. 367.

zieht. Es scheint, als würde er mit diesem erneuten Einbringen des Kompromisses (nicht zwischen gleichen Vertretern des parlamentarischen Systems, sondern zwischen zwei gänzlich ungleichen Ordnungen, deren Verhältnis erst den Raum des Politischen eröffnet) implizit jene Bedenken gegen Benjamin anmelden, die Adorno in Notizen zu einem ungeschriebenen Aufsatz ausgesprochen hat. Adorno unterstreicht das Moment der Willkür und der Unmittelbarkeit in den Positionen und im Denken Benjamins.

(Mit diesem Einwand trachtet Adorno nicht danach, den Vermittlungsprozeß des Denkens zu verabsolutieren. Die *Negative Dialektik*, die bekanntlich von einem Überleben der Philosophie nach deren versäumter Verwirklichung handelt und philosophisches Denken einer schlechten Unendlichkeit überantwortet, weil Praxis nunmehr »auf unabsehbare Zeit« vertagt sein soll, richtet sich gegen die Verendlichung der Unendlichkeit, indem sie das Argument der schlechten Unendlichkeit gegen den Versuch kehrt, sich über diese zu erheben. Philosophie, die vorgibt, »ihren Gegenstand als unendlichen zu besitzen«, bleibt in einer »Endlichkeit« befangen, die »über Unendlichkeit schwadroniert und sie nicht achtet«.[31] Bereits in seiner ersten, zurückgezogenen Habilitationsschrift, die im kritischen Ausgang von Paralogismenlehre und Psychoanalyse eine bewußtseinsphilosophische Definition des Unbewußten zu geben sucht, wendet sich Adorno wiederholt gegen eine Positivierung des Unendlichen, welche die Hypostasis eines Grenzbegriffs mit Verstrikkungen in Antinomien der Vernunft erkauft.)[32]

31 Theodor W. Adorno, *Negative Dialektik*, a. a. O., S. 25.

32 Anführen lassen sich etwa folgende Stellen: »Über [die Erfahrung als solche] irgendwelche Aussagen zu machen – und die Aussage ihrer Transzendenz ist bereits eine positive Aussage, die aus jener Aussage abgeleiteten Thesen gar sind höchst bestimmte materiale Behauptungen – ist aber verwehrt. Bereits die Behauptung eines *unendlichen* Fortgangs unserer Erfahrung ist in strengem Sinne unerlaubt, wir wissen nur, daß die Erfahrung über jede positiv angebbare Grenze hinaus fortsetzbar ist.« (Theodor W. Adorno, *Der Begriff des Unbewußten in der transzendentalen Seelenlehre*, in: ders., Gesammelte Schriften, Band 1, Frankfurt am Main 1973, S. 143) Und: »Nur unter der Voraussetzung einer vollständigen Gegebenheit der positiv unendlichen Bedingungen der Möglichkeit von Erfahrung kann zugleich deren Unendlichkeit als Transzendenz und Endlichkeit als Immanenz behauptet werden.« (ebd., S. 153) Und: »Positiv von einem allgemeinen psychischen Determinismus [...] reden, heißt

Welchen Kompromiß lehrt die »Kritik der Gewalt«, wenn man sie aus der Perspektive der Moskauer Tagebucheintragung betrachtet? »Vielleicht können wir an dieser Stelle lernen, daß der Kompromiß zwischen zwei heterogenen Ordnungen nötig, daß er etwas Unumgängliches ist, geschlossen im Namen einer Gerechtigkeit, die uns befiehlt, dem Gesetz der Repräsentation (*Aufklärung*, Vernunft, Objektivation, Vergleich, Erläuterung, Beachtung der Vielheit einzigartiger Einzelheiten und ihrer Eingliederung in Serien) und zugleich jenem anderen Gesetz zu gehorchen, das die Repräsentation übersteigt und das alles Einmalige, alle Einmaligkeit, vor der Einschreibung in die Ordnung des Allgemeinen oder des Vergleichs bewahrt.«[33] Die Frage stellt sich, ob die Dekonstruktion, die eine solche Lehre zieht, nicht trotz allem die Gestalt eines unglücklichen Bewußtseins annimmt, das nie zu einem Resultat vorzudringen vermag. Ist sie am Ende doch ein Denken schlechter Unendlichkeit,[34] das,

aber jene Voraussetzung einer vollständig gegebenen Unendlichkeit machen und verfällt darum allein schon der Kantischen Kritik der Antinomien.« (ebd., S. 299) Peter von Haselberg hat gelegentlich auf Adornos frühes Seminar über Kracauers *Detektivroman* (1925) hingewiesen; bekannt ist auch, daß sich Adorno gemeinsam mit dem älteren Freund, der ihm sein »philosophisches Traktat« gewidmet hat, zum ersten Mal intensiv mit der *Kritik der reinen Vernunft* beschäftigte. Wenn man nun eine Stelle aus jenem Traktat im Licht des radikal kritizistischen Arguments über Unendlichkeit liest, auf das man in Adornos erster Habilitationsschrift stößt, erhält man die Philosophie des Anti-Systems *in nuce*. Das kritizistische Argument scheint bereits bei Kracauer anzuklingen: »Wie das Legale, so behauptet sich das System außerhalb der Beziehung, und seine Konstruktionen, die das Totale einzufangen meinen, gehen gleich den legalen Willkürhandlungen von Anfangssetzungen oder gar auch Erfahrungen aus, ohne sich mit der Wirklichkeit weiter einzulassen. Geschähe es, das Ganze ergäbe sich nur in der Spannung zu ihm hin, und die Folge des Erkannten wäre als Erkenntnisfolge diskontinuierlich, da sie Kontinuität lediglich als Zusammenhang gesamtmenschlicher Erfahrungen besäße.« (Siegfried Kracauer, *Der Detektivroman*, in: Schriften, Band 1, Frankfurt am Main 1978, S. 155.)

33 Jacques Derrida, *Gesetzeskraft. Der »mystische Grund der Autorität«*, a. a. O., S. 123.

34 Rodolphe Gasché hat das Verhältnis der Dekonstruktion zur »schlechten Unendlichkeit« genau untersucht. Dabei läßt er keinen Zweifel daran, daß es sich hier um eine entscheidende (philosophische) Frage handelt: »Das Urteil, das in der Philosophie über die schlechte Unendlichkeit ergeht, ist eindeutig und kann nicht revidiert werden. Der Begriff schlechter Unendlichkeit bleibt dem alltäglichen Denken verhaftet, da es sich keinen Zentimeter über das Empirische erhebt. Es genügt nicht ein-

entzweit und zerrissen von einer ununterbrochenen Bewegung der Setzung und der Entsetzung, sich nie beruhigen kann? Ist sie ein Denken, das die Entsetzung um so weiter treibt, je weniger es dieser gelingt, den Kreislauf wechselseitiger Aus- und Einsetzung endgültig zu durchbrechen? *Setzt* die Dekonstruktion, die sich dem Studium widmet und an der Pforte der Gerechtigkeit aufhält, die schlechte Unendlichkeit der Setzungen? Welchen Stellenwert hat dann aber eine solche erste und zugleich letzte Setzung, die sich einer perpetuierten Entsetzung verdankt?

Ein sorgfältiges Nachzeichnen der Entstehung dekonstruktiven Denkens müßte von Derridas frühen Analysen zum phänomenologischen Begriff der Genesis ausgehen. Diese Analysen münden in den Entwurf einer Dialektik, die die Endlichkeit keineswegs aufzuheben scheint und deshalb sich als unendliche Dialektik konstituiert: »Die Dialektik ist unendlich«, führt Derrida in seiner ersten großen Arbeit über Husserl aus, »weil die

mal den grundlegendsten Ansprüchen des Denkens als Vollendung, Einheit, Totalität. So stellt sich die Frage, ob nicht Derridas Philosophie, die ständig das Unendliche hervorhebt, die endlose Ersetzbarkeit des Spiels, den unendlichen Bezug des Texts, die unendliche Aufgabe der Interpretation, Hegels Verdammung schlechter Unendlichkeit anheimfällt und damit der Verdammung, die von der Philosophie im allgemeinen ausgesprochen wird.« (Rodolphe Gasché, »Structural Infinity«, in: ders., *Inventions of Difference*, Cambridge [Mass.] 1994, S. 136f.) Gasché weist auf eine Abhandlung Manfred Baums zur »Vorgeschichte des Hegelschen Unendlichkeitsbegriffs« hin. In einem Abschnitt dieser Abhandlung, die Hegels theologische Jugendschriften zum Gegenstand hat, wird deutlich, wie die Frage nach dem Unterscheid zwischen zwei Formen der Unendlichkeit, zwischen einer schlechten und einer »wahren«, mit der Frage nach der *Freiheit* zusammenhängen kann: »[...] Hegel macht die Unterscheidung des ›wahren Unendlichen‹ von demjenigen ›eigenen‹ Unendlichen der Vernunft, das sie täuscht, wenn sie sich zu ihm erhebt [...] Damit bleibt für die inhaltliche Bestimmung des wahren Unendlichen nur dies, daß es die (nicht-reflektierte) ›Vervollständigung‹ des Beschränkten sei, die nicht wie das ›eigene‹ Unendliche der Vernunft selbst wieder beschränkt ist, und darum ihrerseits eines Beschränkenden zu ihrer Möglichkeit (einer *negatio* zu seiner *determinatio*) bedarf, sondern diejenige übervernünftige ›Vervollständigung‹, die alle Beschränkung, und somit auch die des Endlichen durch dasjenige Unendliche, das eine bloße Täuschung der zu immer neuen Beschränkungen fortschreitenden Vernunft ist, in sich enthält. Somit bedarf sie nicht selbst einer Beschränkung durch anderes, um dasjenige einzigartige Bestimmte zu sein, das sie ist. Ihre Bestimmtheit ist Folge der Selbstbestimmung, der Freiheit.« (Manfred Baum, »Zur Vorgeschichte des Hegelschen Unendlichkeitsbegriffs«, in: Hegel-Studien, Band 11, Bonn 1976, S. 107f.)

konstituierende Subjektivität synthetisch eins ist mit der Zeit, weil also die Existenz eine ›für sich seiende‹ Endlichkeit ist.«[35] Ist aus spekulativer Perspektive diese unendliche Dialektik des »absoluten Bewußtseins einer wesentlichen Endlichkeit«, die einen Weg weisen soll aus der Alternative zwischen der aporetischen Vorgängigkeit einer sinnstiftenden Subjektivität und der nicht weniger aporetischen Vorgängigkeit einer für alle Sinnstiftungen bereits konstitutiven Zeit, eine schlechte Unendlichkeit? Der Vorwurf einer Hypostase schlechter Unendlichkeit ergeht gegen Husserl in einer Anmerkung zu der umfangreichen Einleitung, die Derrida acht Jahre nach Abschluß der gerade zitierten Arbeit seiner Übersetzung des *Ursprungs der Geometrie* vorangestellt hat. Freilich handelt es sich hier um ein strategisches Argument, das schon den Unterschied zwischen der entstehenden Dekonstruktion und einem in schlechter Unendlichkeit befangenen Denken ankündigt: »Diese verborgene Geschichte erhält ihren Sinn von einem unendlichen Telos, das Husserl in seinen letzten, unveröffentlichten Schriften ohne Zögern ›Gott‹ nennt. Freilich ist dieses Unendliche, das sich immer schon in den Ursprüngen auswirkt, kein positiv-aktuelles Unendliches. Es erscheint als Idee im Kantischen Sinne, als eine regulierende ›Unbestimmtheit‹, deren Negativität nicht an das Recht der Geschichte rührt. Nicht nur die Moralität, sondern auch die Geschichtlichkeit der Wahrheit selber wird hier von dieser ›Verfälschung‹ der aktuellen Unendlichkeit gerettet – von einer Verfälschung, welche die aktuelle *Unendlichkeit* in eine *Unbestimmtheit* oder in eine *Endlosigkeit* verwandelt. Hegel hat Kant und Fichte einer solchen Verfälschung bezichtigt.«[36] Bekannt ist der Abschnitt aus der Abhandlung *Die Stimme und das Phänomen*, in dem Derrida diese strategische Argumentation wiederholt, um dann ihren strategischen Wert ausdrücklich hervorzuheben und die Bewegung der Spur oder der *différance* nicht nur von dem Gegensatz des Endlichen und des Unendlichen, sondern auch von seiner dialektischen Aufhebung in einer Wahrheit des Endlichen oder in einer positiven Unendlichkeit zu unterscheiden: »[...] Der gesamte phänomenologische

35 Jacques Derrida, *Le problème de la génèse dans la philosophie de Husserl*, Paris 1990, S. 172.

36 Jacques Derrida, »Introduction«, in: Edmund Husserl, *L'origine de la géométrie*, Paris 1961, S. 29 (Anmerkung).

Diskurs bleibt [...] im Schema einer Metaphysik der Anwesenheit befangen, die ständig außer Atem gerät, weil sie den Versuch unternimmt, die Differenz abzuleiten oder sie in ein Ableitbares zu verwandeln. Innerhalb dieses Schemas scheint der Hegelianismus radikaler zu sein, vor allem dort, wo er zeigt, daß das positiv Unendliche, das nur gedacht werden kann, wenn es *sich* selber denkt, gedacht werden muß, damit die Unbestimmtheit der *différance als solche* erscheint. Hegels Kritik an Kant gilt sicherlich auch für Husserl. Aber zu diesem Erscheinen des Ideals als einer unendlichen *différance* kann es nur durch eine Beziehung zum Tod überhaupt kommen. Nur die Beziehung zu meinem-Tod kann die unendliche *différance* der Anwesenheit erscheinen lassen. Zugleich wird diese Beziehung zu meinem-Tod zum Akzidens der endlichen Empirie, mißt man sie an der Idealität des positiv Unendlichen. Das Erscheinen der unendlichen *différance* ist selber endlich. So wird die *différance*, die außerhalb jener Beziehung nichts ist und die es außerhalb ihrer nicht gibt, zur Endlichkeit des Lebens als wesentlicher Beziehung zu sich – zu sich wie zu seinem Tod. Die unendliche *différance* ist endlich. Man kann sie also nicht länger durch die Entgegensetzung von Endlichkeit und Unendlichkeit, von Abwesenheit und Anwesenheit, von Verneinung und Bejahung denken.«[37] Das Denken der *différance* erscheint somit als Versuch, die Endlichkeit jenseits des Gegensatzes von schlechter und positiver Unendlichkeit zu verstehen. Deshalb inauguriert der unumgängliche und dennoch unmögliche Ur-Kompromiß zwischen der Endlichkeit der Setzung und der Unendlichkeit der Entsetzung eine Politik,[38] die sich gegenüber der Gleichsetzung der *différance* mit ei-

37 Jacques Derrida, *La voix et le phénomène*, Paris 1968, S. 114. Jean-Luc Nancy spricht in einer Arbeit über Derrida von der Unendlichkeit, die der Endlichkeit eignet: »Vielleicht muß man sagen, daß es *per definitionem* nichts jenseits des Seins – daß es nichts jenseits seiner Faltung gibt, und daß darin eine absolute Grenze besteht. Eine absolute Grenze ist aber eine Grenze ohne Außen und ohne fremdes Nachbarland, ein Rand ohne äußere Seite. Es handelt sich also nicht mehr um eine Grenze, oder vielmehr: es handelt sich um die Grenze zu nichts, von nichts [limite de rien]. Eine solche Grenze ist eine grenzenlose Ausdehnung, eine Ausdehnung von nichts zu nichts, wenn denn das Sein selber nichts ist. Sie macht das der Endlichkeit eigene Unendliche aus.« (Jean-Luc Nancy, »Sens elliptique«, in: ders., *Une pensée finie*, Paris 1991, S. 283.)

38 Zwischen der diskurstheoretischen Begründung der Moral und der dekonstruktiven Annäherung an Gerechtigkeit tun sich hier vielleicht Par-

ner schlechten Unendlichkeit stets als übermäßig erweist. Ihre Abhängigkeit von Kompromiß, Verhandlung und Strategie rechtfertigt sie allein aufgrund der *konstitutiven* und *irreduktiblen* Bedeutung, die das Übermaß und die Übertreibung für sie haben. Dieses Übermäßige und Übertriebene ist aber nicht einfach das der endlichen Setzung, das sich einer unendlichen Entsetzung entgegensetzt. Vielmehr verwehrt es gerade die Entgegensetzung von unendlicher Entsetzung und endlicher Setzung, von Gerechtigkeit und Recht, von Ausdruck und Mitteilung, von Objektivität und Singularität, und sei es zum Zwecke einer Aufhebung des Gegensatzes. Darin liegt die entscheidende Wendung, durch die sich das Denken und die Politik der *différance* gegen die Radikalität des spekulativen Idealismus kehrt. Vielleicht könnte man die Politik der *différance* mit einer ontologisch oder quasi-ontologisch gedeuteten Idee einer *perpetuierten permanenten Revolution* in Zusammenhang bringen. Die Perpetuierung würde wohl auch darin bestehen, daß man sich

allelen auf, die mit einem Kantischen Zug der Diskursethik und der Dekonstruktion zusammenhängen, auch wenn Derrida Gerechtigkeit gerade nicht als regulative Idee verstanden wissen möchte und Habermas die »Metaphysik der Zwei-Reiche-Lehre« preiszugeben sucht. Ist die Vermittlung von »idealisierender Entschränkung« (Jürgen Habermas, *Erläuterungen zur Diskursethik*, Frankfurt am Main 1991, S. 156) und konkreter Situation nicht der *Horizont*, in dessen Umkreis der unmögliche »Kompromiß« zwischen Recht und Gerechtigkeit *Gestalt* annimmt? Wird jedoch die »idealisierende Entschränkung nicht von dem Umstand affiziert, daß man zuweilen kein besseres Argument geltend zu machen vermag – und zwar nicht nur »*for the time being*«? »Es könnte sich herausstellen, daß Beschreibungen des Problems [...] stets mit einzelnen Selbstbeschreibungen von Personen und Gruppen, also mit deren Identitäten und Lebensentwürfen bzw. Lebensformen *unauflöslich* verwoben sind.« (Ebd., S. 166 – meine Hervorhebung, AGD.) Wenn sich die Kontextualität nicht abstreifen läßt, kann sich die Diskursethik nicht mehr durchgehend dem Problem stellen, wie der »für die Begründungsleistung unvermeidliche Schritt zur Entweltlichung der Normen rückgängig gemacht werden kann« (ebd., S. 25). Mit anderen Worten: Die »Ohnmacht des Sollens«, die schlechte Unendlichkeit, stellt sich dort wieder her, wo man um so mehr soll, je weniger man es kann, je ohnmächtiger oder je mächtiger das Sollen ist. Das Problem der Diskursethik besteht demnach darin, die Möglichkeit eines besseren Arguments *grundsätzlich* nachzuweisen. Entweder gibt es *immer* ein besseres Argument – dann aber ist Kommunikation nichts als die Beseitigung ihres eigenen Scheins, oder es gibt *nicht* immer ein solches Argument – dann ist aber das Schema der Begründungsleistung *in seinem Wesen* gefährdet.

nicht mehr, wie Trotzki, dem »messianischen Nationalismus« und dem komplementären »bürokratisch-abstrakten Internationalismus« im Namen eines wahren marxistischen Internationalismus widersetzen könnte, oder daß man dieser Widersetzung den Wert einer Strategie beimessen müßte.[39]

Wenn die politische Reaktion in den Vereinigten Staaten dem Denken der Dekonstruktion vorgeworfen hat, es habe versäumt, sich selber zu dekonstruieren, so zeigt dieser Einwand deutlich, daß man die Dekonstruktion nicht als ein Denken begriffen hat, sondern als eine Art mehr oder weniger wirksames und wirkungsvolles Verfahren. Ist ein solches häufig auf Unkenntnis beruhendes Mißverständnis aber nicht schon in der Ankündigung angelegt, mit der Derrida seinen Vortrag über Benjamin ausdrücklich als eine Übung dekonstruktiven Denkens ausweist? Was geschieht mit einem Denken, wenn es zum Gegenstand einer Reflexion wird, die vorführt, wie man etwa im Sinne dieses Denkens einen Text oder ein Kunstwerk interpretieren kann? Besteht zum Beispiel die paradoxe Grenze einer Theorie der Literatur nicht darin, daß diese immer auch gegenstandslos bleiben muß, gleichgültig, wie sie ihren Bezug zum Gegenstand und ihren eigenen Stellenwert vorstellt?[40]

Daß sich die Dekonstruktion nicht dekonstruieren läßt, obwohl es sie immer nur in der Mehrzahl endlicher »Gestalten« gibt und sie sich also nicht bloß aus der Dekonstruktion ausnimmt, kann man weder auf ein dogmatisch-obskurantistisches Kritik- oder Denkverbot zurückführen noch auf die Hinterlist oder Durchtriebenheit jener, deren Namen man mit diesem Denken verbindet. Die Dekonstruktion nimmt sich deshalb nicht aus der Dekonstruktion aus, weil sie »als solche« das Nicht-Dekonstruierbare »selbst« ist. Die Möglichkeit, von Dekonstruktion zu reden, beinhaltet vor aller möglichen Kritik, daß sich alles, auch ein bestimmter Gebrauch des Worts und die Situation, in der es gebraucht wird, dekonstruieren läßt, nur eben nicht die Dekonstruktion. Das Nicht-Dekonstruierbare ist das unvordenkliche Ereignis der Dekonstruktion oder die Dekonstruktion als unvordenkliches Ereignis, als Ereignis, das sich

39 Vgl. dazu: Alexander García Düttmann, *Freunde und Feinde. Das Absolute*, a. a. O., S. 67.

40 Vgl. dazu: Alexander García Düttmann, *Kunstende*, a. a. O., S. 39.

stets schon ereignet hat. In seinem Vortrag über Benjamin nennt Derrida dieses Ereignis »Gerechtigkeit«: »Die Dekonstruktion ist die Gerechtigkeit«, Gerechtigkeit aber ist »jenes, was sich nicht dekonstruieren läßt«.[41] In dem Maße nun, in dem sich die Setzung nicht der Entsetzung entgegensetzt, sondern in dieser selbst: in der Unmöglichkeit, eine reine Entsetzung zu denken, ihre Möglichkeitsbedingung hat, könnte man vielleicht sagen, daß die Dekonstruktion als das Nicht-Dekonstruierbare jenes Übermäßige ist, das die Bewegung der *différance* zeitigt, jene Übertreibung, die Setzungen ermöglicht und zugleich durchkreuzt.

Besteht nicht dennoch eine gewisse Analogie zwischen dem Gedanken einer nicht-dekonstruierbaren Dekonstruktion und dem einer Entsetzung, einer zerstörerischen Gewalt, deren Walten in einer kommenden Welt oder in einem »neuen geschichtlichen Zeitalter« kein Vernichten mehr sein wird? Derrida behauptet am Ende seines Vortrags, genauer: in einem nachträglich hinzugefügten Teil, er habe sich leiten lassen von der Differenz zwischen der Dekonstruktion und den Zerstörungen oder Destruktionen des Seinsdenkens und der Kritik der Gewalt. Diese Differenz kann man aber ebenfalls an dem Umstand ablesen, daß sowohl Benjamin als auch Heidegger die Gewalt der Zerstörung weiter zu treiben scheinen. Während nämlich der späte Heidegger eine »Einkehr in das Ereignis« zu denken versucht, die das Ende der Seinsgeschichte anzeigt, ohne mit dem Übergang in eine positive Unendlichkeit identisch zu sein, und Benjamin in seiner »Kritik der Gewalt« die reine Entsetzung der endlichen Setzungen, die ihrerseits der Geschichte ein Ende bereitet, als Anbruch eines »neuen geschichtlichen Zeitalters« verstehen möchte, ist die Dekonstruktion ein Denken, das den Verdacht »schlechter Unendlichkeit« auf sich zieht, weil es zwar »sich selbst« als das Nicht-Dekonstruierbare markiert, diese Unterbrechung jedoch zunächst ausschließlich als Ermöglichung denkt, auch dort, wo es den bejahenden Zug dekonstruktiver Strategien hervorhebt. Vielleicht wird deshalb die Aufgabe eines Denkens der Dekonstruktion von der Dringlichkeit bestimmt, eine in seiner Konsequenz gelegene Unterbrechung

41 Jacques Derrida, *Gesetzeskraft. Der »mystische Grund der Autorität«*, a. a. O., S. 30.

»seiner selbst« zu denken. Nimmt es diese Aufgabe nicht ernst, droht es in eine Art tragische oder übertriebene Philosophie des gesunden Menschenverstandes umzukippen, als müßte man dem Übermäßigen ständig widerstehen, weil es nichts gibt, das nicht übermäßig wäre.

... und ... Ende ...
Übertreibung und Politik

I

»[...] mit den Wänden verschmelzen [...]«

Von einer Prosa enttäuscht, die durch das Nennen der Dinge keine Veränderung herbeizuführen schien, hatte ich mich vielleicht in einem »despotischen paranoischen Regime« eingerichtet. Überall erkannte ich Zeichen wieder, die mich auf weitere Zeichen verwiesen, entlang der Kette einer unendlichen Verschuldung oder im Zug eines unendlich erneuerten Versprechens. Stets schien eine Enthüllung des Sinns unmittelbar bevorzustehen. Zitate aus *The Waves*, Anspielungen auf ein Buch, das mir weniger gefiel als erwartet, überspülten mich plötzlich von allen Seiten. In einem mittelmäßigen französischen Film las eine englische Professorin einen Abschnitt aus dem Roman. In Godards *King Lear* sah man ein Exemplar am Ufer eines Schweizer Sees liegen. In *Mille Plateaux* erwähnten die Autoren das Werk und dessen Verflechtung mannigfaltiger Stimmen in dem Kapitel über die verschiedenen Gestalten des Werdens. Ich fragte mich, ob die Anhäufung rätselhafter Zeichen, die einen »Umriß« bildete, »Augen, Wangen, Nasenlöcher«, meinem schwachen Widerstand gegen das Aufgeben zugute kommen würde, als mein langsamer und angestrengter Leserhythmus plötzlich unterbrochen und drastisch beschleunigt wurde. Ein Satz hatte sich von dem grauen Stoff losgelöst. Er hatte sich verselbständigt und durch seine Vereinzelung, durch das Markieren einer Diskontinuität, an mich gerichtet, als wäre er eine Art Anordnung oder Befehl, eine Weisung zur Fortsetzung.

»Nichts sollte beim Namen gerufen werden, verändert es sich dadurch nicht.«[1] In dem Augenblick, in dem man zum ersten Mal auf diesen Satz stößt, wirkt er schon wie ein Aphorismus. Hat er je zu dem Roman gehört, in den er eingebettet ist? Er scheint nicht auf den Zusammenhang hinzuweisen, in dem er

1 Virginia Woolf, *The Waves*, London 2000, S. 60.

steht, oder aus einer Reihe von Zeichen zu bestehen, die dem Leser einen bestimmten Inhalt mitteilen. Wie ein Schlagwort, eine Losung oder ein Eigenname trifft und verwundet er ihn. Er bedarf nicht der Unterstützung, die eine Erklärung bietet, er muß nicht durch eine Deutung ergänzt, gefestigt, bekräftigt werden, weil er aufgrund seiner überraschenden Evidenz sofort einsichtig ist. Er wird angenommen, anerkannt und bestätigt bevor er überhaupt gänzlich verstanden wird, bevor er sich in eine Aussage verwandelt, über die man sich im Laufe einer Diskussion streiten kann. Die Risse, durch die man das Unglück kommen sieht, bleiben unerkannt. Anonym, schrecklich und unschuldig, vom Autor in dem Maße losgebunden, in dem er seine gnomische Autonomie behauptet, ist dieser Satz nicht nur eine Aufforderung und eine Vorladung, sondern ein Nennen, das den Leser verändert. Die Kraft zur Synthesis, die in seiner performativen Wirkung liegt, macht seine Aussage beinahe überflüssig, verurteilt den mitgeteilten Inhalt zur Redundanz, und holt die formale Analyse eines Imperativs ein, der sein Ziel erreicht oder seinen Zweck erfüllt, indem er ausgesprochen wird.

Man könnte sagen, daß die schlagartige pragmatische Einwirkung einer solchen sprachlichen Übertreibung eine ethische Dimension hat, da der Satz es dem Leser verwehrt, sich von seiner Verpflichtung ablenken zu lassen. Das Gedächtnis einer unbezweifelbaren Pflicht, einer Pflicht, die nicht erst ausdrücklich erinnert zu werden braucht, ist ein Vertrauen oder ein Glauben, das die Möglichkeit von Zweifeln übersteigt. Solche Treue rührt an die Unschuld eines Vergessens. Man könnte aber ebenfalls sagen, daß sich dieser selbstbezügliche Imperativ, der die Identität von Nennen und Verändern stipuliert, von Sagen und Tun, feindlich zu der Idee des Ethischen verhält. Er überfällt den Leser, verschlingt ihn wie eine Welle, die sich ihm von hinten nähert. Ähnelt er nicht einem Todesurteil, das durch das Übersteigen der Möglichkeit, Zweifel zu hegen, auch die Möglichkeit von Freiheit durchkreuzt? Vielleicht kann aber das *double-bind* der Ethik, die Notwendigkeit einer Verpflichtung, die mit der Freiheit eins und zugleich uneins ist, in der Sprache als solcher ausgemacht werden. Würde sich die Sprache nicht durch eine Kraft zur Synthesis und durch eine pragmatische Einwirkung auszeichnen, die nicht an einer bereits bestehenden Ordnung der Dinge gemessen werden können, würde sie nicht das Genannte verändern und dadurch erst ins Leben rufen, würde sie nicht zwischen dem Namen und dem Genannten oder Benannten eine revolutionäre Gleichzeitigkeit schaffen, so würde sie verdorren und zum schwarzen Loch eines Selbstmords werden. Umgekehrt würde sie der Tautologie erliegen, wenn der Name nicht auch von dem Genannten oder Benannten abweichen würde, sie nicht auch als ein »warnender Schrei« begriffen werden könnte, als »Aufforderung zur Flucht«, und eine andere revolutionäre Gelegenheit in sich bergen würde, die man am Ende als eine Gelegenheit zu einem Unwahrnehmbar- und Unerkennbarwerden, zu einem Abstreifen des Persönlichen betrachten muß: »Wie müde und satt ich der Geschichten bin, der Sätze, die so schön aufrecht daherkommen!«[2]

Gilles Deleuze und Félix Guattari erkennen diesen doppelten Aspekt des Sprachlichen, wie man daran abzulesen vermag, daß sie die »elementare Einheit der Sprache« im *mot d'ordre* erblikken, in dem, was sie als Losungs- oder Befehlswort bezeichnen.[3] Wenn das Besondere an der Sprache, das sie definiert, nicht in einer bloßen Heteronomie liegen kann, in der Abbildung einer im vorhinein gestifteten Ordnung der Dinge, die diese Ordnung verdoppelt oder die deren Bestand einfach beglaubigt, dann muß es in der Iterabilität gesucht werden. In ihr, in dem Vermögen, sich auf etwas Abwesendes zu beziehen, gründet gleichsam die Autonomie der Sprache: »Sprache begnügt sich nicht damit, von dem einen zu dem anderen überzugehen, von dem einen, der etwas gesehen, zu dem anderen, der es nicht gesehen hat. Vielmehr geht sie zwangsläufig von dem anderen zu einem Dritten über, die beide nichts gesehen haben«, schreiben Deleuze und Guattari am Anfang des sprachwissenschaftlichen Teils ihres Buchs *Mille Plateaux*.[4] Die Blindheit, die der Sprache eignet, konstituiert eine »›freie‹ indirekte Rede«, einen Diskurs, der den Sprecher durchquert und den dieser sich nie aneignen kann. Deshalb verleiht sie Wörtern Autorität und macht sie zu Losungsworten oder zu ursprünglichen Befehlen, zu Namen, die etwas erscheinen lassen oder ins Leben rufen,[5] zu Handlungen,

2 Ebd., S. 183.
3 Gilles Deleuze und Félix Guattari, *Mille Plateaux*, Paris 1980, S. 95.
4 Ebd., S. 97.
5 Auch Heidegger bestimmt das Nennen und Heißen als ein »Befehlen«, das jenes, worauf es sich richtet, nicht einfach als ein bereits Gegebenes

die schöpferische Eingriffe sind und als solche radikale Veränderungen oder »unkörperliche Verwandlungen« verursachen. Die Sprache unterbricht ständig den Zusammenhang, den sie stiftet. Aus diesem Grund bringt sie immer wieder ein Gedächtnis hervor, das eine subversive und dennoch unterwürfige »Kraft des Vergessens« erzeugt und sammelt, eine Kraft, welche es einem erlaubt, »von den befolgten und dann preisgegebenen Befehlswörtern sich losgelöst zu wissen« und »andere Befehlswörter aufnehmen oder willkommen zu heißen«.[6] Als ein »entsetzliches Vermögen, Befehlswörter auszugeben, zu empfangen und zu vermitteln«, ist Sprache eine Maschine, die Unschuld produziert. Vielleicht ist der Philosoph, der einen Begriff erfindet und konstruiert, nicht weniger empfänglich für die Veränderungen, die dieses Vermögen hervorruft, für dessen übertreibende und überschreitende Wirkungen, für die verwandelnde und verschwörerische Funktion des Befehls- oder Losungsworts, als es der Schriftsteller ist, der Wörter wie Namen gebraucht und dadurch die Sprache zwischen den schützenden Wellen des Alltags hervortreten läßt. Jeder sprachliche Bruch aber zeichnet ein Datum in die Sprache ein, in den Namen und in das Genannte oder Benannte. Darum steht das Befehlswort stets für ein Ereignis, für einen Anfang und ein Ende, die sich der Rechtfertigung entziehen und die in dem Maße, in dem sie von der sprachlichen Kraft zur Stiftung oder zur Synthesis abhängen und außerhalb des Bereichs der Sprache nicht ausgemacht werden können, Ethik und Politik mit dem Namen verbinden. Die verändernde Unterbrechung, die wesentlich sprachliche Veränderung, mit der etwas unversehens anfängt, in dem Augenblick nämlich, in dem es genannt oder benannt wird, ähnelt einem Todesurteil, einem letztlich willkürlichen Urteil, das nicht nur über jenes ergeht, was damit zu einem Ende kommt, sondern auch und vor allem über jenes, was damit ins Leben gerufen wird.[7] Es ist, als

voraussetzt. Vgl. dazu: Alexander García Düttmann, *Das Gedächtnis des Denkens*, a. a. O., S. 48.

6 Gilles Deleuze und Félix Guattari, *Mille Plateaux*, a. a. O., S. 107.

7 Deleuze und Guattari scheinen widersprüchlich zu argumentieren, wenn sie einen Satz Lenins zitieren, der besagt, daß das Befehls- oder Schlagwort »die Gesamtheit der spezifischen Züge einer bestimmten politischen Situation« zur Voraussetzung hat und deshalb aus dieser Gesamtheit »abgeleitet« werden kann (ebd., S. 106). Das Befehlswort muß jeden Versuch, es *erklärend* aus einem anderen abzuleiten, mit Blindheit schlagen.

würde das Schaffen von Umständen, die dem Eingriff der Sprache nicht vorausgehen, die Veränderung, die dieses Schaffen herbeiführt, davon abhalten, ihrerseits eine Veränderung herbeizuführen. Der zufällige und künstliche Anfang, den der Eingriff der Sprache zeitigt, ist ein zufälliges und künstliches Ende, ein Kunstende oder eine »kleine Guillotine«, wie es Ginevra Bompiani in einer Erzählung ausdrückt.[8] Benjamin behauptet, daß die Namensgebung eine »Ahnung von Trauer« zur Folge hat; die Frage, die Deleuze und Guattari aufzuwerfen scheinen, ist die, ob das Benennen nicht ebenso eine Flucht bewirken oder zu einer Flucht aufrufen kann, die den Fliehenden von der Sprache befreit. Wie kann man dem Todesurteil des Schaffens und Schöpfens entgehen, in ein Unsichtbar- oder Unwahrnehmbarwerden eingehen? Wie kann man den Namen oder das Befehlswort in eine reine »indirekte Rede« verwandeln? Aus der Sicht einer solchen Verwandlung würde das ethische und politische Denken der Autoren in einer Ethik des Verrats und in einer Politik der Utopie bestehen. Es würde in einer Ethik des Verrats bestehen, in einer Selbstzerstörung, die keine gegenseitige Zerstörung wäre und die daher eine geheime Komplizität ermöglichen würde, weil jener, der seinem Todesurteil durch ein Unwahrnehmbarwerden widersteht, durch eine Verwandlung in »jeden und alle«, in »jedermann« und die »ganze Welt«, sein Dasein ebenfalls diesem Urteil verdankt, dem Ereignis eines sprachlichen Eingriffs, dem nennenden Befehl, der die Gestalt eines Befehlswortes annimmt und als ein Losungswort zirkuliert. Betrachtet man Deleuze und Guattari also im Licht einer Ethik des Verrats, so scheinen sie sich die subjektive Leidenschaft eines Verräters anzueignen, der ein »Zeichenregime« verkörpert, das »Bedeutungen hinter sich gelassen hat«. Sie tun es aber nur, um dieses Regime wiederum einer Bewegung der Deterritorialisierung zu unterwerfen, die »absolute Macht« erlangt und die, aus politischer Perspektive, als eine »Immanenz-Utopie« sich darstellt. Deleuze und Guattari verwenden diesen Ausdruck in *Qu'est-ce que la philosophie?*, dem letzten Buch, das sie gemeinsam geschrieben haben.[9]

Es gibt eine Autonomie der Sprache, die in ihrer grundsätz-

8 Ginevra Bompiani, *L'âge d'argent*, Paris 2000, S. 99.

9 Gilles Deleuze und Félix Guattari, *Qu'est-ce que la philosophie?*, Paris 1991, S. 96.

lichen Bestimmung als »›freie‹ indirekte Rede« besteht. Es gibt eine Autonomie der Sprache, die in der Kraft zur Synthesis und in der pragmatischen Einwirkung des ausdruckshaften Befehlswortes besteht. Das Befehlswort ist ein Eingriff, zu dem man sich wie zu einem Todesurteil verhält; es ist eine »elementare Einheit«, die keinesfalls auf ein (be)nennendes Subjekt zurückgeführt werden kann, da ein solches Subjekt unfähig wäre, ein Ereignis hervorzubringen, und die Sprache zu einem bloßen Mittel, zu einem Mittel der Vor- und Darstellung herabmindern würde. Auf der einen Seite ruft die Kraft des Nennens, die dem Befehlswort innewohnt, das Genannte oder Benannte ins Leben und beruht nicht auf gesellschaftlichen oder geschichtlichen Umständen, auf »körperlichen Veränderungen«. Auf der anderen Seite entnimmt sie das Befehlswort einer »indirekten Rede«, bedarf sie der Beharrlichkeit eines »dumpfen Getöses« oder »Gemurmels«, dem sich Namen entnehmen lassen.[10] Es gibt ebenfalls eine Heteronomie der Sprache, die in der Antwort besteht, die das Leben gleichsam dem Tod erteilt. Sie besteht in dem Gebrauch, den man von der Sprache macht, wenn man auf ein Werden zielt, darauf, unwahrnehmbar zu werden. Um zu fliehen und dem Todesurteil zu entgehen, muß ein *mot de passe*, ein Losungswort, dem *mot d'ordre*, dem Befehlswort, das selber auch ein Losungswort ist, entnommen werden. Das Entnehmen eines »Losungsworts« antwortet auf die Entnahme eines »Befehlsworts«.

Wie verhalten sich dann Autonomie und Heteronomie der Sprache zueinander? Die Autonomie, das Gemurmel, die indirekte Rede oder das »Zungensprechen« der Sprache verhindern nicht deren Gebrauch, sie unterbinden nicht unterschiedliche sprachliche Verhaltensweisen, die zuweilen unvereinbar miteinander sind. Die Sprache erschöpft sich nie in ihren verschiedenen Verwendungen, in den verschiedenen und unvereinbaren Arten sprachlichen Verhaltens, in den »zwei Tönen«, die die »Doppelnatur« des Befehlswortes ausmachen. Warum? Weil sie in nichts anderem besteht als in eben ihrem Gebrauch, in ihren verschiedenen Verwendungen, in den verschiedenen Arten sprachlichen Verhaltens, in ihrer Heteronomie. Anders formuliert: Daß man Sprache gebraucht, bedeutet, daß man ihrer nicht

10 Gilles Deleuze und Félix Guattari, *Mille Plateaux*, a. a. O., S. 107.

mächtig ist. Der Begriff des Gebrauchs beinhaltet Mannigfaltigkeit, entbehrt es doch des Sinnes, von einem einzigen Gebrauch, einer einzigen Verwendung, einem einzigen sprachlichen Verhalten zu reden. In dem Augenblick, in dem es einen Gebrauch gibt, gibt es auch schon mehrere Formen des Gebrauchs. In dem Augenblick, in dem man sich zu etwas verhält, etwa zur Sprache, kann man dies bereits auf mehrere Weisen tun. Was verwendet wird, übersteigt seine Verwendung, um sich wiederum anders verwenden zu lassen, um Raum für ein anderes Verhalten zu schaffen. Gebrauch ist also untrennbar von einer Übertreibung, die er selber erzeugt und die ihn selber ermöglicht, von einem Übermaß, das eine irreduktible Asymmetrie, ein unaufhebbares Ungleichgewicht, einen uneinholbaren Anachronismus in die Sprache einführt. Folglich sind Autonomie und Heteronomie der Sprache einander nicht entgegengesetzt. Man kann den Forderungen, die mit der Idee einer Metasprache, eines sprachlichen Universalismus, einer vollständigen Formalisierung des Bereichs der Sprache verbunden sind, nicht nachkommen. An dieser Stelle zeigt sich auch, warum die beunruhigende Ähnlichkeit trügt, die man zwischen der autonomen Zeichenkette, die für das sogenannte »despotische paranoide Regime« prägend ist, und der Autonomie der Sprache, die in der »indirekten Rede« liegt, wahrzunehmen glaubt. Denn der Priester, der endlos die unzähligen Zeichen deutet und dadurch die Erhaltung des »despotischen paranoiden Regimes« sicherstellt, das Überleben des Namens nach dem Tod seines Trägers, stößt auf die unüberwindbare Schranke seines Könnens, erfährt dessen unbezwingbare Beschränktheit, wo er mit dem Gebrauch der Sprache konfrontiert wird. Deutung impliziert Referenz, einen Bezug, und hängt von einem Vorausgesetzten ab, von einer vorhandenen Ordnung oder einem erteilten Befehl, während der Gebrauch, der entweder ein Befehlswort erfindet, das neue Umstände und Gegebenheiten hervorbringt, oder eine »kleine Sprache« kreiert, eine Sprache der Minderheit, die ihren Anstoß von einem Wunsch nach Anonymität erhält, als eine Praxis oder als ein aktives Werden verstanden werden muß, als das Zeichnen einer Fluchtlinie.

Führen nicht die Aufnötigung und die Verdinglichung eines Befehlswortes, seine Verwandlung in eine »Konstante« und seine der vorherrschenden »harten Tonart« der Sprache gemäße

Verwendung zu der Schaffung einer Tatsache, einer Tatsache, die Deleuze und Guattari als »Niemand« bezeichnen?[11] Diese sprachliche Verwendung muß von einer anderen unterschieden werden, die mit einer minder dominanten »weichen Tonart« zusammenstimmt. Man muß sie jedoch ebenfalls von einer Unwahrnehmbarkeit unterscheiden, die die Autoren als »immanentes Ende und Ziel des Werdens«[12] bestimmen und die nicht mit einer weiteren Tatsache verwechselt werden darf, mit der Tatsache eines Resultats, mit dem Umstand, daß das Subjekt zu »jedem« und zu »allen« geworden ist, sich in »jedermann« und in die »ganze Welt« verwandelt hat. Unwahrnehmbarkeit ist ein Ende oder ein Ziel, welches das Werden als reines und unendliches Werden *erhält*. Sind die beiden Extreme oder Pole der Sprache einmal erreicht, ist es freilich schwierig, der Frage auszuweichen, ob Tatsache und reines Werden, die Anonymität von Niemand und die Anonymität von Jedermann, nicht ineinander umschlagen. Wie man die ethische und politische Dimension der Gedanken und Ideen begreift, die Deleuze und Guattari entfalten, hängt davon ab, wie man auf diese Frage antwortet.

Eine erste Antwort mag darauf hinweisen, daß es unmöglich ist, zwei Extreme oder Pole der Sprache zu isolieren und von einer unstabilen Ökonomie oder einem offenen Kraftfeld zu abstrahieren, in dem diese Extreme oder Pole für unterschiedliche sprachliche Verhaltensformen sorgen und Spannungen zwischen verschiedenen Verwendungen der Sprache erzeugen. Die Autoren von *Mille Plateaux* vindizieren zwar Abstraktion. Man kann sich aber zur Stützung dieser Antwort auf jene Stellen des Buchs berufen, in denen Deleuze und Guattari die bewahrende und schützende Funktion des entgegengesetzten Pols oder Extrems geltend machen und sowohl vor der Gefahr der Verkehrung einer Fluchtlinie in eine Linie oder Bewegung der Auslöschung warnen als auch vor den Risiken, die mit der Stillstellung eines Fließens oder Werdens verbunden sind. So wird die Notwendigkeit einer Politik der Identität und des Anerkennens behauptet und zugleich geleugnet: »Es ist natürlich für Frauen unumgänglich, eine molare Politik zu verfolgen, und zwar mit dem Ziel, ihren eigenen Organismus, ihre eigene Geschichte, ihre ei-

11 Ebd., S. 134.
12 Ebd., S. 342.

gene Subjektivität zurückzugewinnen: ›Wir als Frauen...‹ erscheint als Subjekt der Aussage. Aber es ist auch gefährlich, sich auf ein solches Subjekt zu beschränken, das sich nur dadurch als wirksam erweist, daß es eine Quelle zum Austrocknen bringt oder ein Fließen stillstellt.«[13] Allgemeiner fragen Deleuze und Guattari, ob es nicht notwendig ist, an einem »minimalen Subjekt« festzuhalten, um die »Desubjektivierung« daran zu hindern, eine »Regression ins Unterschiedslose« zu verursachen,[14] und ob nicht »kleine Anteile an Subjektivität in ausreichender Menge«[15] benötigt werden, um die »herrschende Wirklichkeit« zu ertragen und vielleicht sogar herauszufordern, etwa durch eine mimetische Angleichung, die bestrebt ist, sie zu untergraben. In diesem Fall würde sich Politik in ein Netz unterbrochener, wiederaufgenommener, anhaltender Verhandlungen verstricken und in Reihen beweglicher Verbindungen und Konjunktionen von der Art »dieses Werden *und* jene Verhärtung« verirren. Sie würde in ein System ständig revidierter Strategien und berichtigter Bewertungen treten, in dem die Subjekte, eingebunden in einen endlosen Prozeß der »Desubjektivierung«, bestenfalls den Versuch unternehmen könnten, sich so gut und so schlecht wie möglich gegen das Erstarren zur Tatsache und gegen die Preisgabe des Werdens an die Zerstörung zu wehren. Eine radikale und revolutionäre Fassung solcher Politik führen Deleuze und Guattari in einem Abschnitt ihres Werks *Qu'est-ce que la philosophie?* ein, der zu dem Kapitel über Geophilosophie gehört. Der Bezug auf eine negative Dialektik, auf Adornos diagnostische Feststellung, Philosophie überlebe aufgrund der versäumten Gelegenheit, sich durch verändernde Praxis zu verwirklichen, bereitet diese Einführung vor. Deleuze und Guattari konstatieren, daß »die Utopie jenes ist, was die Philosophie mit ihrer eigenen Epoche verbindet, mit dem europäischen Kapitalismus, aber auch bereits mit dem griechischen Stadtstaat«. Durch die Utopie wird Philosophie »politisch« und »treibt die Kritik ihrer eigenen Zeit auf ihren höchsten Punkt«.[16] Die Re-

13 Ebd., S. 338.
14 Ebd., S. 331.
15 Ebd., S. 199.
16 Gilles Deleuze und Félix Guattari, *Qu'est-ce que la philosophie?*, a. a. O., S. 95. Folgt man jener Deutung der Feststellung Adornos, die man bei Giorgio Agamben finden kann, so muß man die Politik permanenter Ver-

volution wird somit als eine »unendliche Bewegung« verstanden, als unwiderrufliche Übertreibung, als grundsätzlich permanente und daher immanente Revolution,[17] als konstitutives und nicht bloß geschichtlich kontingentes Anstiften, das »neue Kämpfe« aufleben läßt, deren Element das »Gemurmel« und ferne Rollen der Sprache ist, zumindest in dem Maße, in dem politische Ereignisse an Namen und Befehlswörter oder in dem Namen und Befehlswörter an Politik gebunden sind. Befehlswörter oder Namen sind Todesurteile, die eine Verfestigung ankündigen und bewirken, ein Erstarren zu Tatsachen, sie drücken aber ebenfalls Gestalten des Werdens aus und sind das »Agens eines Infinitivs«,[18] das jenes verändert, was sich verfestigt hat und erstarrt ist. »Nichts sollte beim Namen gerufen werden, verändert es sich dadurch nicht.«

Eine zweite Antwort auf die Frage nach dem Verhältnis zwischen der Anonymität einer reinen Tatsache und der Anonymität eines reinen Werdens, zwischen »Niemand« und »Jedermann«, mag die Notwendigkeit einer Auflösung der Tatsache unterstreichen. Man muß die Tatsache in Gestalten des Werdens auflösen, die von dem Tensoren *und* verknüpft werden, ja man muß sie in ein reines Werden und ein reines *Und* auflösen. Kommt dem Werden und Vergehen nicht ein gewisser ontologi-

änderung als eine nihilistische Ästhetisierung begreifen, als eine geradezu ressentimenterfüllte Auslieferung des praktischen Interesses der Philosophie an das »Als ob«, gleichgültig, ob eine revolutionäre oder konservative Auffassung dieses Interesses vorherrscht: »Ästhetische Schönheit ist sozusagen die Bestrafung der Philosophie für das Versäumnis ihrer Verwirklichung.« (Giorgio Agamben, *Il tempo che resta*, Turin 2000, S. 41.) Versäumt nicht Agamben selber jedoch das Ende, weil er es unterläßt, dessen innere Aufspaltung in Versäumnis und Verwirklichung in Betracht zu ziehen? Zu dieser Aufspaltung, besonders aber zu Adornos Feststellung, vgl. Alexander García Düttmann, *Kunstende*, a. a. O., S. 17f.

17 Deleuze geht bereits in *Différence et répétition* dem Gedanken einer permanenten, strukturell vorgezeichneten Revolution nach. Geselligkeit als »transzendentes Objekt der Sinnlichkeit« kann in den »gegenwärtigen Gesellschaften«, in denen sich die Idee oder die »gesellschaftliche Mannigfaltigkeit« verkörpert, nicht erfahren oder erlebt werden. Dies ist nur in dem »Medium des gesellschaftlichen Umsturzes« möglich, in der »Freiheit«, die stets von den »Überbleibseln einer alten Ordnung« und den »Anfängen einer neuen Ordnung« verdeckt wird (vgl. Gilles Deleuze, *Différence et répétition*, a. a. O., S. 250).

18 Gilles Deleuze und Félix Guattari, *Mille Plateaux*, a. a. O., S. 323.

scher Vorrang zu? Gilt es nicht, die Tatsache als eine einzwängende und bedrohliche Verfestigung des Seins anzusehen? »Nichts sollte beim Namen gerufen werden, verändert es sich dadurch nicht« – »dadurch«, das heißt: durch eine Verwandlung des Nennens selber in ein reines »Agens« des Unwahrnehmbarwerdens. Versucht man indes, »jeden und alle« oder »die ganze Welt« aus dem Blickwinkel dieser Antwort zu betrachten, einer Antwort, die in einem politischen Kontext die Idee eines *revolutionären Bruchs ohne Rückfall in einen vorrevolutionären Zustand* nahezulegen scheint, dann bleibt es zunächst offen, ob ein reines Werden von einer Zerstörung, einer Auslöschung, einem Selbstmord unterschieden werden kann[19] und ob es dort, wo man von einem »immanenten« Ende oder Ziel aller Gestalten des Werdens ausgeht, überhaupt möglich ist, die entwurzelnde Konjunktion zu denken, ohne eine minimale Spannung zwischen dem Werden und seiner Verfestigung oder Verdinglichung zu Tatsachen herzustellen. In dem Augenblick, in dem verschiedene Gestalten des Werdens Reihen bilden, wird eine minimale Spannung zwischen diesen Gestalten und ihrer virtuellen oder aktuellen Verfestigung zu Tatsachen geschaffen. Jedes Werden wirkt als ein Zeichen, das auf das Ende, das Ziel, das Und hinweist, auf das Sein als reines Werden und reine Konjunktion. Deshalb wendet Alain Badiou gegen Deleuze ein, daß er die Univozität, die Einstimmigkeit, Eindeutigkeit, Einsinnigkeit des Seins aufs Spiel setzt, von der eine Philosophie der Immanenz abhängig ist, eine Philosophie, die das Unsagbare und Unnennbare verwirft. Deleuze soll den Sinn von Sein in den Sinn als solchen und in den Sinn eines Zeichens aufspalten.[20] In einem Kraftfeld der Übertreibungen, in dem es keine Verfestigung gibt, die nicht ein Werden, und kein Werden, das nicht eine Verfestigung birgt, muß Sein Zeichen – Zeichen seiner selbst sein.

Lassen sich andere Antworten finden? Auf welche Antwort antwortet das *Und*, die Verknüpfung zwischen den Antworten? Welcher Antwort entspricht es?

19 Vielleicht muß das Unwahrnehmbarwerden im Sinne des »totalen Ausdrucks« verstanden werden, von dem Deleuze in seiner großen Studie über Spinoza redet. Wenn wir sterben, werden wir vollkommen ausdruckshaft. (Vgl. Gilles Deleuze, *Spinoza et le problème de l'expression*, Paris 1968, S. 294.)

20 Alain Badiou, *Court traité d'ontologie transitoire*, Paris 1998, S. 69f.

II

> »Nicht die Namen der Eltern, Rassen oder Götter zählen, sondern einzig der Gebrauch, den man von ihnen macht.«
>
> Gilles Deleuze und Félix Guattari, *Anti-Ödipus*

[...] liest ihre Vorlesung ein zweites Mal.[21] Sie schreibt, daß es eine Anmaßung des Namens gibt; wohl nicht nur, weil man sich einen Namen aneignet und so das Gegebene in Eigentum verwandelt, sondern auch, weil der Name selber in einer Anmaßung besteht, wie alles, was sich verselbständigen und behaupten kann. Der Name maßt sich an, den Spielraum der Lebenden zu begrenzen. Eine geglückte Namensgebung scheint nämlich dem Namen eine unabänderliche und endgültige Prägung zu verleihen, sie verleiht ihm eine Strahlkraft, die nie aufhört, zu leuchten; folglich scheint sie jeden Umgang mit ihm einzuschränken. Vermag ein Lebender aber überhaupt mit Namen umzugehen? Daran zweifelt sie. Kein Name eines Lebenden ist eigentlich ein Name, kein Lebender hat als Lebender einen unauslöschlichen Namen, einen Namen, den der Glücksfall einer gelungenen Namensgebung in die Welt setzt. Der Name haftet an Lebenden nicht wie an Gestalten der Dichtung, an das Erschaffene bleibt der Name stärker gebunden, der Lebende, an dem der Name haftet, ist kein Lebender mehr – so denkt sie. Das Verkümmern der Namen, die Geschichte, beginnt mit den Lebenden, mit der Trennung von Leben und Dichtung; ohne diese Trennung würde es aber die Strahlkraft der Namen, die Aura, nicht geben, ebensowenig wie die Bindung, die uns von den Namen nicht loskommen läßt. Sie erkennt also den Vorzug, an dem der Lebende nicht teilhat, der ihm nicht gewährt wird, sie erkennt den Mangel des Lebens und das Privileg der Dichtung. Vielleicht wird damit aber ein anderer Vorzug sichtbar. Denn im Gegensatz zu den erschaffenen Gestalten vermag der Lebende umzugehen mit Namen. Der Name ist der Vorzug der Dichtung, der Umgang mit Namen indes ist der Vorzug des Lebens. Durch die Erfindung der Dichtung, die dafür sorgt, daß der

21 Vgl. Ingeborg Bachmann, »Der Umgang mit Namen«, in: dies., *Frankfurter Vorlesungen*, Werke, Band IV, München 1982, S. 238-254.

Name als Name gewahrt und übertragen wird, verwahren sich die Lebenden gegen das Endgültige, Unabänderliche, Unauslöschliche und Unkündbare, sie bewahren sich die Freiheit, mit Namen umzugehen und ihrer Strahlkraft nicht zu erliegen, mag die Gefahr dieser Kraft auch darin bestehen, daß sie den Umgang zu lähmen droht und die Lebenden in eine Tradition einsperrt, in die Übertragung der Namen. Übertreiben die Lebenden, erfinden sie das Dichten um sich zu schützen vor den Namen, die es erst durch das Dichten gibt, so ist der Umgang mit ihnen immer ein Kampf um Leben und Tod. [...] Ohne Namen wären wir sprachlos. Lulu ist der erste Name, den sie nennt, an diesem Namen erfährt und erkennt sie, daß ein Name allein bereits genügt, daß der Name selbstgenügsam ist, daß man die Oper weder gehört noch gesehen haben muß, die den Namen trägt. Mit dem Namen ist man schon in der Welt, man fängt an zu sprechen, indem man sich zu dem Namen verhält, indem man mit dem Namen umgeht. (Namen)Sprache: Umgangssprachen. Sie soll im Kettenhofweg an den Vorlesungen gearbeitet haben, ein Gerücht; vor der Aufführung der Oper in Frankfurt, auf die sie hinweist, hält Adorno eine Rede, und wenn er in seinen »Erfahrungen an Lulu« vom absoluten Körper spricht, so ist dieser für sie zunächst der Name selbst. [...] Der Name, der allein genügt, um in der Welt zu sein, der die Welt demnach eröffnet und bevölkert, hat keinen eindeutig bestimmbaren oder benennbaren Ort. Er ist sich selber voraus oder kommt zu spät. Er eröffnet eine Welt und fällt nicht einfach in sie, zugleich aber hat er auch einen Ort in der Welt. Deshalb sind wir von Namen abhängig, wir hängen an ihnen, wir hängen ihnen nach; mit Namen können wir nur umgehen, wir können die Welt nur erschließen, weil der Name eine Welt schon eröffnet hat. Ihre Welt ist, wie Clemens-Carl Härle zeigt, Welt der Namen.[22] Jede Eröffnung einer Welt erweist sich als Namensgebung und folgt dem Namen, sie hat einen Hang zum Namen, sie läßt sich anziehen vom Namen oder ziehen von seinem Band. Daß Namen gegeben werden müssen, daß ohne Namen ein In-der-Welt-Sein unmög-

22 »Der Name bezieht sich nicht auf die charakteristischen Züge und Merkmale einer Singularität, sondern auf deren bloße Anwesenheit in einer wirklichen oder möglichen Welt.« (Clemens-Carl Härle, *La forza del parlare. Considerazioni su »Malina« di Ingeborg Bachmann*, Siena 1994, S. 92.)

lich wäre – darin liegt vielleicht der Ursprung der Kraft, darin gründet vielleicht der Vor-Zug der Namen und eine gewisse Notwendigkeit der Dichtung. Am ortlosen Ort der Namen kommt man nicht an, wir waren dort schon immer oder noch nie, Du zitierst sie fast wörtlich. Freilich läßt sich ein Gesetz nicht ausmachen, das zu der welteröffnenden Namensgebung nötigt; gegeben wird ein Name bloß, eröffnet wird eine Welt nur, wenn sie nicht eröffnet, wenn er nicht gegeben werden kann. Die Namensgebung mag ausbleiben, sie muß nicht erfolgen, sie kann verweigert werden oder mißglücken, der Name bleibt dann kraftlos, als Name kaum erkennbar, vergessen im Augenblick der Namensgebung, eine bloße Erkennungsmarke, mit der wir nicht umgehen können, an der wir keine Erfahrung machen und die uns nichts erkennen läßt. Umgang mit Namen: zwischen dem Namen und dem Namen. Vor allem Umgang mit Namen gibt es einen Umgang mit Namen, dort, wo man am Namen schon hängt, der Name aber noch nicht gegeben ist und die Welt noch nicht eröffnet. Aus diesem Grund ist jede Namensgebung, auch und vor allem in der Dichtung, ein Glücksfall; aus diesem Grund haben die Lebenden eine Chance, die Chance oder den Vor-Zug des Umgangs mit Namen; aus diesem Grund ist der Name ein Ort für Zufälle und der Ort eines Zufalls, der Ort, den ein Zufall schafft; aus diesem Grund schließlich ist der Name in sich geschichtlich, offen für seine Behauptung und ausgesetzt seinem Verkümmern, dem Namensterben und der Erschütterung des Vertrauens in die naive Namensgebung. Die Dichtung wahrt nicht allein den Namen, sie bewahrt uns nicht nur vor der schwankenden Kraft des Namens, sie macht die Namen ebenfalls verrückt, sie kündigt dem Namen und läßt die Tradition abreißen, sie geht mit den Namen um und brandmarkt ihre Anmaßung, sie ist Dichtung von Lebenden, Dichtung der Unbekannten und Namenlosen, Dichtung derer, die mehr als bloß einen Namen haben. Dichtung ist Umgangssprache und erinnert die Lebenden daran, daß es Sprache nur gibt als Umgang mit den Namen, in deren Bann sie geraten mögen, Bann der Strahlkraft und Bann des Fehls heiliger Namen. [...] Wenn die Namenskraft in sich schwankt, kann man zwischen dem Namen, der abhängt von einer eröffneten Welt, und dem In-der-Welt-Sein, das abhängt von einer Namensgebung, keine sichere Grenzlinie ziehen. Der Name in der Welt trägt die Züge einer

Kontingenz, die die Welt selber trägt. Ihm kann stets etwas widerfahren, was ihn als Namen affiziert, er kann immer von einem Rätsel heimgesucht werden, das ihn scheu macht und seine Behauptung unsicher. Zum Namen gehört, daß es des Namens bedarf, daß sich das Zufällige und Namenlose an ihm vom Endgültigen nicht trennen läßt. Die Lebenden und ihre Umgangssprachen sind das Elend der Namen, ihre Aussetzung; in den Umgangssprachen finden die Namen aber auch ihr Glück, zumindest wenn die Lebenden fähig sind zur Treue. Bedürfnis des Namens: Man soll ihn sich merken. Der Dichtung geht es somit nicht um den Namen selbst, um die Wiederherstellung oder Bergung einer verlorenen Namensprache, die vor oder nach der Erschütterung der Namen liegt, es geht ihr vielmehr um den Umgang mit Namen, hier und jetzt, um eine Politik *des* Namens. Der Name selbst ist nichts als Umgang, Umgehen des Namens im Namen [...]

Schuld Sein
Übertreibung und Tatsache

> »Denken übertreibt überhaupt immer [...] Die Wirklichkeit in unserem Jahrhundert hat es wahrlich so weit getrieben, daß man getrost sagen kann, daß die ›Realität‹ übertrieben ist.«
>
> *Hannah Arendt* in einem Brief an Karl Jaspers vom Januar 1952

I

Was ist Tatsache? Was ist eine Tatsache? Der Unterschied zwischen diesen beiden Fragen scheint darin zu liegen, daß die erste bereits die Möglichkeit von Tatsachen und ihrer Feststellbarkeit voraussetzt, während die zweite auf eben das zielt, was eine Tatsache zu einer solchen macht. Weil sie also ausdrücklich nach den Voraussetzungen fragt, statt von einem Vorausgesetzten auszugehen, könnte man die zweite Frage eine philosophische oder transzendentale nennen, die erste dagegen eine empirische. Der Umstand, daß man von einer empirischen zu einer transzendentalen oder von einer transzendentalen zu einer empirischen Frage übergehen kann, setzt freilich seinerseits einen Freiheitsraum voraus, die Bahnung eines Weges, der nicht wiederum von Tatsachen versperrt wird. Es muß etwas anderes geben als Tatsachen, um die beiden Fragen aufwerfen zu können, um bereits die erste Frage zu stellen. Denn in dem Maße, in dem sie von einer Voraussetzung abhängt, von der vorausgesetzten Möglichkeit von Tatsachen und ihrer Feststellbarkeit, von der mit dieser Voraussetzung eingeführten Unterscheidung zwischen Möglichkeit und Tatsächlichkeit, hat sich die empirische Frage von den Tatsachen gelöst, ist sie eine Frage, die nicht einfach mit einer Tatsache zusammenfällt. Wer so fragt, wer fragt, was Tatsache und was eine Tatsache ist, ist vielleicht ein Lügner, ein Leugner, ein Fälscher, ein Verführer, ein Umstürzler, einer, der sich um die Tatsachen drückt, der sie relativiert, manipuliert, euphemistisch transfiguriert, während doch ohne das Fragen sich nicht einmal feststellen ließe, daß etwas Tatsache ist und daß es Tatsachen gibt.

In ihrem 1967 veröffentlichten Essay »Wahrheit und Politik«, den man auch als eine Abhandlung über Tatsachen und deren Tatsächlichkeit lesen kann, stellt Hannah Arendt fest: »Das klarste und sicherste Zeichen von Fakten und Ereignissen ist eben dies hartnäckige Da [thereness], dessen inhärente Beliebigkeit letztlich allen Versuchen widersteht, sie erschöpfend zu erklären.«[1] Gerade weil Arendt mit dieser Feststellung auf die Frage antwortet, was eine Tatsache ist, kommt sie nicht umhin, beim Leser den Eindruck zu erwecken, die Wahrheit der Tatsache, die keine Tatsache zu sein vermag, berühre sich mit der Tatsache selber. Man kann die Frage, was eine Tatsache ist, nicht einfach von der Frage unterscheiden, was Tatsache ist. Behauptet Arendt am Ende ihres Essays nicht, es liege in der begrifflichen Bestimmung der Wahrheit, daß sie sich vom Menschen nicht ändern läßt, daß sie also wie die Tatsache unabweisbar alle menschliche Wirklichkeit kennzeichnet und allen Versuchen widersteht, sie erschöpfend zu erklären? Wenn Tatsachen trotz ihrer Hartnäkkigkeit, ihrer unbeweglichen Beharrlichkeit, Veränderungen nicht ausschließen, scheint die Wahrheit, die das Vermögen des Veränderns begrenzt, das Tatsächliche an der Tatsache festzuhalten, ihr »klarstes und sicherstes Zeichen«, scheint sie wesentlich Tatsachenwahrheit zu sein, die Tatsache aller Tatsachen, tatsächlicher als die am Ende veränderbaren Tatsachen, als die Faktizität, deren Zeichen sich nicht immer als das »klarste und sicherste« erweist. Indem sie aber von einem »klarsten und sichersten Zeichen« redet, deutet Arendt implizit auf die Schwierigkeit hin, die mit ihrer Feststellung einhergeht. Die Nähe von Tatsache und Wahrheit wird von einer Unabweisbarkeit gestiftet, die eigentlich keine Entfernung duldet und die an die Einzigartigkeit eines Namens erinnert, der mit Blindheit schlägt und der deshalb eine mit seinem Rigorismus unvereinbare Verblendung fördert. Die Rede vom »klarsten und sichersten Zeichen« verweist jedoch auf ein Verweisen, auf eine zwischen Tatsache und Erkenntnis gelegene Entfernung. Durch sie allein kann sich

1 Hannah Arendt, »Wahrheit und Politik«, in: dies. *Wahrheit und Lüge in der Politik. Zwei Essays*, München 1987 (2. Auflage), S. 84; englisch: »Truth and Politics«, in: dies., *Between Past and Future*, New York 1993 – Übersetzung verändert, AGD.

der Zweifel melden, dessen jede Erkenntnis bedarf, der Zweifel, der vielleicht jede Erkenntnis in eine Anerkennung verwandelt. Ist jenes eine Tatsache? Ist dieses Zeichen eines, das auf eine Tatsache verweist? Wie klar ist das auf jene vermeintliche Tatsache verweisende Zeichen? Einerseits hat die Unableitbarkeit der Tatsache, die sie von der Wahrheit als Ableitung entfernt und zugleich in die Nähe der selber unableitbaren Wahrheit rückt, zur Folge, daß die transzendentale Frage unvermittelt in die empirische umkippt und daß ein solches Umkippen die empirische Frage nicht weniger affiziert als die transzendentale. Fragt man, was eine Tatsache ist, stößt man auf eine Schranke und wird dessen gewahr, daß man immer nur fragen kann, was Tatsache ist – daß im Grunde jede Frage die Tatsache verfehlt, da sie als solche ihre Unabweisbarkeit desavouiert. Andererseits wird die vom Zweck des Erkennens untrennbare Notwendigkeit, sich von der Unabweisbarkeit des Da zu entfernen und nach der Tatsächlichkeit der Tatsache zu fragen, nach ihrem »klarsten und sichersten Zeichen«, nicht mehr unmittelbar von jener Unabweisbarkeit bestimmt. Sie setzt die Deutlichkeit der Undeutlichkeit, das Unabweisbare der Abweisung, die Wahrheit der Meinung, die Tatsache dem Erdichteten aus. Die äußerste Gestalt, in der die Schwierigkeit begegnet, mit der Arendt es in ihrem Essay zu tun hat, ist die der Erkenntnis oder der Anerkennung einer Tatsache, deren Unabweisbarkeit so sehr außer Frage steht, daß jede Befragung an ihr abprallen muß und ihre Abweisung von der Unabweisbarkeit selber gezeitigt wird, von dem Umschlagen des Unabweisbaren ins Willkürliche und Beliebige. Die Einrichtung von Vernichtungslagern, die der totalen Beherrschung dienen, hat Tatsachen geschaffen, die mögliche Fragen übersteigen, wenn sich denn von einem Schaffen sprechen läßt, wo die Tatsächlichkeit des Wirklichen jede Möglichkeit auszuschließen scheint und das Da nie als ein Geschaffenes verstanden werden kann. Ein Unabweisbares, zu dem man sich nicht zu verhalten vermag, unterscheidet sich nicht mehr von einem Abweisbaren, eine Tatsache, die keine Veränderung erlaubt, geht in ein Erdichtetes über, in die Lüge, wirkt doch eine solche Tatsache stets wie ein bloß Behauptetes, das aufgrund seines absoluten Anspruchs unweigerlich den Verdacht der Erdichtung in täuschender und verbergender Absicht auf sich zieht.

Das Uneinssein der Tatsache äußert sich darin, daß Arendt

zwischen zwei Extremen schwankt. Sie betont die Unveränderbarkeit, die jede Tatsache auszeichnet, die Gleichgültigkeit einer »nackte[n], von keinem Argument und keiner Überzeugungskraft zu erschütternden Faktizität«,[2] die »Unumstößlichkeit« des Elementaren,[3] das niemals zum Gegenstand von Zustimmung und Übereinkunft werden kann, die »seltsame Zähigkeit«[4] einer Selbstbezüglichkeit, die wesentlich der Vergangenheit angehört und die jedem Zugriff widersteht, aber nur, um immer wieder auf eine Veränderbarkeit aufmerksam zu machen, der sich keine Tatsache entziehen kann und die so unnachgiebig, so unbedingt Tatsachen prägt und heimsucht, daß sie gleichsam deren Verrücktheit oder Wahn anzeigt. Es ist, als würde die Katastrophe einer in Permanenz erklärten Umkehrung bewirken, daß Wahrheit und Wahn der Tatsache ständig durcheinandergeraten und daß man stets erneut vor der Entscheidung steht, ob eine Tatsache sich gerade dort als solche behauptet und bewährt, wo sie unberührt in ihrer Tatsächlichkeit verharrt, beliebig und notwendig ineins, traumatisch, geheimnisvoll in dem Maße, in dem sie nichts verbirgt, oder ob sie nicht umgekehrt ihr Wesen offenbart und der Wahrheit am nächsten kommt, wo sie ihre tautologische Selbstbehauptung preisgibt und auf den Diskurs hin sich öffnet, der schon in der bloßen Feststellung, in der unbeirrten Aussage, etwas sei tatsächlich der Fall, angelegt ist. Ein in Permanenz erklärtes Umkippen von Wahrheit in Wahn und Wahn in Wahrheit, ein ununterbrochenes Durchlässigwerden und Verwischen der Grenzen ist deshalb katastrophal, weil »der menschliche Orientierungssinn im Bereich des Wirklichen«[5] der »Unterscheidung« bedarf, die Wahrheit und Unwahrheit auseinanderhält. Ohne sie wird der »Bestand der Welt« vernichtet, läßt sich der Bereich des Wirklichen nicht mehr von dem des Möglichen abgrenzen, agiert die Möglichkeit als »Feind«[6] der

2 Ebd., S. 56. In der Textfassung, die in *Between Past and Future* abgedruckt ist, bezieht Arendt diese Beharrlichkeit auf die Wahrheit – auf »Wahrheit jeglicher Art« (Hannah Arendt, »Truth and Politics«, in: dies., *Between Past and Future*, S. 237).

3 Hannah Arendt, »Wahrheit und Politik«, a. a. O., S. 58.

4 Ebd., S. 85.

5 Ebd., S. 83.

6 Ebd., S. 47. Statt von dem »Bestand der Welt« ist in der in *Between Past and Future* veröffentlichten Textfassung von dem »Überleben des Stadtstaates« die Rede (Hannah Arendt, »Truth and Politics«, in: dies., *Between*

»stabilisierenden Kraft des Wirklichen«[7] und der Wahrheit, die für ihre unterscheidende Abgrenzung von der Unwahrheit bereits bestimmend sein muß und die deshalb in der Unterscheidung nicht als ein Unterschiedenes aufgeht. Worauf führt Arendt indes die Veränderbarkeit unveränderbarer Tatsachen zurück? Zunächst darauf, daß Tatsachen aufgrund ihrer Einmaligkeit, ihrer abschirmenden Selbständigkeit und immunisierenden Unabhängigkeit, die sie grundsätzlich von dem Bezug auf ein anderes absolviert, »in der Gefahr [stehen], nicht nur auf Zeit, sondern möglicherweise für immer aus der Welt zu verschwinden«.[8] Dieses Argument, weniger ein politisches als ein ontologisches, erklärt den Rekurs auf den Begriff des Zeugnisses. Dauer als Fortbestand der Tatsachen, die eine Welt bilden, ist für Arendt undenkbar, wird nicht gesagt, was ist, wird nicht Zeugnis abgelegt vom Seienden, wird das tatsächlich Seiende nicht zum »Gegenstand einer Kundgebung«. Der Begriff des Zeugnisses erschwert es, zwischen Ontologie und Politik deutlich zu unterscheiden. Wenn nämlich die Tatsache als solche von einer radikalen Veränderung bedroht wird, die sie in ein unwiederbringlich und spurlos Verschwundenes verwandelt, dann verwandelt sich jede Feststellung, jede Aussage, jedes Sagen dessen, was Tatsache ist, in ein Zeugnis, das dem Gefährdeten Bestand verleihen und letztlich den »Bestand der Welt« sichern soll, das die Welt und die Tatsachen aber ebenfalls einer neuen Gefahr ausliefert, sind Zeugen doch unzuverlässig und haben doch »Dokumente, Aufzeichnungen, Denkmäler aller Art [...]

Past and Future, a. a. O., S. 229). Der Feind des »Bestandes der Welt« ist nicht mehr einfach ein politischer, bewegt sich nicht länger im Raum des Politischen, da ohne Orientierung im Wirklichen »das in der Politik so wichtige Unterscheidungsvermögen zwischen Feind und Freund nicht mehr funktionieren [kann].« (Hannah Arendt, »Wahrheit und Politik«, a. a. O., S. 81.) Wie Carl Schmitt handelt Arendt von den Gefahren einer Entpolitisierung. Zur Entpolitisierung der Feindschaft bei Schmitt, vgl. Alexander García Düttmann, *Freunde und Feinde. Das Absolute*, a. a. O., S. 20f.

7 Hannah Arendt, »Wahrheit und Politik«, a. a. O., S. 85. Diese »stabilisierende Kraft« spricht Arendt in der in *Between Past and Future* veröffentlichten Textfassung dem politischen Bereich zu, nicht dem des Wirklichen überhaupt (Hannah Arendt, »Truth and Politics«, in: dies., *Between Past and Future*, a. a. O., S. 258).

8 Ebd., S. 49.

gemeinsam, daß sie gefälscht werden können«.[9] Auch am Zeugnis, das sich zur Tatsache als Supplement verhält, gebraucht man das Wort in dem Sinne, in dem Derrida es tut, läßt sich das Uneinssein der Tatsache ablesen. Weil jedes Zeugnis falsch sein oder gefälscht werden kann, erhält die »persönliche Glaubwürdigkeit« des Bezeugenden, der nichts anderes zum Ausdruck bringt als eben einen Tatbestand, eine praktische Bedeutung, deren Bewußtsein durchaus zum Handeln anzuleiten vermag und damit zur Veränderung von Tatsachen. Die Autarkie der Tatsachen, die Arendt im Auge hat, wenn sie bemerkt, daß »Tatsachenwahrheiten keine Prinzipien [enthalten], die das Handeln inspirieren oder an denen es sich orientieren könnte«,[10] und daß »das einfache Sagen dessen was ist [the mere telling of facts], zu keinem wie immer gearteten Handeln von sich aus führt«,[11] muß wegen der konstitutiven Angewiesenheit auf das fälschbare Zeugnis stets als fraglich gelten. Der »wahre Gegensatz« zum Faktischen ist das »willentliche Lügen«, das der Fälschung zugrunde liegt. Arendt stellt diesen Gegensatz in einem Abschnitt von *The Life of the Mind* auf,[12] in dem sie auf die Leibnizsche Unterscheidung zwischen *vérité de fait* und *vérité de raison* eingeht. Tatsachenwahrheiten sind nicht weniger zwingend als Vernunftwahrheiten, »trotz ihrer Beliebigkeit«; sie sind es aber zunächst nur für den Zeugen, der sie »mit eigenen Augen« wahrnimmt. Deshalb muß die Allgemeinheit von Tatsachenwahrheiten als eine eingeschränkte betrachtet werden. Das Zeugnis ist die Leidenschaft der Tatsache.

Indem sie nun in der Undurchsichtigkeit des Unableitbaren und Unabweisbaren, die Wahrheit und Tatsache gegen Fragen abschottet, einen Unterschied ausmacht, unterstreicht Arendt noch die Gefährdung der Tatsachen. Die Undurchsichtigkeit der Wahrheit soll die einer Schlüssigkeit sein, die sie als zwingend erscheinen läßt, deren Zwang also entweder für die »relative Permanenz der menschlichen Geistesstruktur«[13] sorgt oder von dieser Permanenz selber ausgeübt wird. Die Undurchsich-

9 Ebd., S. 65.
10 Ebd., S. 72.
11 Ebd., S. 74.
12 Hannah Arendt, *The Life of the Mind*, San Diego, New York und London 1978, S. 59.
13 Hannah Arendt, »Wahrheit und Politik«, a. a. O., S. 49.

tigkeit der Tatsache dagegen soll aus der Zufälligkeit oder Unschlüssigkeit eines So-Seins resultieren, das sich selber in dem Augenblick aufhebt, in dem es sich der fragenden und die Wirklichkeit einklammernden Reflexion unbeugsam und unwidersprochen auferlegt.[14] Dabei schränkt Arendt den Bereich der Tatsachen auf den »menschlicher Angelegenheiten« ein, fragt nicht, ob eine sogenannte Naturkatastrophe so willkürlich sein kann wie eine Revolution: »Alles, was sich im Bereich menschlicher Angelegenheiten abspielt – jedes Ereignis, jedes Geschehnis, jedes Faktum – könnte auch anders sein, und dieser Beliebigkeit oder Kontingenz sind keine Schranken gesetzt.«[15] Tatsachen werden nicht allein von der radikalen Veränderung eines Vergessens gefährdet, das sich selber vergißt, sondern supponieren bereits eine prinzipielle Veränderbarkeit, über die sie keine Macht haben. Sie sind um so tatsächlicher, je weniger sie es sind. In der Veränderbarkeit der Tatsachen sammelt sich die ungeheuere und mit sich im Widerstreit liegende Kraft der Kontingenz. Denn was grundsätzlich anders sein könnte, kann so bleiben, wie es ist.[16] Die Undenkbarkeit der Veränderung wächst mit deren Denkbarkeit an, Möglichkeit und Tatsächlichkeit nähern sich einander, indem sie sich voneinander entfernen. Ist indes eine Veränderung eingetreten, sind Tatsachen geschaffen worden, dann nimmt die Wahrscheinlichkeit zu, daß sich das

14 Im ersten Teil des aus dem Nachlaß herausgegebenen Werks *The Life of the Mind*, der bekanntlich das Denkvermögen untersucht, bezeichnet Arendt das »Dasein [thereness] der Gegenstände« als »unanfechtbar«: Kein Gedanke reicht daran, kein Gedanke vermag es, dieses Dasein zu erklären, kein Gedanke kann Licht auf es werfen und es durchsichtig machen (Hannah Arendt, *The Life of the Mind*, a. a. O., S. 91 und S. 147). Die »Sinnlosigkeit« des reinen Daseins führt dazu, daß das Staunen vor dem Sein und das Jasagen zum Sein, das am Anfang der Philosophie steht, den Nihilismus hervorbringt, mit dem sie – mit dem die durch jene Erfahrung inaugurierte Metaphysik zu enden scheint (ebd., S. 147). Anfang und Ende der Philosophie erweisen sich in dem Maße als identisch, in dem sie von einer unhintergehbaren Reinheit abhängen, von dem reinen Sein oder Dasein, von einer Tatsächlichkeit, die als reine in ihr Gegenteil umschlägt. Es ist aber gerade die Faktizität [factual existence] des Bösen, vor der das temporal und strukturell anfängliche Staunen und Jasagen versagen (ebd., S. 150). Das Böse zeigt in seiner Faktizität an, was Tatsächlichkeit, Sosein, reines Sein und Dasein im allgemeinen ausmacht: die ständige Verkehrung.

15 Hannah Arendt, »Wahrheit und Politik«, a. a. O., S. 63.

16 Vgl. dazu: Alexander García Düttmann, *Kunstende*, a. a. O., S. 152f.

vormals Undenkbare *nach seiner eigenen Veränderung und Rückverwandlung in eine Möglichkeit* wiederholt, daß sich das Unmögliche als wiederholt möglich erweist. Arendt sagt in ihrem Bericht *Eichmann in Jerusalem*, daß der Übergang vom Möglichen zum Tatsächlichen reibungsloser erfolgt, wenn er in einem denkbar undenkbaren Augenblick schon einmal erfolgt ist: »Es liegt in der Natur alles Menschlichen, daß jede Tat, die einst vollbracht wurde und die in der Geschichte der Menschheit bekundet ist, lange Zeit nachdem sich ihre Wirklichkeit in etwas Vergangenes verwandelt hat, als Möglichkeit bei den Menschen bleibt [...] Hat sich ein bestimmtes Verbrechen ereignet, so ist dessen Wiederauftreten viel wahrscheinlicher als sein ursprüngliches Geschehen je war.«[17] Daß der Schrecken von Auschwitz »anderen Wesens« ist als der aller geschichtlich vorangehenden Greueltaten,[18] daß es einer in das Recht verändernd eingreifenden juridischen Anerkennung dieser Andersheit bedarf, sind also Argumente und Forderungen, die sich bei Arendt gegen die mit dem Einzigartigen einhergehende Wiederholbarkeit des Einzigartigen kehren. Sie sollen der Vereitelung einer »Flucht aus dem Gebiet feststellbarer Tatsachen«[19] und der Bewahrung des Urteilsvermögens dienen, der Möglichkeit, den Täter für eine von ihm begangene Tat für schuldig zu erklären, wie Arendt selber es in ihrem imaginären Schlußplädoyer tut, in dem sie Eichmann die »Tatsache«[20] vorhält, daß er eine Politik des Massenmordes tätig unterstützt hat: »Jene wenigen, die noch in der Lage waren, das Wahre vom Falschen zu scheiden, mußten sich wirklich auf ihre eigenen Urteile verlassen [...] Es gab keine Regeln, denen man folgen und unter die man die besonderen Fälle subsumieren konnte, denen man gegenübergestellt war. Man mußte über jeden Fall nach Maßgabe seines Auftretens entscheiden, weil für das noch nie Dagewesene und Beispiellose keine Regeln vorhanden waren.«[21] Das Urteilsver-

17 Hannah Arendt, *Eichmann in Jerusalem. A Report on the Banality of Evil*, New York 1994, S. 273.

18 Ebd., S. 267. »Ereignisse werden, wenn sie vergangen sind, zu *Tatsachen*. Als solche werden sie dem Geschehen assimiliert und verlieren gerade ihren Ereignischarakter.« (Hannah Arendt, *Denktagebuch*, Erster Band, München und Zürich 2002, S. 326.)

19 Hannah Arendt, *Eichmann in Jerusalem*, a. a. O., S. 297.

20 Ebd., S. 279.

21 Ebd., S. 295.

mögen zieht sich zunehmend in den einzelnen zurück, wird zum »Instinkt«.[22] Im einzelnen entzieht sich das Urteil dem einzelnen.

Mit der Unterscheidung zwischen einer historischen, an der Vergangenheit orientierten Perspektive und einer Perspektive, die sich an der Zukunft orientiert und die dadurch das Handeln ermöglicht, die Veränderung der Tatsachen, greift Arendt in dem Essay über »Wahrheit und Politik« auf ein Kriterium zurück, das zur Orientierung beitragen soll, wo die Tatsache in den Sog ihres Uneinsseins zu geraten und die Wahrheit der Verwirrung zu erliegen droht: »Jede Veränderung der Welt [hat] erst einmal von dem, was ist, wie es ist, auszugehen.«[23] Vergegenwärtigt man sich allerdings, daß Arendt selber die moderne Lüge mit einer »Vernichtung« der Wirklichkeit gleichsetzt, durch die sie sich von der traditionellen, die Tatsachen verbergenden Lüge abhebt; erinnert man sich daran, daß Arendt in ihrer 1946 verfaßten Rezension »Das Bild der Hölle« schreibt, das Geschehen in den nationalsozialistischen »Todesfabriken« habe die »eigentliche Grundlage« zerstört, »auf der Geschichte gemacht wird«,[24] dann wird sinnfällig, auf welch unsicherem Grund das eingeführte Kriterium steht. Unabänderlich Vergangenes, die absolute Voraussetzung gegenwärtigen Handelns, verändert sich aus der Sicht des Künftigen, das die Handlung durch Schaffung anderer Tatsachen zeitigt, durch die Schaffung von Tatsachen, die man vielleicht nicht mehr als geschichtliche ansehen kann und die deshalb das Geschichtsverständnis selber erschüttern müssen. Wie weit allerdings der modale Unterschied in der Undurchsichtigkeit reicht, wie strikt sich die Schlüssigkeit von der Unschlüssigkeit unterscheiden läßt, bleibt selber undurchsichtig, da Arendt den Unterschied zwischen Wahrheit und Tatsache, zwischen Vernunft- und Tatsachenwahrheit auch als einen graduellen bezeichnet. Tatsachen verhüllen die Wahrheit nicht, sie machen sie durchsichtiger, sie verhelfen der »allen Wahrheiten« eigentümlichen Undurchsichtigkeit dazu, »viel offenkundiger« in Erscheinung zu treten. In

22 »Als wäre in unserer Zeit ein Instinkt [in elementaren moralischen Fragen] wahrlich das einzige, das man für gegeben halten darf.« (Ebd.)

23 Hannah Arendt, »Wahrheit und Politik«, a. a. O., S. 64.

24 Hannah Arendt, »Das Bild der Hölle«, in: *Nach Auschwitz. Essays und Kommentare 1*, Berlin 1989, S. 51.

diesem Licht kann man die Tatsachenwahrheit als Wahrheit der Vernunftwahrheit betrachten. Die Undurchsichtigkeit ist sowohl ein Zeichen der Wahrheit als auch eines des Wahns, des ununterbrochenen Umkippens von Wahrheit in Wahn und Wahn in Wahrheit. Dieses Umkippen findet dort statt, wo die Unumstößlichkeit der Tatsache von ihrer eingeschränkt-uneingeschränkten Veränderbarkeit nicht mehr klar unterschieden zu werden vermag, ebenfalls jedoch dort, wo die Schlüssigkeit der Vernunftwahrheit eine vernünftige Einsicht ermöglicht und ihr zugleich eine unüberwindbare Schranke vorsetzt, die sie dem Tatsächlichen angleicht, dessen Unabweisbarkeit ja den Zug des Unschlüssigen, Arbiträren trägt. So affiziert die Undurchsichtigkeit alle Versuche, ihr durch Verwandlung in ein Zeichen Durchsichtigkeit abzugewinnen und das Uneinssein der Tatsache zu kontrollieren.

Die Veränderbarkeit der unveränderbaren Tatsachen, ihr Uneinssein, das »politisches Denken und Urteilen« in die gefährliche Versuchung einer affirmativen Hypostasierung oder einer aktiven Leugnung des Unabänderlichen führt, begründet, Arendt zufolge, die »Affinität« zwischen Lüge und Handlung. Beide zielen auf eine Veränderung des Tatsächlichen; die Lüge ist ein »Mod[us] des Handelns«.[25] In ihrer modernen Form wendet sie sich gegen die Handlung, ja am Ende sogar gegen sich selber, ein Selbstmord ohne Selbst. Gehört es zu dieser Form der Lüge, daß sie das Tatsächliche systematisch verfälscht und daß ihr Negationismus den Unterschied zwischen dem Tatsächlichen und der Meinung, dem Wirklichen und dem Erdichteten, in das sich das Mögliche zusammenzieht, aus seiner Verankerung hebt, aus seiner Verankerung im Tatsächlichen selber, in der Tatsächlichkeit, Festigkeit, Unverrückbarkeit seiner Unterschiedenheit; gehört es zu dieser Form der Lüge, daß sie sich nicht in einen gegebenen Kontext fügt, in dem sie sich »gewissermaßen von selbst [zeigt]«,[26] sondern eine »erlogene Wirklichkeit« hervorbringt, einen Kontext, der »zu einem vollgültigen Ersatz der Tatsachenwahrheit« werden kann, weil sich darin »die erlogenen Einzelheiten ebenso nahtlos einfügen, wie wir es von der echten Realität her gewohnt sind«, dann scheint die organisierte Verfälschung um so aussichtsreicher, je mehr sie das

25 Hannah Arendt, »Wahrheit und Politik«, a. a. O., S. 73.
26 Ebd., S. 78.

Unerwartete »wegmanipuliert«, das Arendt als herausragendes oder »eigentliche[s] Merkmal aller Ereignisse« ansieht,[27] je mehr sie folglich das Handeln lähmt, das gerade am Unerwarteten der Veränderbarkeit aller Tatsachen sich versichert. Die moderne Lüge vernichtet den »Punkt, von dem aus man handelnd eingreifen kann, um zu ändern oder um etwas Neues zu beginnen«.[28] So mündet die moderne oder vernichtende Lüge, die Lüge, deren eigene Geschichte von ihr selber inauguriert worden ist, von der in ihr wirkenden Kraft oder Fähigkeit zur Veränderung, in der Herstellung dessen, was Adorno den totalen Verblendungszusammenhang genannt hat, mögen für seine Bildung auch gesellschaftlich-ökonomische Faktoren ausschlaggebend sein, etwa die Tauschabstraktion und die Monopolisierung des Kapitals, die Arendt nicht in Betracht zieht. Der totale Verblendungszusammenhang ist in ihren Augen das Ergebnis eines »Selbstbetrugs«,[29] einer »Selbsttäuschung«,[30] die sich nicht mehr auf den Selbstbezug eines seiner selbst mächtigen Subjekts zurückverfolgen läßt und die deshalb alle Subjekte sich unterwirft. In einem Vortrag, in dem er sich mit Arendts Essay über Wahrheit und Politik auseinandersetzt, versucht Jacques Derrida nachzuweisen, daß diese Unmöglichkeit im Wesen der Selbsttäuschung, des Selbstbetrugs, der Selbstlüge liegt: »Lügen wird immer bedeuten, den anderen *absichtlich* und *bewußt* zu täuschen, indem man *weiß*, was man *willentlich* verbirgt, und indem man sich selber folglich *nicht* belügt. Das *Selbst*, hat dieses Wort denn einen Sinn, schließt die Selbstlüge aus.«[31] Wie kann

27 Ebd., S. 75.
28 Ebd., S. 85.
29 Ebd., S. 78. Jörn Ahrens hat bereits 1995 in einem wichtigen Artikel zu den »Faschismusanalysen« von Arendt und Adorno auf die »Umschmelzung von Lüge in Wahrheit und Wahrheit in Lüge« den Blick gelenkt, ebenso wie auf die Leugnung von Tatsachen, die von diesen selber gleichsam vorprogrammiert wird (siehe unten). Die Radikalität, die er Adorno zuerkennt, weil dieser den »Effekt jener Umschmelzung« auch in den (demokratischen) »westlichen Gesellschaftssystemen« nachweist, zeichnet freilich ebenfalls den Ansatz aus, den Arendt in »Wahrheit und Politik« wählt. (Vgl. Jörn Ahrens, »Zur Faschismusanalyse Hannah Arendts und Theodor W. Adornos«, in: Leviathan. Zeitschrift für Sozialwissenschaft, 1, 1995, S. 36ff.)
30 Hannah Arendt, »Wahrheit und Politik«, a. a. O., S. 82.
31 Jacques Derrida, »History of the Lie: Prolegomena«, in: Graduate Faculty Philosophy Journal, 2/19 und 1/20, 1997, S. 156.

es eine Geschichte der Lüge geben, einen Übergang von ihrer traditionellen zu ihrer modernen Form, wenn die Selbstlüge oder Selbsttäuschung sich nicht von dem einfachen Betrug unterscheiden und als modifiziertes Verhalten eines lügenden Subjekts dingfest machen läßt, wenn der Selbstbetrug einer Tatsache gleichkommt, die bezug- und zusammenhanglos bleiben muß, unableitbar aus einem Vorhergehenden und darum immer schon vergangen? Der Lügner, der sich selbst belügt, ist ja eben nicht ein im Bewußtsein seiner Absicht von seinem Willen geleitetes Selbst: Geschichte eines Subjekts, das Selbstmord begeht, einen Mord, der so wenig von einem Subjekt vollbracht werden kann wie die Selbsttäuschung, einen Mord, der die Geschichte als Subjekt, als einheitliche Entwicklung unterbricht, bevor sie überhaupt anhebt, bevor man überhaupt zwischen traditioneller und moderner Lüge bündig unterscheiden kann, bevor im Totalitarismus, zu dem die moderne Lüge tendiert, die Bereitschaft zum Selbstmord einerseits abnimmt, andererseits in Permanenz erklärt wird – die Bedingungen der Lager erschweren die heteroautonome Handlung, führen aber ebenfalls das totalitäre Prinzip vor Augen, die Überflüssigkeit aller und eines jeden.[32] Gewiß, Arendt behauptet, daß sich gerade in der totalitär revisionistischen Zerstörung eines »Anhaltspunkts« für das Wirkliche und Tatsächliche das »eindeutige Zeichen« der Lüge erblicken läßt;[33] eine solche Deutung setzt indes einen unversehrt sich erhaltenden Anhaltspunkt voraus, ein Außen, das den totalen Verblendungszusammenhang Lügen straft und das der Unterscheidung zwischen Täuschung und Selbsttäuschung eine Grundlage verschafft. Gewiß, Arendt erkennt die fatalen Konsequenzen, die das »konsequente Lügen« hat, muß doch der Lügner entweder an einem Erdichteten festhalten, als wäre es ein Tatsächliches, und ohnmächtig die Veränderung belauern, die seine Lügen ihrer Wirkung beraubt, oder aber in der »Gren-

32 Hannah Arendt, *The Origins of Totalitarianism*, San Diego, New York und London 1976, S. 455 und S. 459. Zum Selbstmord in den Lagern vgl. auch: Jared Stark, »Suicide after Auschwitz«, in: Yale Journal of Criticism, 1, volume 14, 2001. Zum Selbstmord als heteroautonome Handlung vgl. auch: Alexander García Düttmann, *My Suicides*, in: Rut Blees Luxemburg und Alexander García Düttmann, *Liebeslied/My Suicides*, London 2000, passim.

33 Hannah Arendt, »Wahrheit und Politik«, a. a. O., S. 83.

zenlosigkeit der Möglichkeiten« untergehen;[34] ein solcher Untergang würde jedoch nicht die Wiedereinsetzung der Wirklichkeit ankündigen, sondern der Errichtung eines totalen Verblendungszusammenhangs den Weg ebnen, der den Unterschied zwischen Lüge und Wahrheit, Betrug und Selbstbetrug, Tatsächlichem und Möglichem durchstreicht.

Wird regelmäßig gegen die These vom totalen Verblendungszusammenhang das vielleicht stichhaltige, jedoch allzu mechanisch abgerufene Argument vorgebracht, sie verwickle sich in einen performativen Selbstwiderspruch, so könnte man dagegen einwenden, es sei wohl sinnvoller, sie als Übertreibung einer Tendenz zu interpretieren, die ohne die Übertreibung verdeckt bleiben würde. Adorno sagt am Ende seines 1959 gehaltenen Vortrags »Was bedeutet: Aufarbeitung der Vergangenheit«, er habe »das Düstere übertrieben, der Maxime folgend, daß heute nur Übertreibung das Medium von Wahrheit sei«.[35] Das Skandalon der Übertreibung, ihr Unerträgliches und Anstachelndes, das wiederum jene eher verspüren, die mit einem Gegenargument einer übertreibenden These begegnen, statt sich bei dem Hinweis auf ihre Übertriebenheit zu beruhigen, bei einem Hinweis, der die Abhängigkeit der Übertreibung von der Wahrheit unterstellt und es versäumt, die Abhängigkeit der Wahrheit von der Übertreibung zu untersuchen, besteht freilich in dem Zwang, sich zu ihr wie zu einer Tatsache zu verhalten. Eine Übertreibung erlaubt keine Befragung und fordert sie damit um so gewaltsamer heraus; je hartnäckiger sie durch die Abwehr von Fragen dem Befragenden das Übertriebene aufdrängt, desto beliebiger und willkürlicher mutet sie an. Wirkt eine Übertreibung so widerspenstig wie eine Tatsache, zwischen der Abwehr, die ihre aggressive Selbstgenügsamkeit betreibt, und der Abwehr, die von der Einklammerung ihrer Aufdringlichkeit verursacht wird, so kann man umgekehrt in der Tatsache selber eine für sie konstitutive Übertreibung ausmachen. Denn was ist das Unerwartete eines Ereignisses, das Arendt im Blick hat, anderes als eine entwaffnende und deshalb einen aufrüstenden Schutzmechanismus in Gang setzende Übertreibung? In den Vernich-

34 Ebd.

35 Theodor W. Adorno, »Was bedeutet: Aufarbeitung der Vergangenheit«, in: ders., *Eingriffe*, in: ders., Gesammelte Schriften, Band 10.2, Frankfurt am Main 1977, S. 567.

tungslagern haben Arendt und Adorno die Tatsache entdeckt, deren konstitutive Übertreibung, deren für immer unerwarteter und »beispielloser«[36] Charakter durch keine Befragung, keinen Vergleich, keine Veränderung von ihr losgelöst werden können. Das von den Nationalsozialisten fabrizierte »Durcheinander von Wahrheit und Wirklichkeit«, das die Sozialphilosophin in dem Bericht ihres 1949 angetretenen Besuchs in Deutschland konstatiert,[37] die mit der »Gräßlichkeit« des Festgestellten zunehmende »Unglaubwürdigkeit« von Tatsachen, die sie in der bereits angeführten Rezension »Das Bild der Hölle« zum Gegenstand ihrer kritischen Betrachtungen macht,[38] die »äußerste Unwahrscheinlichkeit« eines Fürwahrhaltens des Geschehenen und die aus der verwirrenden »Unfaßbarkeit« von Fakten entstehende »Atmosphäre der Irrealität«, von denen sie in ihrem 1950 publizierten Artikel über sozialwissenschaftliche Techniken und die Erforschung von Konzentrationslagern spricht,[39] entspringen nicht erst der propagandistischen Lüge oder der be-

36 Hannah Arendt, »Die vollendete Sinnlosigkeit«, a. a. O., S. 9.

37 Hannah Arendt, »Besuch in Deutschland«, in: dies., *Zur Zeit. Politische Essays*, Berlin 1986, S. 57.

38 Hannah Arendt, »Das Bild der Hölle«, a. a. O., S. 53.

39 Hannah Arendt, »Die totale Sinnlosigkeit«, a. a. O., S. 14 und S. 10. An einer Stelle ihres Werks *The Origins of Totalitarianism* führt Arendt die »eigentümliche Unwirklichkeit und de[n] Mangel an Glaubwürdigkeit, welche alle Berichte aus den Konzentrationslagern charakterisieren« (Hannah Arendt, *The Origins of Totalitarianism*, a. a. O., S. 438), auf die angeordnete Abrieglung von der Außenwelt zurück. Doch wenige Seiten darauf schreibt sie, daß die »von einem offensichtlichen Mangel an Zweckhaftigkeit« erzeugte »Atmosphäre von Wahn und Unwirklichkeit« den »wahre[n] eiserne[n] Vorhang« bildet, der »alle Arten von Konzentrationslagern vor den Augen der Welt verbirgt« (ebd., S. 445). Während die erste Erklärung die Tatsache geschichtlich, gesellschaftlich, politisch einordnet und letztlich von ihrer Veränderbarkeit zeugt, verweist die Unerklärbarkeit, die der zweiten Erklärung zugrunde liegt, auf die Unveränderbarkeit, auf das undurchsichtige So-Sein der Tatsache, das sich wiederum sofort in deren Beliebigkeit verkehrt. In den Lagern (v)erschließt sich eine »funktionierende Welt der Sinnlosigkeit«, in der ein Überfluß an Sinn herrscht, eine losgelassene, selbstgenügsame logizistische Konsistenz und Kohärenz (ebd., S. 457ff.). Mit Adornos Denken berührt sich das von Arendt dort, wo der Bezug auf einen herkömmlichen Ideologiebegriff ausbleibt und die These aufgestellt wird, daß gerade die moderne Reduktion auf das Verwend-, Berechen-, Austauschbare in die totalitäre Nutzlosigkeit umschlägt, die alles überflüssig macht, ihre Schergen eingeschlossen (ebd., S. 459).

trügerischen Manipulation der Tatsachen, vielmehr haben sie ihren Ursprung in diesen selber. Sie haben ihren Ursprung in einer der Tatsache der Lager »wesentlich einwohnenden Unglaubwürdigkeit«,[40] in dem Unmöglichen als dem »›Abgrund‹ des Möglichen«,[41] aus dem jene Tatsache in dem Augenblick hervortritt, in dem er sie verschluckt. Der totale Verblendungszusammenhang, die Orientierungslosigkeit einer Selbsttäuschung, die mit dem Unterschied von Selbst und Anderem den von Wirklichem und Unwirklichem suspendiert, *resultieren unmittelbar aus der Tatsache*, aus ihrer autarken, gänzlich sinnvollen und gänzlich sinnlosen Immanenz, *nicht aus einer Verfälschung und Auflösung des Tatsächlichen*, nicht aus dem »Umlügen«[42] der Wirklichkeit, das vorbereitend der Schaffung jener Tatsache vorausgegangen ist. So gelangt man zu der paradoxen Einsicht, daß die »Normalität der normalen Welt« gerade den »wirksamsten Schutz gegen die Offenlegung des totalitären Massenmords« bietet;[43] denn im »›Abgrund‹ des Möglichen«, der im Totalitarismus aufbricht, durch das Ineinsfallen von Wirklichkeit und Unwirklichkeit, erweist sich ja eine solche Offenlegung als vollends undenkbar.

In seiner Monographie *Schuld und Abwehr*, ein aus der ersten Hälfte der fünfziger Jahre stammender Beitrag zum Gruppenexperiment des Instituts für Sozialforschung, das die »öffentliche Meinung« sondieren sollte, die Haltung »charakteristischer Gruppen der Bevölkerung der Bundesrepublik zu weltanschaulichen und politischen Fragen«, leitet Adorno seine Hermeneutik oder seine qualitative Analyse des empirischen Materials, in dem das verdrängte oder eingestandene »Wissen vom Geschehenen« zum Ausdruck kommt, mit den Worten ein: »Das Grauen selbst [hat] seinen eigenen Schleier produziert; gerade das über alle Begriffe Gehende konnte kaum einer, gleichgültig, ob er es mit den Nationalsozialisten hielt oder nicht, sich zugestehen; es ist schwer, sich vorzustellen, wie man sonst überhaupt in Deutschland hätte weiter existieren können [...] Der apokryphe Charakter des Vernommenen, die Unsicherheit teils entstellter, teils unglaubhaft entsetzlicher Mitteilungen, hat dazu

40 Ebd., S. 439.
41 Ebd., S. 437.
42 Hannah Arendt, »Das Bild der Hölle«, a. a. O., S. 52.
43 Hannah Arendt, *The Origins of Totalitarianism*, a. a. O., S. 436.

beigetragen, das Gehörte durch eine Art Zensurmechanismus fortzuwischen.«[44] Die Rubrik »Vom Geschehenen nichts wissen wollen« enthält einen diesen Gedankengang weitertreibenden Satz, der ein zitiertes Protokoll deutet – Adorno erklärt, warum es leichter ist, eine »wahnwitzige Wahrheit« zu leugnen als anzuerkennen: »Das Unmaß des Geschehens [wurde] zu einem Bestandteil des Schleiers, der es verdeckte und es dem Bewußtsein Ungezählter leicht machte, das scheinbar Unmögliche abzuweisen.«[45] Die Abweisung wird zur Rechtfertigung, wo man mit dem »Unmaß des Verübten« dadurch seinen Frieden schließt, daß man vermutet, »so etwas könne nicht geschehen sein [...] wenn die Opfer nicht irgendeine Veranlassung gegeben hätten«.[46] Die erste »Meditation zur Metaphysik« aus der über zehn Jahre nach dem Gruppenexperiment fertiggestellten *Negativen Dialektik* zieht aus der Konfusion von Wahrheit und Unwahrheit, aus der Inkommensurabilität der geschichtlichen Tatsachen den Schluß, es sei vorstellbar, daß am Ende das »Pedestre«, krud Tatsächliche, unwahr nach dem Maß der über es sich erhebenden Wahrheit, das »letzte Wort« behält.[47] Schon in dem 1945 niedergeschriebenen Aphorismus »Pseudemonos« aus den *Minima Moralia* spricht Adorno davon, jedes »Greuel in der aufgeklärten Welt« werde »notwendig zum Greuelmärchen«. Wahrheit wird »unwahrscheinlich« und »klingt wie Lüge«, ein Schlüsselwort der »Reflexionen aus dem beschädigten Leben«; ihre »Unwahrscheinlichkeit« ist unvereinbar mit »faktischen Belegen«. Die »Vertauschung von Wahrheit und Lüge« zeigt sich »am deutschen Extrem«: »Als die Nationalsozialisten zu foltern begannen, terrorisierten sie damit nicht

44 Theodor W. Adorno, *Schuld und Abwehr*, in: ders., Gesammelte Schriften, Band 9.2, Frankfurt am Main 1975, S. 155ff.

45 Ebd., S. 158.

46 Theodor W. Adorno, »Was bedeutet: Aufarbeitung der Vergangenheit«, in: ders., *Eingriffe*, a. a. O., S. 557. »Der gesunde Menschenverstand reagierte auf die Schrecknisse von Buchenwald und Auschwitz mit dem plausiblen Argument: ›Welch' Verbrechen müssen diese Menschen begangen haben, daß ihnen solche Dinge angetan wurden!‹.« (Hannah Arendt, *The Origins of Totalitarianism*, a. a. O., S. 446.) Dort, wo sie an einem Begriff des Urteilens festhalten möchte, etwa am Ende des Buches über Eichmann, aber auch in den späten Kantvorlesungen, beruft sich Arendt auf den Gemeinsinn, dessen Verfallsform der gesunde Menschenverstand bereits darstellen soll.

47 Theodor W. Adorno, *Negative Dialektik*, a. a. O., S. 357.

nur die Völker innen und außen, sondern waren sogleich vor der Enthüllung um so sicherer, je wilder das Grauen anstieg. Dessen Unglaubwürdigkeit macht es leicht, nicht zu glauben.«[48]

Welche Reaktionen auf eine Tatsache, die mit ihrer konstitutiven Übertreibung untrennbar verschweißt ist, finden sich bei Arendt und Adorno, welche stereotypen Reaktionen beobachten beide in Deutschland? Beide beobachten die Vorherrschaft einer »Kälte«, einer »stumpfen und ängstlichen Gleichgültigkeit«, eines »Mangels an Affekt gegenüber dem Ernstesten«, einer »Apathie« und einer »offensichtlichen Herzlosigkeit«, die symptomatisch sein soll für die »brutale Weigerung, sich dem tatsächlich Geschehenen zu stellen und sich damit abzufinden«. Während Arendt hervorhebt, die »Wirklichkeit der Todesfabriken« werde in eine »bloße Möglichkeit« verwandelt, wo die Deutschen versichern, sie »hätten nur das getan, wozu andere auch fähig seien«, während sie die »Geschäftigkeit« denunziert, die der »Abwehr der Wirklichkeit« dient, dem Ausweichen der durch die totalitäre Propaganda und ihre ständige Veränderung aller Fakten entwerteten Tatsachen, notiert Adorno, die Abwehr eines »von außen« aufgezwungenen Schuldgefühls, die Brandmarkung der angeblich krankhaften, von den Ansprüchen der Gegenwart ablenkenden Neigung, »mit Vergangenem sich zu belasten«, habe die Funktion, den Schuldigen für unschuldig zu erklären, das Geschehene durch Vergessen in ein Nichtgeschehenes zu verkehren. Bevor man nach der Angemessenheit hergebrachter sozialwissenschaftlicher Axiome und Begriffe frage, klinge schon die »Aufzählung von Fakten« überspannt und unglaubwürdig, sagt Arendt und spielt dabei auf die Rede an, die den Nürnberger Prozeß eröffnete. Adorno beginnt einen pädagogischen Rundfunkvortrag mit der Forderung, »daß Auschwitz nicht noch einmal sei«, und stellt diese Forderung als Tatsache hin, als Forderung, die der Begreifbarkeit Grenzen setzt, weil ihrer Begründung »etwas Ungeheuerliches angesichts des Ungeheuerlichen« eignen würde: Tatsache gegen Tatsache. Um allerdings nicht der Verdinglichung anheimzufallen, die eine solche Tatsache bewirken kann, verortet Adorno die planvolle Ermordung Millionen schuldloser Menschen auch in einer »überaus mächtigen gesellschaftlichen Tendenz« und vergleicht

48 Theodor W. Adorno, *Minima Moralia*, a. a. O., S. 120.

sie mit früheren und späteren Genoziden.[49] Das Mißverständnis, es handle sich dabei um jene fragwürdigen »Kalküle«, die Adorno an anderer Stelle mit der »Eile« identifiziert, »durch Gegenvorwürfe von der Selbstbesinnung sich zu dispensieren«,[50] würde wiederum von der Hartnäckigkeit und Zähigkeit einer Tatsache zeugen, die jedes Verhalten, jedes Fragen und Befragen, jedes Konstruieren einer Konstellation einholt: Verdinglichung gegen Verdinglichung. Arendt zählt Tatsachen, die das »menschliche Begriffsvermögen« übersteigen, mit verzweifelter Deutlichkeit auf, schreibt zum Beispiel: »Die Tatsachen sehen folgendermaßen aus: sechs Millionen Juden, sechs Millionen menschlicher Wesen, sechs Millionen hilflose und meist ahnungslose Menschen wurden in den Tod getrieben.«[51] Sie räumt die Möglichkeit ein, daß man einmal die Kraft finden wird, »die ganze Geschichte zu erzählen«, und redet sogar von einer »grundlegenden Erfahrung« unserer Zeit, »auf der eine neue Kenntnis des Menschen beruht«, von einem »Ausgangspunkt« für neue Einsichten. Zu diesen Einsichten zählt zweifellos, daß die Konzentrationslager als »Laboratorien für das Experiment der totalen Beherrschung dienten« und daß in ihnen die »Opfer in einen permanenten Zustand des Sterbens« versetzt wurden.[52] Auch Adorno verweist in seinen »Aufzeichnungen zu Kafka«, niedergeschrieben in dem Jahrzehnt zwischen 1942 und 1953, auf den Umstand oder die Tatsache, daß in den »Konzentrationslagern des Faschismus« die »Demarkationslinie zwischen Leben und Tod« getilgt und ein »Zwischenzustand«[53] hergestellt worden sei. Jüngst hat Giorgio Agamben die Gestalt, genauer: die Ungestalt des Muselmanns zum Ausgangspunkt einer Ethik des »bloßen Lebens« gemacht und damit das von Arendt angekündigte Programm ausgeführt.[54]

49 Theodor W. Adorno, »Erziehung nach Auschwitz«, in: ders., *Stichworte*, Gesammelte Schriften, Band 10.2, a. a. O., S. 675.

50 Theodor W. Adorno, »Was bedeutet: Aufarbeitung der Vergangenheit«, in: ders., *Eingriffe*, a. a. O., S. 557.

51 Hannah Arendt, »Das Bild der Hölle«, a. a. O., S. 50.

52 Hannah Arendt, »Die totale Sinnlosigkeit«, a. a. O., S. 24 und S. 21.

53 Theodor W. Adorno, »Aufzeichnungen zu Kafka«, in: ders., *Prismen*, Gesammelte Schriften, Band 10.1, Frankfurt am Main 1977, S. 273.

54 Giorgio Agamben, *Quel che resta di Auschwitz. L'archivio e il testimone*, Turin 1998, passim. Vgl. dazu: Alexander García Düttmann, »Zweideutigkeit der Ethik«, unter dem Titel »Jenseits von Tod und Leben« erschie-

Wenn Arendt und Adorno auf der Andersartigkeit einer Tatsache beharren, die Wahrheit und Wahn, Notwendigkeit und Zufall bis zur Unkenntlichkeit und Ununterscheidbarkeit einander annährt, gleichzeitig aber den Versuch unternehmen, diese Andersartigkeit in einen sie einbegreifenden Zusammenhang zu rücken und Unveränderbarkeit und Veränderbarkeit voneinander zu trennen, dann muß man wohl das Einzigartige und Einmalige, das in der Andersartigkeit liegt und das Arendt durch seine gegen die Berufung auf historische Analogien gerichtete Verabsolutierung ausdrückt,[55] als ein doppeltes denken, als eines der Ursache und als eines der Wirkung. Das Einzigartige und Einmalige, nach dem im endlosen Streit der Historiker vergeblich gesucht wird, weil jeder Vergleich es bereits einschränkt, darf nicht einfach mit dem Einzigartigen und Einmaligen verwechselt werden, das die Unkenntlichkeit und Ununterscheidbarkeit von Wahrheit und Wahn in sich schließt. Was nämlich zur Folge hat, daß eine Tatsachenwahrheit kaum mehr feststellbar ist, entspricht strukturell genau dem, was nur einmal geschehen ist und was deshalb Zweifel daran hervorruft, ob es überhaupt geschehen konnte.

Weil sie auf eine Tatsache stoßen, weil eine Tatsache sich ihnen mit einer ungeahnten Hartnäckigkeit und unerhörten Willkür aufzwingt, die vor aller intendierten Täuschung täuscht, die also das Selbst, das Selbst ihrer selbst, in eine Selbsttäuschung verstrickt, in eine Täuschung ohne Subjekt oder Einheit, zeigen Arendt und Adorno die den Fragen Was ist Tatsache? und Was ist eine Tatsache? auferlegten Schranken auf, die Grenzen eines Zugangs zu Tatsachen – eines positivistischen und eines juridisch-moralischen Zugangs. Die Begriffe der Schuld und Unschuld reichen nicht aus,[56] ist die Schuld einmal zu einem

nen in der Frankfurter Allgemeinen Zeitung vom 19. April 1999. Agamben wirft Adorno allerdings vor, er habe den Muselmann, »die wahre Chiffre von Auschwitz« (*Quel che resta di Auschwitz*, a. a. O., S. 75), verkannt.

55 Hannah Arendt, »Die totale Sinnlosigkeit«, a. a. O., S. 30.

56 »Die Ethik aber ist der Bereich, der weder Schuld noch Verantwortung kennt [...] Daß man eine Schuld einbekennt und Verantwortung für etwas übernimmt, heißt, daß man aus dem Bereich der Ethik heraus- und in den des Rechts eintritt.« (Agamben, *Quel che resta di Auschwitz*, a. a. O., S. 22.) Jacques Rancière sucht in Betrachtungen zum 11. September 2001 den Grund für die Veränderungen, die an diesem Datum

Schuld-Sein geworden, zu einer Tatsache, die ihre Veränderbarkeit gleichsam aufgesogen hat und die aus diesem Grund auch nicht unveränderbar genannt werden kann, zu einer Tatsache, die sich nicht mehr als »Ergebnis menschlichen Handelns«[57] an-

nicht so sehr schlagartig stattgefunden, als sich vielmehr deutlich gezeigt haben, in einer *ethisch-legalistischen* Aufteilung der Welt in Gut und Böse, die den »politischen Streit« unterdrückt oder ausschließt. Diese Aufteilung geht mit der in der zweiten Hälfte des zwanzigsten Jahrhunderts entwickelten Vorstellung eines »absoluten Opfers« einher, eines »Opfers« des »unendlich Bösen«, das »unendliche Wiedergutmachung« fordert: »Die Ethik ist zu dem Denken dieses unendlich Bösen geworden, das undurchdringlich und unheilbar ist, und das einen geschichtlichen Bruch bewirkt hat, den man nicht rückgängig machen kann« (Jacques Rancière, »Le 11 septembre et après: une rupture de l'ordre symbolique?«, in: Lignes, Mai 2002, a. a. O., S. 44). – Am Ende des Kapitels über das Handeln, das *The Human Condition* enthält, stellt Arendt fest, »wir« seien im zwanzigsten Jahrhundert einem der seltenen Ausbrüche des radikal und schlechterdings Bösen ausgesetzt worden (Hannah Arendt, *The Human Condition*, Chicago 1989, S. 241). Daß dieser Ausbruch einen Grenzfall geschichtlicher Tatsachen oder Ereignisse bildet, soll man daran ablesen können, daß sich die begangenen Verbrechen weder bestrafen noch vergeben lassen; sie »transzendieren« den »Bereich menschlicher Angelegenheiten«. Zur menschlichen Bedingtheit und zum menschlichen Bedingen, das Arendt von einer Natur des Menschen deutlich unterscheidet (ebd., S. 10), zählt also *das Vermögen, etwas zu beginnen, das uneinholbar den Menschen übersteigt.* Unbedingtheit als Paradigma aller Neuheit: ein solcher Beginn zeichnet sich wie kein anderer durch die drei Hauptmerkmale des Handelns aus, durch Unberechenbarkeit, Unwiderrufbarkeit, Unbenennbarkeit; so, als würde der handelnde Mensch gerade dadurch seine »Freiheit« (Hannah Arendt, »What is Freedom?«, in: dies., *Between Past and Present*, a. a. O., S. 151) beweisen, daß er sich in die unbedingte Abhängigkeit eines von ihm geschaffenen Unbedingten begibt. Ist die »Gedankenlosigkeit«, auf die Arendt sowohl in *The Human Condition* als auch in *The Life of the Mind* das Böse in der Gegenwart zurückführt, nicht ihrerseits eine Auswirkung dieser aus Unabhängigkeit resultierenden Abhängigkeit? Wie sehr wird die Unabhängigkeit, ohne die der handelnde Mensch den Ausbruch des radikal und schlechterdings Bösen nicht hätte fördern, ja provozieren können, durch das Denken gestärkt, das alles Gegebene »transzendiert« und auflöst (Hannah Arendt, *The Life of the Mind*, a. a. O., S. 73), alle Tatsachen und schließlich den Gemeinsinn selber (Hannah Arendt, *The Human Condition*, a. a. O., S. 283), an dem die Urteilskraft hängt, das Unterscheiden des Richtigen vom Falschen (Hannah Arendt, *Lectures on Kant's Political Philosophy*, herausgegeben von Ronald Beiner, Chicago 1982, S. 64)?

57 Hannah Arendt, »Das Bild der Hölle«, a. a. O., S. 51. Der Bericht von dem Jerusalemer Prozeß beinhaltet eine Kritik an der Unfähigkeit der Richter, der modernen Entwicklung der Lüge Rechnung zu tragen und

sehen läßt, als ein *Schuld(ig)sein*, und die deshalb den Unterschied zwischen Schuldigen und Unschuldigen in einen Strudel verwirrender Umkehrungen reißt. In ihrem Bericht über ihren Deutschlandbesuch bemerkt Arendt: »Eine ganze Reihe Deutscher, die sogar besonders nachdrücklich auf der deutschen Schuld im allgemeinen und ihrer eigenen Schuld im besonderen besteht, gerät in eigenartige Verwirrung, wenn sie ihre Meinung artikulieren muß; diese Personen machen aus irgendeiner Mücke gleich einen Elefanten, während etwas wirklich Ungeheuerliches gleichzeitig ihrer Aufmerksamkeit völlig entgeht. Eine Variante dieser Verwirrung besteht darin, daß Deutsche, die ihre eigene Schuld eingestehen, in vielen Fällen, nüchtern betrachtet, ganz unschuldig sind, wohingegen diejenigen, die sich wirklich etwas haben zuschulde kommen lassen, das ruhigste Gewissen der Welt haben.«[58] Adornos monographisches Kapi-

dadurch der »größten moralischen und juridischen Herausforderung des Falles« zu begegnen (Hannah Arendt, *Eichmann in Jerusalem*, a. a. O., S. 26). Eichmann ist kein konventioneller Lügner, er kann nicht »wissen« oder »fühlen«, daß er etwas Falsches tut oder getan hat (ebd., S. 276), weil in der totalen Herrschaft die Fähigkeit, das Richtige vom Falschen und das Wahre vom Unwahren zu unterscheiden, tingiert wird – und sei es durch die Einrichtung einer »Sachlichkeit«, die sich gegen das »Gefühl« wendet (ebd., S. 69). Anachronistisch wirkt unter solchen Umständen der Rekurs auf eine »Stimme des Gewissens« (ebd., S. 148). Gleichzeitig besteht Arendt aber darauf, daß die »Sprachreglungen« der Nationalsozialisten, die zur Abschirmung von Wirklichkeit und Tatsächlichkeit, von *anderen überhaupt* (ebd., S. 49) beitrugen, »in der geläufigen Sprache als Lügen bezeichnet werden« (ebd., S. 85). Sie brandmarkt die Berufung auf Irrationalität und Unbegreifbarkeit, wo diese das Geschehene legitimiert (ebd., S. 19f.). Die Abschaffung des Unterschiedes zwischen dem Wahren und dem Unwahren, dem Falschen und dem Richtigen, dem Wirklichen und dem Unwirklichen kann nie vollkommen gelingen: »Ein Mensch wird immer am Leben bleiben, um die Geschichte zu erzählen.« (ebd., S. 233) Zur Bedeutung solchen letztlich sinnstiftenden Erzählens, vgl. Hannah Arendt, *The Human Condition*, a. a. O., S. 181f.

58 Hannah Arendt, »Besuch in Deutschland«, a. a. O., S. 57f. In *Eichmann in Jerusalem* denunziert Arendt die Pflege des öffentlichen Schuldbekenntnisses in der Bundesrepublik mit dem Satz, es sei »ziemlich befriedigend«, sich schuldig zu fühlen, wenn man nichts Verwerfliches getan habe. Solche Schuldbekenntnisse erfüllen objektiv den Zweck, von der tatsächlichen Schuld und den wahren Schuldigen abzulenken. (Hannah Arendt, *Eichmann in Jerusalem*, a. a. O., S. 251.) Zwar erkennt Arendt durchaus an, daß jede Generation in einem »geschichtlichen Zusammenhang« steht und mit den »Sünden der Väter« belastet ist, doch die Schuld-

tel *Schuld und Abwehr* enthält in dem Abschnitt über »Sühnebereitschaft« eine eigentümliche Vermutung: »Man darf vielleicht sagen, daß eigentlich nur der vom neurotischen Schuldgefühl frei ist und fähig, den ganzen Komplex zu überwinden, der sich selbst als schuldig erfährt, auch an dem, woran er im handgreiflichen Sinne nicht schuldig ist.«[59]

II

Wir können uns auf das, was noch nie war, ebensowenig beziehen wie auf das, was immer schon gewesen ist. In dem Augenblick, in dem wir uns auf das beziehen, was noch nie war, haben wir es bereits in etwas Wiedererkennbares verwandelt, als wäre es immer schon gewesen. In dem Augenblick aber, in dem wir uns auf das beziehen, was immer schon gewesen ist, haben wir es bereits in etwas Neues verwandelt, als wäre es noch nie gewesen. Behauptet man also von etwas, daß es noch nie war oder immer schon gewesen ist, so behauptet man, daß man darüber nichts sagen oder nicht sprechen kann, daß es aller Sprache zuvorkommt und als plötzliches oder unaufhörlich wiederholtes Beginnen einen Rest bildet, eine uneinholbare Übertreibung. Gleichzeitig können wir uns aber allein auf einen Rest beziehen, auf das, was bezuglos bleiben muß. Würde nämlich das, worauf wir uns beziehen, nicht bezuglos bleiben, so würden wir uns nicht eigentlich darauf beziehen; in einem gewissen Sinne würden wir damit zusammen- oder ineinsfallen.

In dem Maße, in dem ein Rest dort, wo wir uns auf ihn beziehen, bezuglos bleibt, unbezüglich, erweist er sich als gänzlich einzigartig *und* als gänzlich gespalten. Ein Rest ist in sich bezüglich, hat einen Bezug in sich, weil er bei jedem Versuch, ihn zu fassen, sich auf jenes bezieht, was er nicht ist, und weil er uns dadurch, daß er den Bezug unmöglich macht, herausfordert, uns auf ihn zu beziehen. Der Rest gibt sich preis und hält doch an sich. Diese paradoxe Logik der Kategorie der Relation ist die Logik der Dekonstruktion. Denn was der Dekonstruktivist als Iterabilität bezeichnet, den Bezug zwischen einer Wiederholung

gefühle, die von dieser Last zeugen, sollen lediglich in einem »metaphorischen Sinne« mit moralischer Schuld zusammenhängen (ebd., S. 298).

59 Theodor W. Adorno, *Schuld und Abwehr*, a. a. O., S. 320.

ohne Ursprung und einer Veränderung ohne Original, entspricht genau dem Gedanken eines unentscheidbaren, möglichen und gleichzeitig unmöglichen Bezugs zwischen dem, was immer schon gewesen ist, und dem, was noch nie war. Es überrascht also kaum, daß Dekonstruktivisten dazu neigen, ihr Denken an der Aussage »Nur nicht-X ist oder ermöglicht X« auszurichten: »Nur das Unmögliche ist möglich«, »Nur das Unentscheidbare ermöglicht Entscheidungen«, »Nur das Unverzeihliche kann verziehen werden« usw.

Wenn wir uns auf etwas beziehen, sind wir in die Bewegung der Iterabilität einbezogen, wiederholen wir etwas und verändern es zugleich. So geht der Rest, die Unmöglichkeit eines Bezugs oder einer Beziehung, nicht einfach dem Bezug oder der Beziehung voraus, die er auf dem ungewissen Grund seiner eigenen Unmöglichkeit ermöglicht. Vielmehr resultiert er auch aus diesem Bezug oder dieser Beziehung.

Von Auschwitz als einem Rest zu sprechen, als einem Bleibenden, bedeutet weder, daß man Auschwitz die Einzigartigkeit eines Nie-Zuvor zuerkennt, noch, daß man Auschwitz mit der Allgegenwart eines Immer-Schon gleichsetzt. Es bedeutet, daß man sich auf Auschwitz bezieht und durch den Bezug, der das Zuerkennen und Gleichsetzen übersteigt, verhindert, daß Auschwitz zu einem »Unnennbaren« und »Unsagbaren« wird.[60] Oder es bedeutet, daß man sich nicht *nicht* auf Auschwitz bezieht – so könnte man es zumindest im Hinblick auf die Schwierigkeiten ausdrücken, die dem Versuch innewohnen, einen Bezug oder eine Beziehung zu identifizieren. Kann aber Auschwitz dem Bezug nicht schlechthin vorausgehen, wird Auschwitz von dem Bezug selber auch hervorgebracht. Ein Zeugnis muß nach Auschwitz abgelegt werden und wird dennoch ebenfalls vor Auschwitz abgelegt. Vielleicht impliziert jede mögliche *Beziehung* zum Holocaust dessen Verleugnung.

Auf den ersten Blick scheint Giorgio Agambens Buch *Quel che resta di Auschwitz* der Logik der Dekonstruktion verpflichtet zu sein. In dem einleitenden Kapitel wird die Möglichkeit eines Zeugnisses auf dessen Unmöglichkeit bezogen, auf jenes, was nicht zur Sprache gehört, auf jenen, der über keine Sprache verfügt. Einerseits behauptet Agamben, daß Sprache nur durch

60 Giorgio Agamben, *Quel che resta di Auschwitz*, a. a. O., S. 30.

das Rühren an eine Grenze ein Zeugnis sein kann, durch das Rühren an die Grenze des Sinns. In dem Maße, in dem Sprache in »Nicht-Sprache« ihren Ursprung hat, in der »reinen Unentscheidbarkeit von Buchstaben«,[61] ist sie stets schon ein Zeugnis, das sich auf etwas bezieht, was selber kein Zeugnis ablegt und deshalb der Bezeugung bedarf. Andererseits behauptet Agamben, daß der Nachweis, der in der Sprache die Struktur eines bezeugenden Bezugs und das Rühren an eine Grenze des Sinns ausmacht, nicht ausreicht, um Sprache wirklich als Zeugnis zu betrachten. Das sinnleere Geräusch der Sprache darf nicht mit einer »Stimme« verwechselt werden, da die Gründe, aus denen die Sprache kein Zeugnis ablegen kann, und die Gründe, aus denen eine »Stimme« es nicht zu tun vermag, »ganz und gar verschieden« sind.[62] Der blinde Fleck in der Sprachstruktur setzt Sprache der »Nicht-Sprache« aus, verdeckt aber auch gleichsam einen anderen blinden Fleck. Diesen anderen blinden Fleck markiert in der Sprache jener, der über keine Sprache verfügt, die *geschichtliche* Gestalt oder Ungestalt des *Muselmanns*. So will es scheinen, als würde das Immer-Schon des Zeugnisses ein Noch-Nie benötigen, soll das Zeugnis wahrlich eines sein. Ist es nicht genau diese doppelte Unmöglichkeit, die Unmöglichkeit, sich auf ein Immer-Schon zu beziehen, ohne sich auf ein Noch-Nie zu beziehen, und die Unmöglichkeit, sich auf ein Noch-Nie zu beziehen, ohne sich auf ein Immer-Schon zu beziehen, die Agamben dazu veranlaßt, von seinem Buch als »einer Art unausgesetztem Kommentar« zu sprechen, der sich auf das Zeugnis bezieht?[63] Was von Auschwitz bleibt ist weder der *Muselmann*, von dem der Überlebende Zeugnis ablegt, noch die Sprache als Zeugnis, sondern das Zeugnis als jenes, was in einem Immer-Schon und einem Noch-Nie besteht. Das Zeugnis ist die Aufgabe des Bezeugens, der Ruf, das Verlangen, die Forderung nach einem Zeugnis.

In *Homo Sacer*, einer Analyse »souveräner Macht und bloßen Lebens«, die eine politische Ontologie entwirft, auf der das Buch über Auschwitz beruht, lenkt Agamben die Aufmerksamkeit auf die Kategorie der Relation und kritisiert die Dekonstruktion. Die Dekonstruktion soll die souveräne Beziehung

61 Ebd., S. 36.
62 Ebd.
63 Ebd., S. 9.

und den von ihr geschaffenen Ausnahmezustand perpetuieren. Zur Definition der Souveränität verwendet Agamben einen Ausdruck, auf den er bei Scholem stößt: »Geltung ohne Bedeutung«.[64] Solche »Geltung ohne Bedeutung« ist eine *reine* Beziehung, die das einbezieht, worauf sie sich durch eine Aussetzung und einen Ausschluß richtet. Die Dekonstruktion soll folglich Souveränität bekräftigen, indem sie das Sein als unentscheidbare Beziehung deutet, als Unentscheidbarkeit, auf die sich das Dasein beziehen muß und zugleich nicht beziehen kann.[65] Insofern eine Beziehung indes jenes, worauf sie sich richtet, stets in seiner Bezuglosigkeit beläßt, muß man sich fragen, ob es überhaupt eine Beziehung geben kann, die nicht die souveräne Beziehung produziert und reproduziert. Muß sich eine radikale Kritik der Souveränität nicht gegen die Kategorie der Relation selber wenden, gegen deren ontologische oder quasi-ontologische Rechtfertigung, gegen die Dekonstruktion als äußersten Ausdruck dieser Rechtfertigung? Agamben verweist durchaus auf die Notwendigkeit einer solchen Kritik. Am Anfang von *Homo Sacer*, in einem Abschnitt, mit dem der programmatische Teil über die »Logik der Souveränität« schließt, stellt er fest, daß man das »gesellschaftlich-politische *Faktum*« nicht mehr als »Beziehung« denken soll, und daß das »Zusammen von Sein und Seiendem keine relationale Form hat«.[66] Wie kann man jedoch ein »Zusammen« oder ein »Zusammensein« von einer Beziehung unterscheiden? Was unterscheidet das Zeugnis von dem Ausnahmezustand, von der einschließenden Beziehung des Ausschließens, die, Agamben zufolge, zu der Einrichtung der Lager führt,[67] wenn es zutrifft, daß in beiden Fällen die Kategorie der Relation und die »Logik der Souveränität« wirksam sind? Bestimmt nicht Agamben selber das Zeugnis als »unentscheidbare Mitte oder unentscheidbares Medium«?[68] Kann die Auseinandersetzung mit dem Begriff des Rests oder des Blei-

64 Giorgio Agamben, *Homo Sacer. Il potere sovrano et la nuda vita*, Mailand 1995, S. 59.

65 Ebd., S. 62f.

66 Ebd., S. 70.

67 Ebd., S. 188.

68 Giorgio Agamben, *Quel che resta di Auschwitz*, a. a. O., S. 150. Zu dem Begriff der »Mitte« oder des »Mediums« [medio] in Agambens Denken, vgl. Alexander García Düttmann, »Integral Actuality«, Vorwort zu: Giorgio Agamben, *Idea of Prose*, Albany 1995.

benden, die sich am Ende des Buchs über Auschwitz findet und die der Autor in *Il tempo che resta* fortsetzt, zur Beantwortung dieser Fragen beitragen?

Der Begriff des Rests oder des Bleibenden, um den es Agamben zu tun ist, zeigt die Unmöglichkeit an, ein Ganzes oder den Teil eines Ganzen als Einheit zu setzen. Der Rest ist ein irreduktibles und darum ursprüngliches Uneinssein, ein »Nicht-Alles« oder »Kein-Ganzes« [non tutto],[69] das sich weder durch eine bloße Bejahung noch durch eine bloße Verneinung ausdrücken läßt, und das die Gestalt einer doppelten Negation annimmt, die nicht in einer synthesierenden Einheit resultiert. So erweist sich der Rest als in sich bezüglich. Er ist ein Offenes, in dem sich etwas auf ein anderes bezieht und dabei aufhört, das zu sein, was es ist, ohne zu jenem zu werden, was es nicht ist. Der Begriff des Rests meint bei Agamben das Beziehen des Bezugs, die Tatsache, *daß* die Beziehung eine Beziehung ist. Es geht dabei also nicht um den Bezug auf etwas, sondern um das *Sein* der Beziehung, darum, daß man in die Beziehung eingeht und an deren Faktizität rührt, an ihr *Daß*-sie-(sich)-bezieht. Allein aus solcher Sicht kann ein Rest als ein »Zusammen« oder »Zusammensein« verstanden werden, das sich nicht mehr durch eine »relationale Form« auszeichnet. Um (sich) nicht (auf etwas) zu beziehen und sowohl mit der »Logik der Souveränität« zu brechen als auch aus der schlechten Unendlichkeit der Iterabilität herauszutreten, aus einem ständig erneuerten und ständig enttäuschten Bezug, muß man sich in dem Beziehen der Beziehung halten. Von Auschwitz als einem Bleibenden zu reden, bedeutet deshalb nicht, daß man sich durch das Zeugnis auf Auschwitz bezieht, sondern vielmehr, daß man zu einem Zeugnis wird und so aufhört, von etwas Zeugnis abzulegen – von Auschwitz.

An dieser Stelle scheint aber der Eigenname zu verschwinden. Sobald nämlich der Begriff des Rests eine Einsicht in den Unterschied gewährt hat, der zwischen einer Beziehung, einem Bezug, einer Relation und einem »Zusammen« ohne »relationale Form« besteht, zeigt sich, daß die Rede, die von dem handelt, was von *Auschwitz* bleibt, philosophisch gleichgültig ist. Würde man einen Beweis für diese Gleichgültigkeit erbringen wollen, dann würde es ausreichen, an den Umstand zu erinnern, daß

69 Giorgio Agamben, *Il tempo che resta*, Turin 2000, S. 53.

Agamben seinen Begriff des Rests in *Il tempo che resta* entfaltet, also im Zusammenhang mit einer Exegese des Römerbriefs, die ohne jeden spezifischen Bezug auf Auschwitz, auf das, was von Auschwitz bleibt, auskommt. Das letzte Kapitel des Buchs *Quel che resta di Auschwitz* ist lediglich eine Skizze, die die eigentliche Entfaltung des Arguments ankündigt. Die philosophische Gleichgültigkeit gegenüber dem Eigennamen verdeutlicht, daß jede Einsicht eine Abstraktion und eine Idealisierung vollziehen muß, unabhängig davon, ob man sie als eine philosophische ansieht oder nicht. Dieser Vollzug ist unvereinbar mit dem Gedanken eines *konstitutiven* Bezugs zwischen dem kognitiven Akt und einem Eigennamen. Oder ratifiziert die Vorstellung von einem konstitutiven *Bezug* die »Logik der Souveränität«, setzt sie den Begriff als Souverän ein? In der Gleichgültigkeit des Begriffs liegt auch der Grund dafür, daß das Projekt einer Philosophie, einer Ethik »nach Auschwitz« entweder irreführend ist oder bloß zum Ausdruck bringt, daß es eines Anlasses oder einer Gelegenheit zur Gewinnung einer Einsicht bedarf, etwa zur Gewinnung einer Einsicht in die Implikationen des Bezugs auf ein noch nie Gewesenes. *Die Abhängigkeit von einem Anlaß oder einer Gelegenheit mag nicht kontingent sein, sicherlich aber ist die Gleichsetzung eines Anlasses oder einer Gelegenheit mit einem bestimmten Eigennamen kontingent.* In dem Maße, in dem sich eine Diskussion über das, was von Auschwitz bleibt, stets in einem begrifflichen Element bewegt, in dem Medium der Abstraktion und der Idealisierung, kann eine solche Diskussion nicht eigentlich um die Begründung des noch nie Gewesenen kreisen. Sie kreist um das, was immer schon war, selbst wenn sie die Dialektik des Bezugs auf ein Noch-Nie und ein Immer-Schon zum Gegenstand hat. Anders formuliert: eine Diskussion über das, was von Auschwitz bleibt, betrifft die Formen, in denen der Begriff einen Eigennamen auslöscht. Man könnte versucht sein, aus diesem Umstand zu folgern, daß es Philosophie nach Auschwitz in einem bedeutenden Sinne nicht gibt, daß es nach Auschwitz nur Dichtung oder Literatur gibt. Aber eine solche Behauptung würde sich selber desavouieren.

Flugsimulator
Übertreibung und Trauma

»[...] wie Genesende, die eine Krankheit abschütteln im Wind [...]«

Ingeborg Bachmann über Reisende nach einem Flug

Pre-Boarding. »The award of £ 1.2 million to 14 police officers who suffered mental trauma after the Hillsborough football disaster sets a dubious precedent«, heißt es am Anfang eines kurzen, im Londoner *Evening Standard* abgedruckten Artikels, der den Titel trägt »Trauma? It's a whole new vocabulary these days«. Die Autorin wirft die Frage auf, ob unter den Bedingungen, die der Präzedenzfall schafft, nicht auch die Mitglieder der Rettungsmannschaften, die sich nach der Explosion der PAN AM-Maschine über Lockerbie am Unglücksort einfanden, Anspruch auf Schadensersatz erheben könnten, und stellt dann allgemeine Überlegungen an: »One effect of living in a largely secular society is that we think of ourselves as almost entirely psychological beings. Every setback is a ›trauma‹, every injury makes us a ›victim‹.« (Evening Standard, London, 5.6.1996.)

Crash. Am 18. Juli 1996 berichtet CNN rund um die Uhr von Flight 800. Auf den Flughäfen Charles de Gaulle und JFK sorgt TWA dafür, daß eigens zusammengestellte »trauma teams« in kurzfristig eingerichteten »trauma (counselling) centers« Angehörige und Freunde der Menschen betreuen, die bei dem Flugzeugunglück das Leben verloren haben. Der Bürgermeister von New York und später auch die Familien der Opfer des Unglücks oder Attentats (das FBI untersucht nach dem Absturz, ob es sich um einen terroristischen Anschlag handelt) kritisieren die Betreuung. Gibt es ein Trauma der Hinterbliebenen, das durch einen Mangel an Trauma bewirkt wird, dadurch, daß die Verunglückten nicht lange genug lebten, um in der Gestalt eines Traumas von dem schrecklichen Geschehen affiziert zu werden, das sie heimgesucht hat? Oder verringern sich die traumatischen Effekte gerade durch das Bewußtsein, daß das Geschehen von den

Verunglückten kaum bewußt erfahren worden ist? Nicht allein das Nicht-Wissen um das Nicht-Wissen, die Ungewißheit darüber, was ein Verunglückter vor dem jähen und gewaltsamen Tod noch begriffen hat, kann den Schrecken steigern. (Spekulationen, wie die Insassen den Absturz erlebt haben mögen, reißen nicht ab.) Die Hypothese des Nicht-Wissens selber kann sich schreckenerregend auswirken – der andere hat nicht einmal gewußt, gespürt, geahnt, daß ihm etwas Schreckliches widerfährt, er ist ausgelöscht worden, *als hätte es ihn nie gegeben*. In gewisser Weise, das heißt: In dem Maße, in dem der Tod dem Wissen und der Erfahrung sich entzieht, in dem Maße, in dem ihm stets etwas Jähes und Gewaltsames anhaftet, ist mit einer solchen Unentscheidbarkeit ein allgemeiner Sachverhalt ausgedrückt, mag er auch in seiner Allgemeinheit, die das Trauma in die Endlichkeit überhaupt verlegt, über die Besonderheit traumatischer Effekte hinwegtäuschen. Wenn sich aber die Schwierigkeit, die mit der Unentscheidbarkeit gegeben ist, nicht unmittelbar überwinden läßt (ist die Ungewißheit um das vom anderen Erlebte traumatischer als die Gewißheit?), vermag man an ihr eine Unmöglichkeit und eine Notwendigkeit abzulesen: Unmöglichkeit der vorbereitenden Vorwegnahme des Traumas und Notwendigkeit der nachträglichen Einholung durch es. Trauma und Aussetzung gehören zusammen.

Boarding. Auf der einen Seite soll sich das Trauma verallgemeinern und in die Endlichkeit überhaupt verlegen lassen, auf der anderen Seite soll es der Verallgemeinerung widerstehen, dem Wissen, das die Erfahrung bewältigt: allgemeines Trauma *als* je besonderes. Noch gegen den Gedanken einer paradoxen Allgemeinheit könnte man allerdings den Einwand erheben, der in reaktionär-populistischer Weise von der Autorin des zitierten Zeitungsartikels erhoben wird: daß die Rede vom Trauma und die Deutung eines Erlebnisses oder eines Zustands als traumatisch von der gesellschaftlichen Säkularisierung[1] und der Psychologisierung des Menschen abhängen, von der ersetzenden, verdeckenden, verdrängenden, verfälschenden, trügerisch kompensierenden Verselbständigung einer Sprache: »We have the vocabulary to describe these things in a way that previous gene-

1 Gesellschaft ist bereits ein säkularer Begriff.

rations never did. By and large, they lived by far older words: ›To give and not to count the cost. To fight and not to heed the wounds‹. Sometimes those words were stifling and bogus and denied terrible pain. At other times, they urged people to acts of astonishing selflessness. Either way they made it easier to accept that life is bloody, and we can't ever be compensated for that.« Der ursprünglichen, älteren Sprache wird in diesem Abschnitt eine doppelte Funktion zugesprochen, zwischen dem schicksalhaften und schuldhaften Leben, das keinen Ausgleich kennt und dem die Lebenden deshalb blind ausgesetzt sind, und der Heldenhaftigkeit, mit der sich die Menschen gegen den blutigen Gang der Dinge auflehnen. Einmal dient die Sprache dem Leben, da sie es den Lebenden angeblich erleichtert, das Unabänderliche hinzunehmen, wie es ist; dann aber dient sie den Lebenden und soll es ihnen ermöglichen, sich aus der Verstrickung in die stets erneuerte Schuld des Lebens auszunehmen, ohne daß der resultierende Ausnahmezustand schon einer Verneinung oder Verleugnung des Unabänderlichen entspräche. Es ist diese doppelte Funktion der Sprache, in der sich Individualismus und Schicksalsergebenheit, die beiden widersprüchlichen Elemente einer konservativen Ideologie widerspiegeln, die die Zweideutigkeit des Artikels ausmacht und ihm gerade seine populistische Kraft verleiht. Denn der Populismus zieht seine stärkste Kraft nicht aus der Eindeutigkeit, wie man gemeinhin annimmt, sondern aus dem unreflektierten Widerspruch, der die Ideologie erzeugt. Während die Sprache als ein bloßes Mittel im Dienst eines Zwecks – im Dienst des Lebens vorgestellt wird, legt man dem Leser zugleich nahe, daß der Zweck das eigentliche Mittel ist, daß also das Verhältnis zur Sprache und zum Wortschatz allein darüber entscheidet, wie man sich zum Leben und zur Erfahrung verhält. Die Sprache reicht weiter als die Erfahrung, die sie in der Gestalt weiser Sprüche ausdrückt, da die bloße Gegebenheit eines Wortschatzes bereits ausreichen und uns dazu anhalten soll, Erfahrenes auf eine besondere Art und Weise zu deuten; frühere Generationen hatten kein traumatisches Erlebnis, weil ihnen das Wort Trauma in seiner »psychologischen« Bedeutung unbekannt war und sie nicht über das Trauma reden konnten. Wie »Chockerlebnis«, »traumatophiler Typ« und »Moderne« geschichtlich, gesellschaftlich, politisch und ökonomisch zusammenhängen mögen, hat bekanntlich Benjamin in seinen Studien über Baudelaire untersucht;[2] keine Andeutung dieses Sachverhalts bei einer Autorin, die in der »Säkularisierung« eine unvermittelte Fatalität zu erblicken scheint, hinter der ein vermeintlich ursprünglicher Zustand sich verklärt. Dreifaches Sprachtrauma: Trauma der verlorenen Sprache, die einen Ausgleich sucht, wo das Leben jeden ausgleichenden Lohn verweigert, Trauma des Sprachverlustes im Zuge der sprachlichen Säkularisierung und Psychologisierung, Trauma, das den Wortschatz der neuen Sprache beherrscht. Nur das letztgenannte Trauma soll jedoch den Namen des Traumas erhalten dürfen: daß es sich bei den vorhergehenden Spracherfahrungen um ein Sprachtrauma handelt, wird bestritten.

Wollte man, mit einem anachronistischen Ausdruck, das Wahrheitsmoment in der ideologischen Denunziation einer Traumasprache ausfindig machen, könnte man auf die von Adorno gegebene Definition des Jargons der Eigentlichkeit rekurrieren. Daß Wörter durch ihre verleugnete Konstellation zu solchen jenes Jargons werden, läßt sich so verstehen, daß die Differenz zwischen freier Sprache und Jargon die zwischen der Anerkennung und der Verleugnung einer sprachlichen Konstellation ist. Im Begriff der Konstellation, zu dem Veränderbarkeit gehört, ist bereits impliziert, was Adorno das »okkasionelle Moment noch der genauesten Wörter«[3] nennt und was letztlich die grundsätzliche Möglichkeit anderer Sprachen anzeigt. Indem aber jede neue Sprache dazu tendiert, sich selber zu setzen, um sich als Sprache zu behaupten, weist Sprache im allgemeinen, das heißt: in der Virtualität ihrer unaufhebbaren Vielfalt die Tendenz auf, sich in einen Jargon zu verwandeln. Adorno erkannte, daß Identität stets auf Totalität sich richtet; die Selbstbehauptung der Sprache, ihre Setzung als Behauptung einer sprachlichen Identität, ist davon nicht ausgenommen.

Beachten muß man noch eine andere Wirkung, die von der

2 Nachdem er in seiner Abhandlung *Über einige Motive bei Baudelaire* die Bestimmung des Traumas Freud entnommen und den Begriff des »Chocks« eingeführt hat, schreibt Benjamin: »Dem Chockerlebnis, das der Passant in der Menge hat, entspricht das ›Erlebnis‹ des Arbeiters an der Maschinerie.« (Walter Benjamin, *Über einige Motive bei Baudelaire*, in: ders., Gesammelte Schriften, Band I.2, Frankfurt am Main 1974, S. 632.)

3 Theodor W. Adorno, *Jargon der Eigentlichkeit. Zur deutschen Ideologie*, Frankfurt am Main 1964, S. 51.

Bewegung der Sprache ausgeht. Nicht nur vermöchte, wie Adorno hervorhebt, kein Denken »zum nicht schon Gedachten sich zu entfalten ohne [einen] Schuß von Unverantwortlichkeit«,[4] ohne Übertreibung; das gesetzlose Gesetz solcher Entfaltung gilt ebenfalls für jede neue Sprache. Dann ist jedoch die sprachliche Tendenz zum Jargon nicht allein auf die Selbstbehauptung der Sprache zurückzuführen. Sie wird auch von dem Ausgleich, den die Unverantwortlichkeit fordert, gezeitigt. Im Jargon begegnet die Sprache ihrer traumatischen Sprachlosigkeit, der in der Unverantwortlichkeit gelegenen Öffnung und Aussetzung, ohne die sie keine Sprache wäre. Der Jargon erweist sich als Symptom, an dem man ein Trauma der Sprache ablesen kann. Es affiziert sie in dem Augenblick, in dem es mehr als eine Sprache und damit Sprache überhaupt gibt.

Short Delay. Gegen das Argument der gesellschaftlichen Bedingtheit einer die Gesellschaft bedingenden Rede vom Trauma, das man in dem *fast-food*-Artikel über den neuen Wortschatz findet, könnte man vorbringen, daß weder die Psychologisierung in einer säkularisierten Gesellschaft noch die Verselbständigung einer Sprache, die dem Selbstverständnis psychologischer Wesen entspricht, dazu führen, daß vom Trauma die Rede ist; vielmehr sind es die durch die »Säkularisierung« möglich gewordenen Erfahrungen des mit aller (vorgängigen) Erfahrung Inkommensurablen, die den Bereich eröffnet haben, in dem von einem Trauma gesprochen werden kann und vielleicht sogar gesprochen werden muß. Die Psychologisierung und die sprachliche Verselbständigung wären aus dieser Sicht bloße Epiphänomene einer allgemeineren Tendenz. Vor allem könnte man aber vorbringen, daß die naive Behauptung eines in linearem Zeitablauf sich entfaltenden Gegensatzes zwischen zwei Sprachen gegen die Einsicht in das Trauma der Zeit sich abdichtet, das in einer der traumatischsten Erfahrungen des zwanzigsten Jahrhunderts sich verdichtet. Kann man zwischen den beiden Sprach- und Erfahrungsbereichen des Lebens, die man mit einer Zeit des Traumas und einer vortraumatischen Zeit gleichsetzt, die Linie eines mehr oder weniger kontinuierlich-einheitlichen Vorher/Nachher ziehen und so implizit die Zeit des Traumas der

4 Ebd., S. 88.

vor- oder nicht-traumatischen Zeit unterwerfen? In einer zu Lebzeiten unveröffentlichten Reihe von Fragmenten zum Fliegen, entstanden 1954 nach einem »Tagflug über den amerikanischen Kontinent von Los Angeles nach New York«, schreibt Adorno: »Dem Emigranten ist ohnehin die Zeitordnung zur Unordnung geworden. Die Jahre der faschistischen Diktatur sind aus der Kontinuität seines Lebens herausgesprengt; was in ihnen sich zutrug, fügt dem anderen kaum sich ein. Kehrt er zurück, so ist er gealtert zugleich und so jung geblieben, wie er im Augenblick der Verbannung war, ein wenig wie Tote für immer das Alter behalten, in dem man zuletzt sie kannte. Er wähnt dort fortsetzen zu dürfen, wo er aufhörte; die heute so alt sind wie er 1933, scheinen ihm Gleichaltrige, und doch hat er sein reales Alter, das mit dem anderen sich verschränkt, es durchbricht, ihm Hintersinn verleiht, es Lügen straft. Es ist als hätte das Schicksal jene, denen es widerfuhr und die es überleben durften, in eine zugleich mehrdimensionale und durchlöcherte Zeit versetzt.«[5]

Taxying. Augenblick der Sammlung. Die Frage, in der sich die bisherigen Überlegungen zusammenfassen lassen, ist die, ob die Rede vom Trauma geschichtlich entspringt, in der Kontinuität eines Vorher/Nachher oder in der Diskontinuität inkommensurabler Dispositive und Paradigmen, die von keiner einheitlichen Geschichte beherrscht werden, *oder* ob sie strukturell für alle Erfahrung gültig ist. Ansätze wie der, den Freud in seiner Schrift über den *Mann Moses* wählt (das Trauma wird auf ein die Geschichte bestimmendes vorgeschichtliches Geschehen zurückgeführt), scheinen eine eigentümliche Zwischenstellung einzunehmen, je nachdem, ob man das vorgeschichtliche Geschehen als ein letztlich kontingentes oder als ein unvermeidliches wertet. Legt man der Argumentation eine Variante der geschichtlichen These zugrunde, vermag man gegen die strukturelle These zu argumentieren, indem man darauf hinweist, daß diese, um sich als These formulieren zu lassen, nicht einfach der traumatischen Struktur angehören kann, die sie beschreibt. Legt man umgekehrt der Argumentation eine Fassung der strukturellen These zugrunde, vermag man gegen die geschichtliche

5 Theodor W. Adorno: »Im Flug erhascht«, in: ders., Gesammelte Schriften, Band 20.2, Frankfurt am Main 1986, S. 548.

These zu argumentieren, indem man darauf hinweist, daß diese selbst in ihrer radikalsten Formulierung eine Bewältigung des Traumas impliziert, weil sie es auf eine Epoche, ein Dispositiv, ein Paradigma einschränkt. Die geschichtliche These erscheint so als ungeheure Gegenbesetzung eines besonders anfälligen theoretischen Subjekts, die strukturelle These als Symptom eines Traumas, das sogar die Abwehr des Nicht-Traumatischen hervorruft – Theorie als Zwangshandlung, theoretischer Blick, der gelenkt wird von jenen »übergewaltigen Gästen aus einer fremden Welt«, von jenen in das »Gewühl der Sterblichen« sich mischenden Unsterblichen, mit denen Freud die Symptome der Zwangsneurose vergleicht.[6] Es ist, als würden beide Thesen von der jeweils anderen beherrscht, als würden sie dadurch gerade dafür sorgen, daß die jeweils andere intakt sich erhält, rein und unversehrt.

Take-Off. Wo vom Trauma gehandelt wird, geht die Tendenz dogmatischer Voraussetzungen oder vorreflexiver Meinungen dahin, in ihm ein Ereignis zu erblicken, das einen mehr oder weniger unversehrten Lebenszusammenhang trifft, das also die Integrität und Integralität dieses Zusammenhangs unterbricht oder zerstört. Das Trauma verunreinigt dann die Reinheit des Selbstseins einer Welt, einer Kultur, eines Volks, einer gesellschaftlich anerkannten Gruppe, eines Individuums. Wenig hilft eine solche Erklärung, weil sie den Begriff der Reinheit, des heilen In-sich-Stehens, ungeklärt läßt. Umgekehrt erweist sich aber auch die Verallgemeinerung des Traumas, durch die es die Unmöglichkeit heilen und reinen Selbstseins bezeichnet, als erklärungsbedürftig, zumindest dort, wo man der Meinung von der Reinheit den Gedanken einer allgemeinen Unreinheit entgegensetzt und im Zuge der Entgegensetzung den Begriff der Reinheit auf eine bloße Illusion, eine Ideologie oder eine begriffliche Wunschbildung reduziert. Erst wenn man den traumatischen Einbruch, die Durchbohrung und das Hängenbleiben anders zu erklären vermag als durch die dogmatische Voraussetzung oder anprangernde Reduktion einer Reinheit, wird man dem Trauma gerecht werden können. Deshalb mag es sinnvoll sein, den Ver-

6 Sigmund Freud, *Vorlesungen zur Einführung in die Psychoanalyse*, in: ders., Studienausgabe, Band I, Frankfurt am Main 1971, S. 277.

such zu unternehmen, *in der Struktur des Traumas eben das Wesen der Reinheit auszumachen.* Ist es überhaupt möglich, von Reinheit zu sprechen und damit mehr zu meinen als eine begrifflich auflösbare Illusion oder eine begrifflose Supposition, so gibt es sie nur dort, wo man eine Struktur beschreiben kann, die genau der des Traumas entspricht. Vielleicht ist nicht alle Reinheit traumatischen Wesens, wohl aber liegt in jedem Trauma wesentlich Reinheit. Eine »Überwindung« des Traumas dürfte man, geht man von einer solchen These aus, nicht als Wiederherstellung der Reinheit denken, als Restauration des Heilen und Integren, integral und sinnhaft Zusammenhängenden auf höherer Stufe und durch Veränderungen hindurch; vielmehr müßte man sie als »Überwindung« der Reinheit denken, als Abschaffung des wie immer auch vorgestellten Verhältnisses von Reinheit und Unreinheit. Mit anderen Worten, mit Worten, die an die metapsychologische Lehre vom Unbehagen in der zur Reinlichkeit und Reinheit erziehenden Kultur anknüpfen: Wo es darum gehen soll, das Trauma zu überwinden, hat man es *nicht mehr einfach* mit einer Kulturleistung zu tun.

Cruising Altitude. In einem Brief an Ernst Schön vom 29. Januar 1919 behauptet Benjamin, es sei ein Irrtum, sich an der Vorstellung einer Reinheit auszurichten, die man als eine »in sich bestehende« und »nur der Bewahrung bedürftige« voraussetzt. Obwohl die Bewahrung schon auf eine Bedingtheit der Reinheit schließen läßt, verwirft Benjamin diese Vorstellung deshalb, weil sie die Bedingtheit der Reinheit, die man allein endlichen Wesen zuschreiben kann, mit Unbedingtheit und Absolutheit verwechselt. Der Unterschied zwischen einem endlichen und einem unendlichen Wesen läßt sich folglich so verstehen, daß ein rein unendliches Wesen seine eigene Bedingtheit in sich begreift (es stillt sein Bedürfnis nach sich selber und erhält sich ohne einen Bezug zu einem Außen herstellen zu müssen), während ein rein endliches Wesen die Bedingung seiner Reinheit in einem Außen hat, über das es niemals verfügt: »Die Reinheit jedes (endlichen) Wesens ist nicht von ihm selbst abhängig«, stellt Benjamin fest.[7] Das Beispiel, das er anführt, nicht aber ausführt,

7 Walter Benjamin, *Briefe*, Band II (1919-1924), Frankfurt am Main 1996, S. 11-12.

ist das der Natur: Reine Natur soll die »außerhalb ihrer selbst liegende Bedingung ihrer Reinheit« in der menschlichen Sprache haben, in einem Nicht-Natürlichen, so, als würde durch die menschliche Sprache Natur rein sich erhalten, eben weil jene an diese niemals heranreicht. Daß Benjamin von einer Erlösung der Reinheit spricht, ist also durchaus konsequent; in dem Maße, in dem Reinheit an ein ihr Äußeres gebunden bleibt, um als Reinheit zu bestehen, ist sie nie einfach sie selber, ersucht sie ihre Erlösung von ihrem Selbstsein. Erlöste Natur ist ebensowenig Natur wie die vielgeschmähte Idee einer erlösenden »Versöhnung mit der Natur« auf eine ungefähre, mimetisch-unbegriffliche oder gar mystische Angleichung zielen kann, durch die sich Natur rein und unberührt erhält, statt von ihrer Beherrschung entstellt zu werden. Kann man Benjamins Gedanken von der Bedingtheit der Reinheit in eine andere Sprache übersetzen und sagen, daß die Sprache eine Erfahrung der Natur als Trauma ist? Daß wir sprechen und daß wir am Ende nichts haben als Namen, wie es die Wände der Prager Pinkas-Synagoge vor Augen führen, die mit den Namen von 77 297 Opfern des planmäßigen nationalsozialistischen Rassenwahns bedeckt sind – muß man daran, an einem solchen Vergessen des Gedächtnisses, an einem solchen »Mahnmal« nicht mehr ablesen als bloß ein Trauma der Sprache? Ist Sprache selber nicht Symptom eines Traumas und inappelabel wie die traumatische Angst, das einzige folglich, woran Sprechende ihren Appell richten? Hat sich der planmäßige Rassenwahn nicht in dem ungeheuerlichen Unternehmen einer »Säuberung«, einer Reinigung der »Reinheit« ausgeprägt, in dem Unternehmen, die Bedingtheit in Unbedingtheit zu überführen durch grausamsten Kollektivmord? *Enttraumatisierung* als Vernichtung.

Die Struktur des Traumas, die bekanntlich Freud als eine ökonomische begriffen hat, besteht in einer Erschütterung ohne Erschütterung: Paradoxon einer Ökonomie, die sich nicht mehr schließt und die dennoch nicht unmittelbar zusammenbricht. Das Ereignis, welches das Trauma auslöst, entzieht sich in dem Augenblick, in dem es den Reizschutz des Subjekts gewaltsam durchbricht und dauerhaft pathogene Wirkungen zeitigt. In jedem Trauma erhält sich das Auslösende rein und von dem Ausgelösten unberührt, das die äußere Bedingung seiner Reinheit abgibt. Nur dann jedoch, wenn sich das Auslösende auf ein Ausgelöstes, das Bedingende auf ein Bedingtes, das Ereignis auf ein Subjekt bezieht, von dem es sich zugleich zurückzieht (geteilter, doppelter Zug des Traumas), kommt es zum traumatischen Durch- und Einbruch. Das Reine ist stets ebenfalls ein Phantasma, eine Reaktionsbildung darauf, daß es keine Reinheit ohne äußere Bedingung gibt, ohne ein Außen, dem das Reine unausgesetzt ausgesetzt ist: Phantasma einer »reinen« Geschichte, in der sich Vorher und Nachher erzählend aneinanderreihen, mag der Übergang auch ein kritischer oder krisenhafter sein, Phantasma einer »reinen« Sprache, die vor unerwünschten Störungen und Ansteckungen beschützt werden muß und deren Urbild in den Sprachen der Jargon ist. Bedingtes und Bedingendes lassen sich somit nicht scharf unterscheiden, das eine kippt stets in das andere um; gerade dadurch aber, durch diese konstitutive Verunreinigung, sind das eine und das andere, was sie sind, reiner, als sie es sonst je sein könnten. Das Trauma, das man begrifflich kaum erfassen kann, weil es das Paradoxon eines absoluten Bezuges bezeichnet, eines in seiner Herstellung unterbrochenen und in seiner Unterbrechung hergestellten Bezuges, eines Bezuges, der stets mehr und anderes als lediglich *ein* Bezug ist, erweist sich, wie man unschwer erkennt, als eine, vielleicht sogar als *die* Gestalt der Reinheit.[8] *Das Trauma ist eine Übertreibung, die eine Grenze überschritten hat, ohne daß es ein Zurück gäbe.*

Freilich kann die Reinheit, die es allein in einem absoluten Bezug gibt, keine einfache und unentstellte Gestalt haben: ihre Gestalt ist entstellt, wo sie als Gestalt erscheint. Auf das Trauma als entstellte Gestalt der Reinheit stößt man in fast allen Versuchen, das traumatische Erlebnis und seine Implikationen zu begreifen. Die doppelte Wirkung, die, folgt man Freuds Darlegungen im *Mann Moses*, vom Trauma ausgeht und in der schlechten Unendlichkeit eines unaufhebbaren Konflikts sich unablässig re-

8 Reinheit wird hier, wenn man sich der Unterscheidung zwischen Form und Inhalt bedienen will, als Form begriffen, nicht als Inhalt oder Materie. Ein solcher Begriff von Reinheit stimmt durchaus mit dem der philosophischen Tradition überein, wie man zum Beispiel der *Kritik der reinen Vernunft* entnehmen kann: Anschauung und Begriff sind, so Kant, »entweder rein, oder empirisch. Empirisch, wenn Empfindung (die die wirkliche Gegenwart des Gegenstandes voraussetzt) enthalten ist: rein aber, wenn der Vorstellung keine Empfindung beigemischt ist. Man kann die letztere die Materie der sinnlichen Erkenntnis nennen.« (Immanuel Kant, *Kritik der reinen Vernunft*, B 74, Hamburg 1956, S. 94.)

produziert, in dem wiederholten Wechsel von Abwehr und Wiederholung des traumatischen Erlebnisses,[9] wird von der Berührung ohne Berührung gezeitigt, von dem absoluten Bezug, durch den sich das Trauma als entstellte Gestalt der Reinheit auszeichnet. Findet ein Konflikt kein Ende, erhält sich jenes rein und unberührt, was den Konflikt auslöst. Wenn Cathy Caruth auf die »Buchstäblichkeit« hinweist, mit der das traumatisch Erlebte aufgrund seines Widerstandes gegen die Verarbeitung und Eingliederung in die Ökonomie des psychischen Haushalts wiederkehrt, so ruft sie die durch das Trauma ermöglichte Reinheit beim Namen, die Unberührbarkeit einer Transzendenz, der man wiederum verschiedene Namen beilegen kann.[10] Geschichte, ein uneinheitliches Geschehen, welches das Subjekt einschneidend affiziert und sich seinem Verständnis dennoch nicht restlos erschließt, ist der Name, den Caruth in ihrem Buch *Unclaimed Experience*[11] der Transzendenz beilegt. Sie kann sich dabei auch auf Freud berufen, der in seinen Vorlesungen Trauma als Erlebnis definiert, das dem Seelenleben »innerhalb kurzer Zeit« einen so starken Reizzuwachs bringt, »daß die Erledigung oder Aufarbeitung desselben in normalgewohnter Weise mißglückt«.[12] Bevor es als geschichtliches Trauma mit einem bestimmten Inhalt sich auswirkt, ist das Trauma in der Zusammenziehung und Überstürzung der Zeit, in der Aussetzung von Zeit und Raum als Formen reiner Anschauung, bereits ein blinder zeitlicher Fleck. Jedes Trauma ist in diesem Sinne zeitlich, gleichgültig, ob man seiner Transzendenz den Namen der Geschichte, der Andersheit, des Bösen oder des Realen[13] beilegt, und ungeachtet dessen, ob es mehrerer Begebenheiten zu seiner Auslösung bedarf: Es kann sich zum Beispiel erst in der Nachträglichkeit konstituieren, mit der Früheres, Vergessenes plötzlich bedeutsam wird.

9 Sigmund Freud, *Der Mann Moses und die monotheistische Religion*, in: ders., Studienausgabe, Band IX, Frankfurt am Main 1971, S. 524f.

10 Cathy Caruth, »Trauma and Experience«, in: *Trauma. Explorations in History*, herausgegeben von Cathy Caruth, Baltimore 1995, S. 5.

11 Cathy Caruth, *Unclaimed Experience. Trauma, Narrative, and History*, Baltimore und London 1996, S. 11 und S. 18.

12 Sigmund Freud, *Vorlesungen zur Einführung in die Psychoanalyse*, a. a. O., S. 275.

13 Für Lacan ist, wie man weiß, das Trauma ein *rendez-vous manqué*, da man das Reale stets verfehlen muß.

Wie läßt sich nun, orientiert man sich an der Vorstellung vom Trauma als der entstellten Gestalt der Reinheit, das Leben nach der traumatischen Durchbohrung des Reizschutzes[14] deuten? Das von einem Trauma ferngesteuerte Leben muß als ein Überleben betrachtet werden, als ein Leben, das von einer Zäsur im Lebenszusammenhang bestimmt wird, von einer Aussetzung, einer Durchlöcherung, einem Tod, an den widersprüchliche Verdoppelungen und die von ihnen verursachte Zusammenhanglosigkeit erinnern. Das Überleben ist kein Leben mehr und dennoch das einzig mögliche Leben. Es ist kein Leben mehr, weil die Unmöglichkeit, das traumatische Erlebnis dem Leben einzuordnen, dieses schon dem Traum angleicht, den Adorno in seiner äußersten Form mitteilt. Nach Auschwitz sollen den Überlebenden Träume heimsuchen »wie der, daß er gar nicht mehr lebt, sondern 1944 vergast worden [ist], und seine ganze Existenz danach lediglich in der Einbildung führt, Emanation des irren Wunsches eines vor zwanzig Jahren Umgebrachten«.[15] Gleichzeitig ist aber das Überleben das einzig mögliche Leben, besteht es doch auch in einem Vergessen oder in einer nachträglichen Verleihung von Bedeutung, die vor der Buchstäblichkeit des Traumas schützen, vor der Gefahr einer das Trauma verlängernden Erinnerung, die, wie Cathy Caruth deutlich macht, jenes am Trauma verleugnet und verneint, was sich *per definitionem* nicht erinnern läßt. Der Überlebende wacht also immer unfreiwillig über ein traumatisches Ereignis oder Erlebnis, er sorgt als Überlebender für die reine Erhaltung dessen, was ihn einmal oder je schon in einen Überlebenden verwandelt hat.

Der Vorzug, den die Psychoanalyse bei der Untersuchung des Traumas genießt, vermag leicht dadurch gerechtfertigt zu werden, daß man eine grundsätzliche Bemerkung Freuds zitiert, die sich auf die Differenz zwischen herkömmlicher Psychologie und Psychoanalyse bezieht und die man *a fortiori* auf die Bewußtseinsphilosophie ausdehnen kann. In dem Maße nämlich, in dem die traumatische Fixierung, die Freud vor allem an Kriegs- und Unfallsneurosen beobachtet, an Eisenbahnunglükken, auf das Bewußtsein einwirkt und der bewußten Bewäl-

14 Man könnte Freuds Äußerungen über das Trauma in *Jenseits des Lustprinzips* so paraphrasieren: Je mehr ein Wesen der »Reizabhaltung« ermangelt, desto unwahrscheinlicher ist es, daß es ein Trauma erlebt.

15 Theodor W. Adorno, *Negative Dialektik*, a. a. O., S. 356.

tigung widersteht, nötigt das Trauma zur Annahme eines vom Bewußtsein Unabhängigen, das die Psychoanalyse als Unbewußtes bezeichnet. Es verwundert nicht, daß Levinas, der Philosoph, der mit größter Entschiedenheit versucht hat, den Begriff des Traumas in einem anderen Bereich geltend zu machen als in dem des durch die Psychoanalyse umrissenen Unbewußten, ein entschiedener Kritiker der Bewußtseinsphilosophie ist. Bewußtseinsphilosophisch indiziert das Trauma das Problem der schlechten Unendlichkeit. Freud übersetzt den Begriff »Wiederholungszwang« einmal in die Philosophie und spricht von einer »ewigen Wiederkehr des Gleichen«, die er in Anführungszeichen setzt. Allerdings hat Nietzsche die »ewige Wiederkehr« nicht als schlechte Unendlichkeit konzipiert, nicht als eine des Bewußtseins und nicht als eine des Unbewußten. In seinem Spätwerk *Autrement qu'être ou au-delà de l'essence* führt Levinas den Begriff des Traumas in einem Sinn ein, der einen Unterschied zur Psychoanalyse markiert.[16] Damit soll freilich nicht behauptet werden, Levinas rede gleichsam »metaphorisch« vom Trauma. Elisabeth Weber, die systematisch der Bedeutung des Traumas für die in *Autrement qu'être ou au-delà de l'essence* entfaltete Ethik nachgegangen ist, läßt keinen Zweifel daran, daß ein solches Verständnis jene Bedeutung gänzlich verfehlt, und daß nur dann von einer metaphorischen Rede gesprochen werden kann, wenn man ausdrücken will, daß der Ausdruck Trauma »Spuren eines Realen« in den Text hineinträgt, »vor dem die Vermittlungs- und Vergegenwärtigungsfunktion des Bewußtseins versagt«.[17] Die Metapher, die »Spuren eines Realen« in den Text hineinträgt, hebt den Gegensatz zwischen dem metaphorisch Imaginären und dem buchstäblich Realen, zwischen dem Text und der Welt, zwischen dem abstrakt-körperlosen und dem konkret-tatsächlichen Trauma aus den Angeln. So lange dieser Gegensatz fortbesteht, ist es unmöglich, die Verwechslung zu vermeiden, die Trauma und Trauma, Metapher

16 Die Frage nach der schlechten Unendlichkeit wirft auch Levinas auf. Vgl. dazu: Emmanuel Levinas, *Autrement qu'être ou au-delà de l'essence*, Den Haag 1974, S. 149 und S. 223. Zur Kritik an der Psychoanalyse, das heißt: zur Kritik am psychoanalytischen Begriff des Unbewußten, die zwangsläufig den Begriff des Traumas in der Psychoanalyse trifft, siehe ebd., S. 163 (Fußnote).

17 Elisabeth Weber, *Verfolgung und Trauma*, Wien 1990, S. 148.

und Metapher, Verklärung und Öffnung zusammenwirft. Dem Gebrauch, den man von dem Begriff des Traumas machen kann, folgt man den Argumenten von Levinas und zieht man Schlußfolgerungen aus ihnen, kommt weder die Eindeutigkeit des Buchstäblichen, Wörtlichen, Unmittelbaren und Wirklichen zu (»das Trauma ist dieses oder jenes«) noch eignet ihm die Vagheit einer fragwürdigen Analogie (»dieses oder jenes ist *gleichsam* ein Trauma«): Trauma einer Unentscheidbarkeit, einer Unentscheidbarkeit zwischen zwei traumatischen Aussetzungen, Trauma des Immer-schon-dem-anderen-ausgesetzt- und Immer-schon-für-den-anderen-verantwortlich-Seins, Trauma der Aussetzung dieser Aussetzung, die sich mit dem Auftreten des Dritten ereignet, Trauma der Unmöglichkeit, grundsätzlich die traumatische Aussetzung der Aussetzung auszuschließen, Trauma der Notwendigkeit, die Aussetzung auszusetzen in einer Welt, in der jeder andere auch ein Dritter sein kann. Explizit gebraucht Levinas den Begriff des Traumas zwar nur für das Immer-schon-dem-anderen-ausgesetzt- und Immer-schon-für-den-anderen-verantwortlich-Sein, doch scheint seine Argumentation die begriffliche Anwendung auf die Aussetzung der Aussetzung und die Unentscheidbarkeit zwischen den Aussetzungen durchaus zuzulassen, vorausgesetzt, man beachtet Verschiebungen und Brüche. Die Aussetzung der Aussetzung, Trauma des Traumas, ist kein einfaches Trauma mehr; nicht eindeutig als Trauma identifizierbar, läßt sie sich von keiner Analogie einfangen, die eine solche Identifizierbarkeit supponiert.

Durch das Trauma des Immer-schon-dem-anderen-ausgesetzt- und Immer-schon-für-den-anderen-verantwortlich-Seins erhält sich der andere rein in seiner absolut vorgängigen und inkommensurablen, inappellablen Andersheit. Levinas erkennt aber ebenfalls die Notwendigkeit einer Aussetzung der Aussetzung. In ihr liegt die Möglichkeit der Gerechtigkeit, deren abwägend-argumentierender Geist die Wunde des Traumas nicht mehr spüren kann wie das vom anderen verfolgte und eingeholte Subjekt,[18] in ihr liegt die Möglichkeit des Gesagten und der

18 Ein vor der traumatischen Aussetzung konstituiertes Subjekt bleibt für Levinas undenkbar. Gerade weil das Subjekt als ein traumatisch ausgesetztes geboren wird, ist die Geburt eine »latente«, eine Geburt vor dem Ursprung und der Entschlossenheit, die sich als Ursprung setzt (Emmanuel Levinas, *Autrement qu'être ou au-delà de l'essence*, a. a. O., S. 218).

Mitteilung des ontologischen Diskurses, in denen das Sagen zu verschwinden droht, die Mitteilbarkeit, die Levinas als *»exposition de l'exposition«* bestimmt,[19] als Aussetzung der Aussetzung, als äußerste Aussetzung, als Aussetzung, die sich so sehr aussetzt, daß sie sich als Aussetzung mitteilt. Man muß also nicht nur zwischen Aussetzung und Aussetzung der Aussetzung unterscheiden, sondern ebenfalls zwischen zwei Aussetzungen der Aussetzung, zwischen einer Aussetzung der Aussetzung, die Schließung, und einer Aussetzung der Aussetzung, die Öffnung ist. Daß Levinas die Notwendigkeit der schließenden Aussetzung der Aussetzung erkennt, deutet darauf hin, daß nicht allein das Subjekt dem anderen ausgesetzt ist und ihn ersetzt, an seiner Stelle sich verantwortlich zeigen muß, sondern daß auch jenes, was sich durch das Trauma rein erhält, auf eine »äußere Bedingung« bezogen bleibt, auf das verwundbare und verwundete Subjekt, das stets einem Dritten begegnen kann. Die Rede von »Bedingungen« ist hier genau in dem Maße irreführend, in dem sie in den Aussagebereich des Gesagten und des ontologisch-epistemologischen Diskurses gehört; die Schwierigkeit erwächst also daraus, die Bezogenheit zu denken und gleichzeitig die Inkommensurabilität von Anderem und Drittem, von Subjekt und Subjekt: Das Subjekt, das dem anderen ausgesetzt ist und das in solcher Aussetzung erst sich bildet, und das Subjekt, das die Aussetzung aussetzt in der Begegnung mit dem Dritten, sind inkommensurabel und trotzdem nicht einfach getrennt voneinander – sonst wäre jeder Übergang des Sagens in das Gesagte undenkbar, das Sagen wäre so wenig ein Sagen wie das Gesagte ein Gesagtes.

Turbulence. Noch das Verstehen, das Claude Lanzmann zu Recht als »obszön« geißelt, perpetuiert das ganz und gar Unverständliche. Noch die Notwendigkeit, den von Primo Levi über-

Nicht weniger »latent« soll indes die Geburt des Wissens und des Wesens, kurz: des ontologischen Diskurses sein, der die Wunde des Subjekts und seine »latente« Geburt verkennen muß (ebd., S. 244). Es ist, als könne das »latent« geborene Subjekt, das sich in unmittelbarer, traumatischer Nähe zum anderen hält, die Intersubjektivität Gleicher und Dritter, die sich wissend zueinander und zur Welt verhalten, ebensowenig erkennen wie es selber je erkannt werden kann.

19 Emmanuel Levinas, *Autrement qu'être ou au-delà de l'essence*, a. a. O., S. 31.

lieferten Satz eines SS-Offiziers »Hier ist kein Warum« anzuerkennen, um die Wahrheit über die Shoah herstellen zu können,[20] zeugt von der Gewalt des Traumas und von der reinen Erhaltung des Unverständlichen in dem Augenblick, in dem die Weigerung, verstehen zu wollen, gegen es sich aufrichtet. Fatalität des Traumas: je mehr man sich gegen es wehrt, und sei es dadurch, daß man die Unmöglichkeit anerkennt, sich gegen es zu wehren, desto mehr scheint es sich zu behaupten. Die Ideologie des Gedächtnisses oder der Erinnerung enthüllt sich an dieser Stelle. Wo man die Durcharbeitung in Permanenz erklärt, wo man die Trauerarbeit ausdrücklich zur Endlosigkeit verdammt, wo man diese Momente *isoliert* und *hypostasiert*, statt ihren aporetischen und doppeldeutigen Zug hervorzukehren, täuscht man darüber hinweg, daß man mit der *in Permanenz erklärten* Durcharbeitung, mit der *ausdrücklich zur Endlosigkeit verdammten* Trauerarbeit zu eben der Erhaltung und Tradierung des Ungeheuerlichen und Inkommensurablen beiträgt. Reflex der einseitig behaupteten Endlosigkeit und der verabsolutierten In-Permanenz-Erklärung ist vielleicht jene »Selbstzufriedenheit der Verpflichtung, niemals zu vergessen«, die Thomas Keenan denunziert.[21] Sie zehrt von den Garantien, die sich aus der Verpflichtung für die Zukunft ergeben. Es wird immer weitergehen, da die schlechte Unendlichkeit des Erinnerns das Ende stets erneut aufschiebt. Zukunftslosigkeit einer garantierten Zukunft.

Final Approach. Gibt es eine Anerkennung des Ohne-Warum, ein Gedächtnis der Gedächtnislosigkeit, eine Erinnerung des Vergessens, die nicht mit einer Verlängerung oder Verneinung des Traumas einhergehen? Eine solche Anerkennung, ein solches Gedächtnis, eine solche Erinnerung müßten sich von der Durch-, Ver- und Aufarbeitung (der Vergangenheit), von der Arbeit der Trauer wesentlich unterscheiden. *Arbeit wartet stets auf ihren Lohn und entrinnt deshalb nicht dem Trauma.* Man kann das traumatische Vergessen durch Arbeit nicht erinnern, ohne es als Vergessen zu verneinen, man kann die traumatische

20 Vgl. Shoshana Felman, »Introduction to Claude Lanzmann's Speech«, in: Cathy Caruth, *Trauma. Explorations in Memory*, a. a. O., S. 204.
21 Thomas Keenan, »Still Waiting«, in: *Dennis Addams: Ederle*, Queens Museum of Art, New York 1996, S. 20.

Gedächtnislosigkeit, die Amnesie, die dem Trauma innewohnt und die das Trauma zeitigt, nicht durch Arbeit ins Gedächtnis zurückrufen, ohne sie als Gedächtnislosigkeit preiszugeben, man kann das Ohne-Warum nicht durch Arbeit anerkennen, ohne es in ein Warum zu verkehren.

Das Offensichtliche
Übertreibung und Evidenz

»Jeder geistige Akt ist nur auf absolut konservativer Grundlage rein vollziehbar.«

Heimito von Doderer, *Die Strudlhofstiege*

Bist Du da – könntest Du da sein, vom Denken, Lieben, Schaffen eingenommen, damit beschäftigt, irgend etwas zu tun, ohne die vorgängige und in gewisser Hinsicht unauslöschliche Spur einer Evidenz, ohne den starken oder schwachen Eindruck, den eine Evidenz hinterläßt, die sich erhält, indem sie sich entzieht? »Wir haben alle unser Ding«, noch der ärmste Schlucker hat einen Sinn für etwas Bestimmtes, es gibt niemanden, der vollkommen dumm wäre, sagt Gilles Deleuze in einer Vorlesung über die erste Erkenntnisart in Spinozas *Ethik*.[1] Am Anfang steht die Evidenz. Wie werde ich es anstellen, um das Argument zu entfalten, das dieser Satz anzukündigen scheint? Er ist ein Satz, auf den ich stoße, der auf mich zukommt und sich mir aufdrängt, so, als würde es sich um eine feststehende Redewendung, ja um eine Phrase handeln, als wäre er unmittelbar einleuchtend und gewiß, oder als hätte die Erde lange vor meiner Geburt existiert. Kann ich von der Kontingenz des Vorwandes absehen und in meiner Erfahrung ein Zeichen für den Entzug und den Raub erblicken, welche die Evidenz von dem Argument unterscheiden, ein Zeichen für die Zäsur, die der Evidenz ihren Siegel aufdrückt und durch die sich die Evidenz verschließt, unabhängig davon, ob sie die Wahrheit offenbart oder sich als scheinhaft und unwahr erweist? Diese Zäsur trennt die Evidenz vom Argument und setzt sie der Möglichkeit eines Fehlstarts aus. Sie tut es auch dann, wenn ein Argument bis zur letzten Schlußfolgerung verfolgt wird, bis zu jenem Punkt, wo dem logischen Gedankengang nichts mehr hinzugefügt werden kann und die Evidenz zu dem entfalteten Argument als etwas hinzutritt, das über die

1 Gilles Deleuze, *Spinoza: Immortalité et éternité*, Vorlesung aus dem Jahr 1981, aufgenommen von Claire Parnet und Richard Pinhas, CD 1, A Voix Haute, Paris 2002.

Überlegungen hinausreicht, die sie gleichsam bekräftigt und bewahrheitet. Kann aber die Evidenz, also der Sinn, der einer Sache zukommt und nicht etwa diese selber, ursprünglich oder anfänglich sein, wenn sie eine Art Übertreibung ist, die Anfang und Ende transzendiert? Vielleicht genügt es, eine solche Frage zu stellen, um zu zeigen, daß man stets dem mißtrauen muß, was ganz und gar abgeschlossen scheint, weil Öffnung und Vollendung ineinsfallen.[2]

Einerseits darf nichts zur Evidenz hinzutreten. Würde sie von einem Hinzutretenden abhängen, wäre sie, um erkannt zu werden, auf ein äußeres Kriterium angewiesen, würde man mit dem Hinweis auf ein Evidentes nur einen Anfang machen, so wäre die Evidenz nicht das, was sie ist, eine absolute und absolut intelligible Unmittelbarkeit. Andererseits jedoch ist die Evidenz Grund dafür, daß etwas statthat, etwas, für das sie nur einstehen kann. Sie verirrt sich in einen Gedanken, eine Liebe, eine Erfindung, eine Revolution. In dem Maße, in dem sie weder ein Sichtbares ist noch die Sichtbarkeit selber, weder ein Offenbares noch die Offenbarkeit, wohl aber die Sichtbarkeit am Sichtbaren, die Offenbarkeit am Offenbaren, der blinde Fleck eines Angrenzens, das die Sache in ihrer Sichtbarkeit unmittelbar sichtbar macht, droht die Evidenz zu verschwinden, nicht gesehen oder nicht wahrgenommen zu werden, so, als würde man an der Sache vorbeigehen, als würde die Evidenz, die ihr eignet, verlangen, daß man sie ergreift und zum Vorschein bringt, daß man sie herstellt. Vielleicht entspringt die Zweideutigkeit, die in manchen Sprachen den Begriff der Evidenz durchzieht, den Bezug auf das Sichtbare, auf das Beweisstück, *und* auf die Sichtbarkeit, auf den Sinn, in diesem Angrenzen.

Die Evidenz als unmittelbare Idealität des Realen läßt es nicht zu, daß etwas zu ihr hinzutritt, und zwingt uns folglich, die Sache zu betrachten. Wir müssen entziffern, was zum Rätsel wird, weil es immer nur betrachtet werden will und in seiner Betrachtung aufgeht. Das Evidente, geprägt von einem Übermaß an Sichtbarkeit, durch welches das Sichtbare am Ende gerade rätselhaft anmutet, birgt die Gefahr einer Blendung.

2 In seinen Vorlesungen über das Neutrum erblickt Roland Barthes in der Evidenz die »reine Form der Arroganz«. Man erklärt jenes für evident, was die Oberhand gewinnen soll. (Roland Barthes, *Le neutre. Cours au Collège de France 1977-1978*, Paris 2002, S. 199.)

Wo sie evident ist, wo sie sich durch den blinden Fleck eines Angrenzens auf sich selber bezieht, hat die Sache einen Sinn und verharrt nicht in sich selber. Sie bietet sich dem Blick dar. Den Charakter des Evidenten hat eine Sache immer für jemanden, in dem Maße nämlich, in dem sich das Angrenzen von Sichtbarem und Sichtbarkeit durch einen Bezug und ein Verweisen, das heißt: durch eine Öffnung auszeichnet. Die evidente Sache bezieht sich auf sich selber, verweist auf sich selber, indem sie sich auf den anderen bezieht, auf den, der sie betrachtet, ohne sie zu sehen, sei es, daß er an ihr vorbeigeht, sei es, daß er die Augen schließt, um den Bezug als solchen zu erfassen, die Wahrheit des Sinnes. Trotzdem löst der Evidenzcharakter die Sache auch von allem Bezug. Darin liegt die Schwierigkeit, das zwingend Beanspruchende der Evidenz. Wenn die Sache aufgrund ihrer Evidenz sich nicht mehr auf den anderen beziehen würde, dann würde dies bedeuten, daß sie sich nicht mehr auf sich selber bezieht und daß sie nicht mehr als evident gelten darf. Wenn indes der Bezug zum anderen für die Evidenz konstitutiv wäre, dann wäre die Evidenz im voraus mangelhaft und würde sich gleichsam verfehlen. Gerade weil es Evidenz gibt, ist die Evidenz nicht(s). Oder, um es mit Jean-Luc Nancy auszudrücken: Evidenz gehört eher dem Sinn als der Wahrheit an, nennt den Sinn als »*différance* der Wahrheit«.[3]

Das zwingend Beanspruchende der Evidenz erfährt man dort besonders deutlich, wo die Kluft zwischen der Unmittelbarkeit und der Vermittlung, zwischen der absoluten Intelligibilität und der »*différance* der Wahrheit« so schwer zu überbrücken ist, daß man entweder die Unmittelbarkeit oder die Vermittlung, die absolute Intelligibilität oder die »*différance* der Wahrheit« vergißt. Dieses Vergessen verdeckt dann die Sache in ihrer Evidenz. In einem Text über Delaunay, Mondrian und Vasarely spricht der Kunsthistoriker Max Imdahl von einer »künstlerischen Evidenz«, die sich nicht aus einer Spekulation oder einer begrifflichen Reflexion ergibt, sondern in einer unmittelbaren Erfahrung besteht. Er definiert das »Evidenzerlebnis« als Lösung eines Problems, die ihm vorausgeht.[4] Die Kunst ist, so

3 Jean-Luc Nancy, *Le sens du monde*, Paris 1993, S. 29.
4 Max Imdahl, »Probleme der Optical Art«, in: ders., Gesammelte Schriften, Band 3, Frankfurt am Main 1996, S. 197. Ich danke Elisabeth Wagner für den Hinweis auf Imdahls Aufsätze, AGD.

könnte man im Anschluß an Imdahl sagen, der Ort der Evidenz als Ursprung oder Anfang, zumindest in dem Maße, in dem die moderne Tendenz zu einer rein optischen Evidenz, zu einem optischen Bezug ohne Denotation,[5] die Sache einer unmittelbaren Evidenz annähert, von der man nicht weiß, was sie bedeutet oder was sie denotiert. Für Imdahl ist moderne Kunst problematisch, weil sie von dem Problem der Evidenz handelt oder von der Evidenz als einem Problematischen. Ihre prädenotative Gegebenheit läßt sich nicht von einem Verweisen, einem Bezug, einem Sinn trennen. Bereits dort, wo sie als Antwort den Betrachter überkommt, nimmt die prädenotative Gegebenheit die Gestalt einer Frage an. Je mehr sich das Kunstwerk von der Überlieferung befreit, von einem im voraus erzeugten ikonographischen und ikonologischen Rahmen, desto evidenter ist es; je evidenter es jedoch ist, desto mehr benötigt es eine Denotation, die seine Evidenz zu einem bloßen Vorwand herabmindert, zu einer Gelegenheit für eine Erklärung durch Begriffe. So spaltet sich die reine Evidenz in zwei Extreme auf, in ein Sehen, für das das Sichtbare unmittelbar intelligibel ist, und in die Suche nach dieser Intelligibilität. Diese beiden Extreme, die unendlich konvergieren und auseinandertreten, erweisen sich am Ende als der Evidenz überlegen. *Entweder man versteht nichts, weil man alles unmittelbar versteht, oder man versteht alles ohne irgend etwas zu verstehen, weil man nichts unmittelbar versteht.*

Entspricht nicht die Trennung von Dichtung und Philosophie diesem widerwendigen Doppelcharakter der Evidenz? Pascoli führt den Dichter in der Gestalt des Kindes ein, des *fanciullino*, das versucht, die unmittelbar erscheinenden Dinge beim Namen zu rufen. Die Schwierigkeit des Dichters liegt dann darin, daß er dem Entzug der Evidenz nicht gerecht werden kann, ohne sich in einen Philosophen zu verwandeln. Dem Philosophen indes verkehrt sich die herzustellende Evidenz immer wieder in ein Unsagbares.

Wittgenstein erinnert daran, daß die Evidenz im Sinne des Sichtbaren, des Beweisstücks, von einem System abhängt, von einem »Weltbild«, das die selbstverständliche Grundlage einer

5 Max Imdahl, »Kunstgeschichtliche Bemerkungen zur ästhetischen Erfahrung«, in: ders., Gesammelte Schriften, Band 3, a. a. O., S. 282.

jeden Forschung bildet[6] und selber weder ein Beweisstück ist noch eine Sache, die aller Evidenz entbehrt. Man darf ein solches »Weltbild« aber nicht mit einer Theorie verwechseln, da es auf Praktiken beruht oder aus Handlungsweisen resultiert. Was man für evident hält, verweist auf ein Verhalten und eine Haltung zu der Welt und zu anderen, auf ein Sich-Verhalten und Handeln, gründet nicht in der Gewißheit einer grundlegenden Evidenz. Deshalb auch kann Evidenz nicht eigentlich durch den Rekurs auf einen Beweis hergestellt werden. Unter normalen Umständen, sagt Wittgenstein, kann man die Tatsache, daß ich zwei Hände sehe, wenn ich meine Hände betrachte, nicht als Beweis dafür anführen, daß ich tatsächlich zwei Hände besitze. Denn das Verhältnis zwischen diesen beiden Tatsachen, deren eine als Beweis für die Wahrheit der anderen dienen und diese so hervortreten lassen und evident machen soll, muß als redundant gelten. Es schließt die Möglichkeit des Gegenteils aus. Könnte man nicht alles, was sich mit der Kraft der Evidenz aufdrängt, als »Petrefakt« bezeichnen und dabei den Ausdruck so gebrauchen, wie Wittgenstein es tut, wenn er die Stabilität der mathematischen Axiome unterstreichen will? Es gibt keine Evidenz ohne ein Moment oder ein Element unmittelbarer und absoluter Intelligibilität, ohne daß man zu dem Zeitpunkt des »Evidenzerlebnisses« vergißt, daß das Angrenzen von Sichtbarem und Sichtbarkeit von einem blinden Fleck markiert wird und daß die Stabilität einer Petrifikation niemals die einer letzten oder ersten Grundlage ist, eines metaphysischen Prinzips. Das Vergessen gehört zur Evidenz. Man vergißt das Evidente, weil die Evidenz sich von dem Problem nur dann unterscheidet, nur dann Evidenz ist, Tautologie und Redundanz, wenn man an ein Unsichtbares rührt, an die Unsichtbarkeit des absolut Sichtbaren und Intelligiblen, und den Mangel an Evidenz im Herzen der Evidenz vergißt, den Mangel, der der Evidenz innewohnt und der sie sowohl konstituiert als auch dekonstituiert. Das Vergessen ermöglicht die Erfahrung der Evidenz, die Entdeckung des Evidenten, das Sehen, dem eine Sache im Leuchten ihrer Evidenz sich darstellt und unmittelbar einleuchtet. Wo es um Evidenz geht, hängt alles an dem Abstand, ohne den die Sichtbarkeit nicht an das Sichtbare grenzen könnte. Erscheint etwas als evi-

6 Ludwig Wittgenstein, *Über Gewißheit*, Frankfurt am Main 1990, S. 51.

dent, so verschwindet dieser Abstand. Sein Verschwinden zeitigt das Vergessen der Evidenz, das den Gegensatz zwischen dem, was man sieht, und dem, was man nicht sieht, aufhebt. Die Evidenz ist jenes, was man sehen und was man zugleich nicht sehen kann. Ihre Unmittelbarkeit hat ihr Maß an ihrem Vergessen. Proust drückt diesen Umstand deutlich aus, und zwar in dem Augenblick, in dem etwas dem Erzähler der *Recherche* als evident erscheint. Überrascht die Evidenz das Verstehen schlagartig, so bleibt dieses Schlagartige doch an eine Nachträglichkeit gebunden, an eine Überstürzung, die man vergessen muß. Der Erzähler der *Recherche* versteht plötzlich, daß die Geschwindigkeit, mit der ihn ein Evidenzerlebnis heimsucht, mit der sich das Evidente an ihn richtet und ihm aufdrängt, ebenfalls die Erkenntnis oder das Begreifen der Sache unterbricht. Er kann sich nur verheddern, wenn er versucht, jenes zu fassen, was sich ihm aufgrund seiner Evidenz bereits preisgegeben hat: »Mit einem Schlag wurde mir klar, daß die wahre Gilberte und die wahre Albertine vielleicht die Frauen waren, die sich sofort mir ausgeliefert hatten, dort, wo sich mir der Anblick der einen vor dem Weißdornbusch, der Anblick der anderen am Strand geboten hatte. Ich war es, der es nicht vermocht hatte, diesen Umstand zu verstehen, und der durch seine Ungeschicktheit alles vereitelt hatte. Erst später hatte ich ihn mir ins Gedächtnis zurückgerufen, nach einem Zeitraum, in dem meine Gespräche dazu geführt hatten, daß ein zwischen uns getretenes Gefühlsgespinst sie vor solcher Aufrichtigkeit hatte zurückschrecken lassen.«[7] Die Evidenz ist unschuldig.

Wenn aber die Evidenz im Verhältnis zu ihr selbst übermäßig ist, eine Übertreibung, wenn sie sich nicht auf unmittelbar einleuchtende Weise ausdrückt und wenn man sie nicht auf unmittelbar einleuchtende Weise ausdrücken kann, liegt der Schluß nahe, daß der blinde Fleck, der sie verdunkelt, von einer gewissen Unvereinbarkeit herstammt, von der Unvereinbarkeit zwischen dem, was selbstverständlich ist und was deshalb nicht gesagt zu werden braucht, ja nicht festgestellt werden kann, und dem Sagen oder Feststellen des Selbstverständlichen. Am Anfang eines bekannten Artikels über das Geniale an Howard

7 Marcel Proust, *Le temps retrouvé*, in: ders., *A la recherche du temps perdu*, Bibliothèque de la Pléiade, Band IV, Paris 1989, S. 269f.

Hawks notiert Jacques Rivette, daß die Verkennung des nordamerikanischen Regisseurs und seines Werks von einer Rede verursacht wird, die eine Verwerfung provoziert, weil sie in einer bloßen »Behauptung« besteht und nicht in der »lebendigen Behauptung« oder Bejahung, die sich »durch ihre Evidenz dem Geist aufnötigt«.[8] Der Artikel endet mit einer Tautologie, so, als würde die Notwendigkeit einer Wiederholung, einer Bestätigung, einer Bekräftigung symptomatisch die Aufspaltung der Behauptung zum Ausdruck bringen, oder als müßte die Evidenz, von einer todbringenden Sprache bedroht, hergestellt und gesichert werden – und zwar wiederum durch die Sprache, durch den Abstand, der den Gebrauch eines Wortes von seinem wiederholten Gebrauch trennt: »Was ist, ist«, schreibt Rivette. Dieser Satz, der die Evidenz zur Sprache bringen will, bleibt in der Schwebe, zwischen der reinen tautologischen Behauptung und der Andersheit des Sinnes. Spiegelt die Wiederholung in der Syntax des Satzes die Auftrennung der Evidenz, die Kluft zwischen einer absolut unmittelbaren Intelligibilität und dem Verweisen des Sinnes, so reißt sie ebenfalls den Abgrund der Sinnlosigkeit auf, in den die Evidenz stets zu stürzen droht. In Rivettes Augen gründet die Evidenz der Filme von Hawks in der Intelligibilität der Gesten und der Handlungen, die ohne Ellipse und ohne Analyse miteinander verknüpft werden und deshalb geheimnislos bleiben. Sie beleben das Kino, verleihen ihm einen »natürlichen und tiefen Atem« und erlauben es den Bildern, »im Rhythmus pulsierenden Blutes« aufeinanderzufolgen. Aus der Sicht eines solchen geistigen Vitalismus und Pragmatismus scheint die »lebendige Behauptung« oder Bejahung nicht nur auf dem Unterschied zwischen Leben und Tod, zwischen Geist und Rede, zwischen dem wiederauferstandenen Körper und dem verwesenden Leichnam zu beruhen, sondern auch auf dem Unterschied, der den schlagartig von einer Evidenz überraschten Blick und die kontemplative Betrachtung auseinanderhält. Die Evidenz entzieht sich der Kontemplation, dem Fetischismus der Großaufnahme. Sie findet sich in der Wirksamkeit, die Rivette der Idee entgegensetzt. Denn sie erfordert vom Blick, daß er sie herstellt, daß er sie durch eine Ver-

8 Jacques Rivette, »Génie de Howard Hawks«, in: Cahiers du cinéma, Paris, Mai 1953, S. 16.

knüpfung oder im Zuge einer Montage visiert, die kein einzelnes Bild unangetastet läßt, nicht einmal das anfängliche oder einweihende Bild. Was ursprünglich und als Ursprung das Verfahren oder den Prozeß der Herstellung einer Evidenz in Gang bringt, was dem Entschluß, das Evidente herzustellen, seinen Anstoß verleiht, der Ursprung also oder der Anfang, kann von diesem Verfahren, diesem Prozeß, diesem Entschluß nicht unterschieden werden.

Die »lebendige Behauptung« oder Bejahung ist nicht deshalb evident, weil sie sich nicht mit Sprache vereinen läßt, mit einem Verweisen, das sie aussetzt, sich selber und einem anderen, mag es auch zutreffen, daß die bloße Behauptung von Evidenz stets an die Stelle der reinen Behauptung oder Bejahung treten kann. In gewisser Hinsicht ist die Evidenz ebenso widerspenstig gegen die sprachliche Feststellung, gegen das Sagen, wie es, Hegel zufolge, die Anerkennung ist. Wenn man aber dem Argument der Unvereinbarkeit zustimmt, verleugnet man die Spannung, die die Evidenz durchquert, die Spannung zwischen einer absoluten Intelligibilität und einer »*différance* der Wahrheit«. Man verwandelt am Ende das Evidente in etwas Undurchdringliches. Evidenz muß immer hergestellt werden. An einer solchen Herstellung versucht sich Rivette, indem er zeigt, wie die Abfolge der Bilder die Evidenz hervorbringt oder wie die Evidenz von dieser Abfolge abhängig ist und sich in dieser Abfolge hält. Die Sache muß evident gemacht werden. In dem Maße, in dem alles Tun und Handeln auf ein Vermögen zurückgeführt werden kann, das sich der Gewißheit des Wissens entwindet, und das, wie Hannah Arendt verdeutlicht, die Möglichkeit eines Anfangs in dem Lauf der Dinge aufdeckt, die Möglichkeit, durch die Erscheinung oder das Erscheinenlassen des Neuen eine Zäsur zu setzen,[9] kann man sich fragen, ob alles Tun und Handeln letztlich nicht auch darauf gerichtet ist, Evidenz herzustellen. Was bedeutet aber das Herstellen von Evidenz, das Eingehen in den blinden Fleck, den das Tun und Handeln mit der Evidenz gemein haben, wenn die Evidenz nicht wartet, wenn sie das Verfahren, den Prozeß, den Entschluß, den Akt auslöscht, in deren Abhängigkeit sie steht, und sich nicht in Gestalt eines Resultats zu erkennen gibt?

9 Hannah Arendt, *The Human Condition*, a. a. O., S. 9 und S. 178.

In einem Text über die »Evidenz des Films«, in dem er sich mit Kiarostamis filmischem Werk auseinandersetzt, mit dem, was darin seinen Blick fesselt, behauptet Jean-Luc Nancy, daß Evidenz auf das Auge drückt, weil ein »blinder Fleck« sie stets kennzeichnet, der »blinde Fleck dessen, was sie evident macht«.[10] Die Evidenz übt Druck auf den Blick aus, drängt ihn, der »Auflösung in Anschauungen und Bilder – in Weltbilder, Vorstellungen, Einbildungen«[11] zu widerstehen und die Welt zu betrachten, um das Wirkliche zu »verwirklichen« und das Gegebene »wiederzugeben«, das sich durch seine Abbildung entzieht.[12] Einerseits ist das Bild als Gedanke oder Kunst bereits eine »Öffnung auf die Kraft« des Wirklichen hin, auf dessen »absolute Äußerlichkeit«;[13] es ist ein Blick, der sich auf die Welt richtet, auf der Welt ruht, und der bemüht ist, deren Evidenz herzustellen. Andererseits ist das Bild ein Ersatz für das Wirkliche oder das Gegebene; es ersetzt das Wirkliche oder das Gegebene und schwächt oder entkräftet dadurch die Evidenz der Welt. Kann man jedoch Evidenz erfahren oder erleben, kann man ihr Gewicht fühlen oder ihren Druck spüren, wenn sich »das Licht selber« nicht zurückgezogen[14] und durch diesen Rückzug ein »Verhältnis zum Sinn der Welt«,[15] ja zur Welt als solcher ermöglicht hat? Wenn sich das Gegebene nicht entzogen und dadurch den »verlorenen Körper« und das »Bild« geschaffen hat, in deren Gestalt Philosophie und Literatur wechselseitig erscheinen,[16] es also nicht einer »Wiedergabe« bedarf? Wenn sich das Wirkliche nicht durch seine Preisgabe an das Bild dem vorstellenden Blick exponiert hat (der Sinn ist ja dieses Verhältnis)? Wenn am Anfang oder im Morgengrauen eines unvordenklichen Tages das Bild nicht in der Welt zum Vorschein gekommen ist? Durch das Bild kann die Welt eine Einsicht in sich selber gewinnen, ihre eigene Evidenz herstellen, *und* in das Vergessen oder die Sinnlosigkeit eines Sehens, einer Sicht, eines

10 Jean-Luc Nancy, *L'évidence du film. Abbas Kiarostami*, Brüssel 2001, S. 13.
11 Ebd., S. 19.
12 Ebd., S. 35.
13 Ebd., S. 39.
14 Ebd., S. 43.
15 Ebd., S. 45.
16 Jean-Luc Nancy, »*Un jour les dieux se retirent*«, Bordeaux 2001, S. 10.

Weltbildes sinken, die nicht weniger undurchdringlich und unzugänglich sind als die reine Unmittelbarkeit des Wirklichen und des Gegebenen. Sie kann in dem Vergessen oder der Sinnlosigkeit einer Anschauung verschwinden, die sich im Rauch der Lager nicht verfinstert, sondern deren Verfinsterung der Rauch der Lager augenscheinlich gemacht hat.[17] Weil das Wirkliche und Gegebene nicht länger anwesend sind und abwesend auf sich selber verweisen, weil der Sinn das Wirkliche und Gegebene hervortreten läßt, als wäre es evident, weil die Evidenz am Anfang steht, gibt es Geschichte,[18] folgt die Geschichte der Wahrheit, ja der Wahrheit der Wahrheit, der weder wahren noch unwahren Teilung der Wahrheit in Wahrheit und Unwahrheit. Nancy versteht unter Geschichte die »abendländische« Eröffnung und Verwirklichung einer »doppelten Möglichkeit der Welt«,[19] die »Dekonstruktion des Christentums«. Eingebunden in eine Bewegung der Dekonstruktion, die von ihm gezeitigt wird und der es sich zugleich unterwirft, die es übersteigt und die zugleich von ihm bestimmt wird, dadurch nämlich, daß es, mit Jacques Derrida zu reden, die »Entchristlichung in einen christlichen Sieg« verkehrt,[20] vollendet sich das Christentum in dem Augenblick, in dem es an seine »äußerste Spitze« rührt und zerbricht. Das Christentum offenbart, daß es nichts zu offenbaren gibt, nichts als die Möglichkeit des Offenbarens. So offenbart es den Sinn als Sinn und öffnet sich unendlich auf die Öffnung hin, die es selber ist.[21] Die »doppelte Möglichkeit«, die Nancy meint und die insofern geschichtlich ist als sie der Wahrheit der abwesenden Gegenwart zugehört, einer Wahrheit, die stets in Unwahrheit umschlagen kann, ist also die Möglichkeit des Nihilismus, die Möglichkeit einer Öffnung, die in den »eigenen gähnenden Abgrund«[22] fällt und das »Offene« verschließt,

17 Jean-Luc Nancy, »Un souffle / Ein Hauch«, in: *Shoah. Formen der Erinnerung*, herausgegeben von N. Berg, J. Jochimsen und B. Stiegler, München 1996, S. 124.

18 »Von der abwesenden Gegenwart kann man stets sagen, daß sie die Wahrheit oder die Geschichte ist.« (Jean-Luc Nancy, »*Un jour les dieux se retirent*«, a. a. O., S. 7.)

19 Jean-Luc Nancy, *Visitation (de la peinture chrétienne)*, Paris 2001, S. 50.

20 Jacques Derrida, *Le toucher, Jean-Luc Nancy*, Paris 2000, S. 68.

21 Jean-Luc Nancy, »La déconstruction du christianisme«, in: Les études philosophiques, 4, Paris 1998, S. 511.

22 Ebd., S. 519.

in dem etwas als evident erscheint, *und* die Möglichkeit des Sinns, die Möglichkeit einer Öffnung, die sich einzig auf sich selber bezieht und in ihrem Verweisen oder in ihrem Selbstbezug zu halten vermag: »Was ist ein unendlicher Sinn, der sich als sinnvoll erweist oder Sinn erzeugt, was ist eine leere Wahrheit, der das Gewicht der Wahrheit zukommt?«[23] Nancy fragt an dieser Stelle, wie, aufgrund welcher Evidenz man der Zerrissenheit oder dem »inneren Riß« der abwesenden Gegenwart begegnen kann, der Spaltung des Sinns, des Christentums, der Geschichte, des Abendlands, der »einzigen und einzigartigen Zivilisation, die im Zuge der gleichen Bewegung sowohl zur Bildung der Welt als auch zu ihrer Barbarei beiträgt«.[24] Die Logik der »doppelten Möglichkeit« erinnert an Heideggers Erläuterung des »Ge-stells«, daran, daß dieses der Betrachtung zwei verschiedene und gegensätzliche Aspekte oder Ansichten bietet und sowohl als »Fortführung des Willens zum Willen« angesehen werden kann als auch als »Vorform des Ereignisses selbst«.[25] Bemüht man sich also, den Sinn der Welt zu denken, ist es schwierig, ja unmöglich, dem Abendland und dem Christentum den Vorrang abzustreiten, der dem zukommt, der die Frage nach dem Sinn bis zu jener Grenze treibt, an der ein »Januskopf« sich zeigt und eine Entscheidung verlangt.

Wer sich dem Nihilismus stellt und ihn zu stellen versucht, kann sich nicht auf den Sinn berufen, ist doch der Nihilismus eine Auswirkung, die der Sinn gleichsam vorsieht, ein perverser und selbstmörderischer, interner und externer Effekt, durch den sich der Sinn gegen sich selber kehrt, durch den er auf sich selber verweist und aufhört, ein Verweisen zu sein. Man kann sich folglich dem Nihilismus nicht stellen, indem man den Sinn *als solchen* faßt. Der Nihilismus gehört zum Sinn und spaltet ihn von Anfang an auf – die Pertinenz und die Evidenz solchen Gehörens darf nicht geringer eingeschätzt werden als die des Gehörens, das es verbietet, die Öffnung, die *nicht* in den »eigenen gäh-

23 Ebd.

24 Jean-Luc Nancy, *La communauté affrontée*, Paris 2001, S. 50.

25 Martin Heidegger, »Protokoll zu einem Seminar über den Vortrag ›Zeit und Sein‹«, in: ders., *Zur Sache des Denkens*, Tübingen 1976, S. 57. Zur Destruktion des griechischen und lateinischen Begriffs der Evidenz, vgl. Martin Heidegger, »Das Ende der Philosophie oder die Aufgabe des Denkens«, in: ders., *Zur Sache des Denkens*, a. a. O., S. 73.

nenden Abgrund« fällt, vom Sinn zu trennen. Man kann sich dem Nihilismus einzig aufgrund einer Evidenz stellen, die hergestellt werden muß, da sie, um augenscheinlich zu werden, einer Entscheidung bedarf, die sich grundsätzlich nicht rechtfertigen läßt, einer Gewalt, die das Denken dem Militantismus verpflichtet, dem Krieg, und die die Herstellung einer reinen Evidenz verwehrt, die Herstellung der einzig möglichen Evidenz oder der Evidenz, der man sich endlich beugen muß. Der Entscheidung, die eine Evidenz heimsucht, dort, wo sie in sich Grenze ist, blinder Fleck eines Angrenzens von Sichtbarem und Sichtbarkeit; der Entscheidung, die an der Grenze des Sinns getroffen wird, in der Blindheit der Evidenz, kann man lediglich einen Namen geben – hier zunächst den Namen Jean-Luc Nancy.

Blow Job
Übertreibung und Institution

»Großer Vorsitzender: ›So, jetzt ham wir Revolution gemacht.‹ Neue Bürokratie: ›Ja. Genau.‹«

Rainer Werner Fassbinder, *Anarchie in Bayern*

Ich kann mir nicht helfen. Jeder Pakt der Kunst und des Denkens ist ein Pakt mit dem Teufel. Jeder Vortrag, der einen Gedanken oder ein synkretistisches Geflecht von Motiven auf ganz und gar vorhersehbare Weise entfaltet, mit anspruchsvollen begrifflichen Mitteln oder in einer Reihe unbeholfener Denkschritte, jeder Aufsatz, der es auf das Wiedererkennen einer Gesinnung angelegt hat und Satz für Satz das erforderliche Signalwort bereitstellt, jedes halbherzig geschriebene Buch, das nie weitergeht, als man zu weit gehen darf, jede lauwarme Aufführung, deren Mangel an Wagnis und folglich an Intelligenz sich als Wohltat für Auge und Ohr erweisen möchte, jedes Bild, das Idiosynkrasie durch technische und inhaltliche Konvention ersetzt, die Konvention des Alten oder die des Neuen, rufen nicht bloß eine Reaktion hervor, sie führen nicht nur zu Ablehnung oder zu einem resignierten »Was soll's?« – bevor sie eine solche Reaktion hervorrufen können, haben sie ein Verbrechen an der Welt begangen, das sich kritischen Kategorien entzieht und das einen Gegenschlag auslösen kann, der, übermäßig und ungezähmt, stets mehr ist als bloß reaktiv. Der Begründung zwar bedürftig, aber letztlich beruhigend wäre die Auskunft, es handle sich um ein Verbrechen an der Kultur, an Werten, an der Menschheit als Träger von Werten. Man könnte sich dann auf das warnende Gezeter, die Klage und die Anklage einer konservativen Kulturkritik einrichten. Die Kritik am fortschreitenden Verfall ist deshalb nie wirklich beunruhigend, weil es um ein zumindest dem Anschein nach Vertrautes geht, um die Kultur, um ein Spektakel der Kultur. Weshalb jedoch übertreiben, von einem Verbrechen reden, von einem Verbrechen an der Welt, von einem Verbrechen, vor dem Kritik versagt?

Kritik setzt ein Erfüllen oder Versäumen voraus, ein mögliches Gelingen oder Mißlingen, an dem sie ihren Gegenstand messen kann. Das paktierende Denken und die paktierende Kunst unterminieren aber den Boden, auf dem Kritik ihren Maßstab aufstellt. Die Ablehnung, die sich zum differenzierten kritischen Urteil nicht mehr verdichtet, das resignierte »Was soll's?«, das nicht mehr den Anspruch einer Entscheidung erhebt, in der Kritik sich behauptet, zeugen von deren Versagen, ohne ihr einen neuen Stellenwert zuzuweisen oder der Auseinandersetzung einen anderen Weg zu ebnen. Der Dogmatismus eines Gedankens, der sich am Gedachten festbeißt, die Erstarrung eines Kunstwerks, das kein freies Verhältnis zu sich selber findet, mögen für Kritik noch eine Herausforderung darstellen, die Ubiquität der paktierenden Kunst und des paktierenden Denkens läßt nichts übrig als den eingeschränkten Spielraum der globalen und abstrakten Denunziation, in dem nur eine Wiederholung des Einspruchs möglich ist, die am Ende ihrer Erschöpfung erliegt. Das einzige Verhalten, das dort, wo Kritik versagen muß, dem paktierenden Denken und der paktierenden Kunst zu begegnen vermag, ist das eines Aktivismus, den keine Rechtfertigung vorbereitet und nachträglich auffängt, dessen Bewegung also in einer unumkehrbaren Richtung verläuft: rück-sichtslos.

»Die Tötung des Verbrechers kann sittlich sein, niemals ihre Legitimierung«, schreibt Walter Benjamin in seiner *Einbahnstraße*.[1] Die Einsicht dieses Satzes, der seinerseits der Rechtfertigung widerstehen muß, da er sonst das Behauptete durch die Entfaltung der Behauptung rückgängig machen und sich in einen performativen Widerspruch verfangen würde, ist ein aktivistischer Schlag, eine Blendung, eine Übertreibung, keine ableitbare oder zu Schlußfolgerungen führende Erkenntnis, unbegreifbar als verallgemeinerte Maxime, die man einer Handlung der praktischen Vernunft zugrunde legt. Der Satz läßt einzig Variationen zu, etwa von der Art: »Die Beschädigung eines paktierenden Kunstwerks kann sittlich sein, niemals ihre Legitimierung«, oder aber: »Mit einem Stock den Vortragenden zu schlagen, der einen paktierenden Gedanken vorbringt, kann sittlich sein, niemals die Legitimierung dieser Handlung.«

Von einem performativen Widerspruch handelt man in der

1 Walter Benjamin, *Einbahnstraße*, in: ders., Gesammelte Schriften, Band IV.1, Frankfurt am Main 1972, S. 138.

Philosophie, will man ein Argument der Unwahrheit überführen, will man seinen Geltungsanspruch abtun, weil es sich selber untergräbt, dadurch, daß es die Geltung dessen abstreitet, was es implizit: in der Durchführung der Argumentation zur Geltung bringen muß. Der Widerspruch besteht folglich zwischen dem im Argument Konstatierten und der performativen Dimension des Argumentierens; das Argumentieren folgt als vernünftige Handlung Regeln, deren Geltung das Argument inhaltlich nicht einfach durchstreichen kann, ohne sich als Argument zu durchstreichen. Übersehen wird bei der Entdeckung eines performativen Widerspruchs häufig, daß seine Gültigkeit als Gegenargument selber von einer unbegründeten Voraussetzung abhängig ist. Die Handlung, das Performative, wird nämlich in dem Maße nur in das Gegenargument einbezogen, in dem man voraussetzt, daß Handeln ein vernünftig Geregeltes sein kann, das von seiner Regelung bestimmt und beherrscht wird. Ausgeblendet wird, daß jede Handlung als solche, auch die Handlung des Argumentierens, auch die Regelung, welche die Durchführung der Argumentation festlegt, einen blinden Fleck reproduziert, den keine Argumentation, kein vernünftiges Denken zu entfernen vermag. Eine der Vernunft gänzlich durchsichtige und darum gerechtfertigte Handlung wäre eine im voraus gelähmte. Wüßte man genau, was man tut, wenn man argumentiert, würde man nicht argumentieren. Handlungen sind in diesem Sinne stets aktivistisch, nie unmittelbar einsichtig, Handlungen um ihrer selbst willen. Die Variation eines Gedankens, die variierende Formulierung einer Einsicht verweist dadurch, daß sie bereits als Geste des Überzeugens wahrgenommen werden kann, auf das aktivistische Moment der Denkhandlung. Benjamins Sentenz, Überzeugen sei unfruchtbar, kann man so deuten, daß man in der Unfruchtbarkeit den Selbstzweck erkennt, der jede Handlung auszeichnet.

Kleist hat diesem aktivistischen Moment aller Handlungen in dem Gedanken von der allmählichen Verfertigung der Gedanken beim Reden, das heißt: in dem Gedanken, daß die denkferne Rede eine Gelegenheit des Denkens sein kann, zu seinem Recht verholfen. Er hat es aber ebenfalls in dem Paradoxon von der Überlegung, die dem Handeln nie vorhergehen und die es nie vorwegnehmen kann, zum Ausdruck gebracht – mit einer Schärfe, die den Leser vor die Frage stellt, welchen Ort die

Überlegung im Leben überhaupt hat: »Der Athlet kann, in dem Augenblick, da er seinen Gegner umfaßt hält, schlechthin nach keiner anderen Rücksicht, als nach bloßen augenblicklichen Eingebungen verfahren; und derjenige, der berechnen wollte, welche Muskeln er anstrengen, und welche Glieder er in Bewegung setzen soll, um zu überwinden, würde unfehlbar den kürzeren ziehen, und unterliegen. Aber nachher, wenn er gesiegt hat oder am Boden liegt, mag es zweckmäßig und an seinem Ort sein, zu überlegen, durch welchen Druck er seinen Gegner niederwarf, oder welch ein Bein er ihm hätte stellen sollen, um sich aufrecht zu erhalten. Wer das Leben nicht, wie ein solcher Ringer, umfaßt hält, und tausendgliedrig, nach allen Windungen des Kampfes, nach allen Widerständen, Drücken, Ausweichungen und Reaktionen, empfindet und spürt: der wird, was er will, in keinem Gespräch durchsetzen; viel weniger in einer Schlacht.«[2] Die Durchsetzungskraft eines Arguments, das in einem Gespräch vorgebracht wird, hängt also, Kleist zufolge, von einer gegen alle Theorie widerspenstigen Erfahrung der Praxis ab, von jenen »augenblicklichen Eingebungen«, die sich jeder Überlegung entziehen und die man in kein Wissen verwandeln kann. Die Überlegung, die nachträglich die Verwandlung des praktisch Erfahrenen in ein Berechenbares, in ein Wissen betreibt, wird durch eben die Nachträglichkeit, die ihr wesentlich ist, mit Blindheit geschlagen. Zwischen den »augenblicklichen Eingebungen« und der Rechtfertigung, die eine Handlung durch Überlegung erhalten mag, besteht kein Verhältnis der Ergänzung; Kleist läßt ja keinen Zweifel daran, daß der Überlegende sowohl über den Sieg als auch über die Niederlage nachdenkt. Die »augenblicklichen Eingebungen« sind höchst ungewisse.

Von einem performativen Widerspruch müßte man somit anders reden – ohne die Handlung einem logisch vorgeprägten Begriff des Widerspruchs zu unterstellen und dadurch über ihr blind aktivistisches Moment hinwegzutäuschen, das die Argumentation ebenso unterbricht wie die Logik, der sie folgen muß. Kehrt man das Gegenargument des performativen Widerspruchs gegen sich selber; hebt man den Primat der logischen Definition dadurch auf, daß man die Begründung der Einsicht in

2 Heinrich von Kleist, »Von der Überlegung«, in: ders., Sämtliche Werke und Briefe, 2. Band, Darmstadt 1961, S. 337f.

die Unmöglichkeit, eine Handlung zu begründen, als Handlung kritisiert, die dem Eingesehenen und folglich sich selber widerspricht, so kehrt man das aktivistische Moment von Handlungen hervor, ohne daß man aus der Sicht des Argumentierenden die Handlung des Hervorkehrens völlig rechtfertigen könnte. Ein Widerspruch ist der performative Widerspruch, weil er die Spannung zwischen der Blindheit der Handlung des Argumentierens und dem Anspruch auf Geltung und Rechtfertigung, den jedes Argument anmelden muß, beim Namen ruft. Hegel bestimmt die Einsicht als das Erfassen eines Gegenstands durch das Bewußtsein, so, daß dieses den Gegenstand durchdringt und sich im Durchdringen des Gegenstands erhält, »bei sich selbst« bleibt und sich selber »gegenwärtig«. Mit anderen Worten: das rein einsehende Bewußtsein bringt das Eingesehene, den Gegenstand, hervor.[3] Allein unter der doppelten Voraussetzung, daß die Handlung des Einsehens oder Argumentierens vom Bewußtsein restlos durchdrungen werden kann und daß sie ein intelligibles Hervorbringen des Gegenstandes der Einsicht oder der Argumentation ist, gilt das Gegenargument eines performativen Widerspruchs, der unter dem Primat der Logik steht. Die Einsicht, daß man dem paktierenden Gedanken und dem paktierenden Kunstwerk nur mit einem Schlag begegnen kann, ist keine reine Einsicht, sie ist eine »augenblickliche Eingebung«, die man von der Handlung nicht trennen kann: als solche widerspenstig gegen jede Rechtfertigung und jede Kritik.

Der Schlag, der die mechanische Entfaltung eines paktierenden Gedankens für einen Augenblick zumindest zum Stillstand bringt, der Schlag, der das paktierende Kunstwerk zumindest an einer Stelle beschädigt, ist dem Schlag, dem aktivistischen Moment allen Denkens und aller Kunst verwandt; deshalb vor allem genügt kein Hinweis auf Verbitterung und Ressentiment, auf Strafbedürfnis und Paranoia, um ihn zu erklären. Wollen sie nicht durch ihren Pakt sich ausverkaufen, müssen Kunst und Denken das Bestehende, das Festgefahrene und Approbierte durchbrechen, sie müssen sich selber nicht weniger als dem, was ist, undurchschaubar bleiben. Etwas an ihnen entspricht, wie Nietzsche in seiner unzeitgemäßen Betrachtung über Wagner erkannt hat, der unsicheren und widersprüchlichen Erwartung

3 G. W. F. Hegel, *Phänomenologie des Geistes*, a. a. O., S. 406.

einer ausstehenden Aufnahme, einer künftigen Rechtfertigung, die durch nichts verbürgt wird und von der sie sich wieder loslösen müssen: Grenze – Schranke und Möglichkeit einer Rezeptionsästhetik. Denken, Kunst, die in der Bestätigung eines bereits Ausgeführten oder in dessen bestätigender Fortführung aufgehen, sind unredlich und überflüssig. Sie verleugnen die Anstrengung, ohne die das durch sie Bestätigte niemals die Wahrheit eröffnet und eine Erfahrung der Welt ermöglicht hätte. Damit jedoch verleugnen sie sich als Kunst und als Denken. Daß die Eröffnung der Wahrheit mit der Erschließung einer Welt zusammenhängt, daß Hervorbringung und Erfahrung, Denken und Leben sich nicht voneinander absondern lassen, verdeutlicht eine Tagebucheintragung Wittgensteins, an der man die Schwierigkeiten ablesen kann, auf die jeder Versuch stoßen muß, Biographie und Werk aufeinander zu beziehen: »Die Freude an meinen Gedanken (philosophischen Gedanken) ist die Freude an meinem eigenen seltsamen Leben.«[4]

Ein Verbrechen an der Welt begehen die paktierende Kunst und das paktierende Denken, weil sie nicht auf Wahrheit oder Unwahrheit zielen, sondern auf Einübung und Versicherung es abgesehen haben, auf das Wiedererkennen von Signalen. Eine solche Feststellung ist zunächst als Erklärung des Begriffsgebrauchs zu verstehen: Richtigkeit und Falschheit sind Begriffe, die dem paktierenden Denken und der paktierenden Kunst unangemessen bleiben, die sie an einem Anspruch messen, den sie nicht erheben oder dessen unvermeidliche Erhebung ihre Besonderheit nicht ausmacht. Das paktierende Denken ist weder wahr noch unwahr, die paktierende Kunst weder richtig noch falsch. Fragen muß man nach ihrer Haltung zur Welt, nach der Art und Weise, wie sie sich zu einer Welt verhalten. Für das Verbrechen, das sie begehen, ist indes kein Gerichtshof zuständig. Paktierende Kunst und paktierendes Denken können vor keinem Richter angeklagt werden. Ihr Verbrechen ist eines an der Welt, die sie verdinglichen und als deren Bürokratie sie sich einrichten, kein Verbrechen an Menschen, an der Menschheit. Ein Verbrechen an der Welt begehen die paktierende Kunst und das paktierende Denken, weil es keine Erfahrung gibt, wo Denken

4 Ludwig Wittgenstein, *Denkbewegungen. Tagebücher 1930-1932, 1936-1937*, Teil 2 (diplomatische Fassung), Innsbruck 1997, S. 108.

und Kunst die Welt nicht länger erschließen – und sei es durch den Nachweis der Unmöglichkeit, der paradoxen Verstrickung oder der unüberwindbaren Schwierigkeit ihrer Erschließung. Zur Erfahrung gehört die Möglichkeit des Verbrechens nicht weniger als die Welt, die erschlossen wird. Der von Verbitterung und Hoffnung gebildete Gegensatz, der dadurch gegeben ist, hängt vielleicht zu sehr noch vom Pakt ab, vom Einverständnis, und versperrt dem Aktivismus den Weg, der dem paktierenden Denken und der paktierenden Kunst in die Quere kommt.

In dem langen Dialog zwischen einer weiblichen und einer männlichen Figur, der den dritten Teil von Anne-Marie Miévilles Film *Nous sommes tous encore ici* ausmacht, sagt die Frau einmal: »Man ist allzu allein, wie aber soll man es anders anstellen, will man ab und zu das Glück haben, einen Gedanken denken zu können? Wenn man allein ist, ist es freilich schwierig, die Dummheit zu bewältigen.«[5] Das Alleinsein, dessen es zum Denken eines Gedankens bedarf, setzt, wie der Mann in seiner Replik behauptet, einen anderen voraus, der versucht, seine eigene Dummheit loszuwerden; einen denkenden anderen also, der, um nicht der Dummheit seines Denkens anheimzufallen, die rettende Unterbrechung sucht, die das Denken ihm zugleich verbieten muß. Ich kann mir nicht helfen. Je näher man einem Gedanken kommt, desto mehr nähert man sich der Dummheit, der Dummheit, die aus der vom Alleinsein bewirkten Verblendung resultiert oder aus der Verhinderung, die das Alleinsein ausschließt. Aus solcher Sicht könnte man die Gefahr des Gebets, von der Julien Green in seinem 1924 verfaßten Pamphlet gegen die französischen Katholiken redet, als eine Gefahr des Denkens überhaupt betrachten, als Gefahr, die jeder Welterschließung durch den Widerspruch droht, in den sie sich verwickeln muß, und die dieser Widerspruch unweigerlich steigert: »Ein Mensch, der betet, befindet sich in Gefahr«, schreibt Green, »selbst wenn er unaufmerksam sein Gebet verrichtet; denn es gibt Wörter, die man nicht umsonst aussprechen kann.«[6] Je größer die Anstrengung des Denkens, je aufmerksamer der Denkende, desto ungeschützter die Aussetzung, die das Denken auf das Ungesicherte hin öffnet: Sie kann in Dummheit enden

5 Anne-Marie Miéville, *Nous sommes tous encore ici*, Paris 1997, S. 57.
6 Julien Green, *Pamphlet contre les catholiques de France*, suivi de: *Ce qu'il faut d'amour à l'homme*, Paris 1996, S. 29.

oder eine Welt erschließen. Während jedoch die Dummheit als Mal des Denkens nichts Welterschließendes und Revolutionäres an sich hat, wird jede Erschließung der Welt durch das Denken oder die Kunst von einer unüberwindbaren und unbezwingbaren Dummheit vereinnahmt, die der Preis ist, den Kunst und Denken für die Welterschließung zahlen müssen. Das unmittelbar Einleuchtende eines Gedankens, noch vor seinem Nachvollzug, das Überwältigende einer ästhetischen Erfahrung, das man nicht mit den Auswirkungen von Pomp und Bombast verwechseln darf, kurz: das Berührt-Werden durch Kunst und Denken ist untrennbar von einem Einseitigen, einem Dummen, Verdummenden, virtuell Dogmatischen, das stets über die je erschlossene und erfahrene Welt, über die eröffnete Wahrheit hinaustreibt. Deshalb auch bringen Kunst und Denken einen Überdruß am Gedanken und am Artefakt hervor, an der Wahrheit und der Welt, deshalb wenden sich Künstler und Denker vom Hervorgebrachten und vom Gedachten ab: man spricht dann von Phasen und Kehren, von Schweigen und Wahn, unterscheidet Perioden, ein Früh- und ein Spätwerk.

Verschlossen bleibt dem paktierenden Denken und der paktierenden Kunst die Erfahrung dieses Überdrusses. Denn die Erfahrung der Welterschließung und der Wahrheitseröffnung, die als Erfahrung bereits impliziert, daß man nicht einfach eine Welt erschließen und die Wahrheit eröffnen kann, ist stets die Erfahrung eines Überdrusses am Gedanken und am Artefakt, die Erfahrung einer Revolution als Repulsion, die Erfahrung einer Leidenschaft. Sie kann ihre Spuren dort noch hinterlassen, wo ein bedeutender Künstler oder Denker beginnt, sich selber nachzuahmen. Gelegentlich zeitigt sie eine dem Aktivismus wesensverwandte Fluchtbewegung und nimmt die Gestalt einer unendlich beschleunigten und kaum mehr überschaubaren Produktion an. Da dem paktierenden Denken und der paktierenden Kunst die Erfahrung des Überdrusses an der Kunst und am Denken verschlossen bleibt, ist ihre Form die des verwaisten Zitats, der angestrengten oder frömmelnden Paraphrase, des zusammenbindenden Bastelgewerbes, der Berufung auf ein bereits Gedachtes und Geschaffenes, das als solches approbiert ist oder dessen Approbation die Berufung selber leisten soll. So entsteht das dichte und doch lockere Gefüge, das man von Vorträgen und Installationen kennt, in denen Schlagwörter und Eigennamen,

Einordnungen und Zuschreibungen, Strategien des Ein- und Ausschlusses Erfahrung und Argument ersetzen. Dieses Gefüge, dieses Spektakel, diese Darbietung von Zubereitetem, von Waren, wird zwangsläufig von dem Gesetz einer in Permanenz erklärten Intrige beherrscht, von Bemächtigungsdrang und Verfolgungswahn, von der Notwendigkeit, sich immer wieder gegenseitig zu versichern, daß man noch dabei ist: Kompetenz und Konkurrenz vermischen sich bis zur Unkenntlichkeit. Vorbild und Markenzeichen des paktierenden Denkens und der paktierenden Kunst sind der Garantieschein, mit dem sich die Rückseiten von amerikanischen Büchern schmücken, das kurze Loblied, das *blurb* heißt, und die naiven und zugleich kalkulierten Danksagungen, die Abtragungen von Schulden, die sich über Seiten erstrecken und die Fußnoten beschlagnahmen. Im barokken Trauerspiel sorgt der Intrigant, wie Benjamin hervorhebt, für die Umprägung der »weltgeschichtlichen Dynamik« in »staatspolitische Aktion«;[7] im Betrieb der paktierenden Kunst und des paktierenden Denkens prägt er dessen Dynamik um in die eingreifende Aktion der Gruppe, die willkürlich und zufällig ihre Macht über ihn ausübt. Wenn es aber bei den Veranstaltungen des paktierenden Denkens und der paktierenden Kunst, bei dem weltumspannenden Spektakel der sich selber dokumentierenden und inszenierenden kulturellen Ereignisse,[8] das Konferenzen und Podiumsdiskussionen, die Organisation von Ausstellungen und die Herausgabe von Sammelbänden bieten, um die Sache nur in dem Maße geht, in dem Verabredungen die Oberhand behalten, die dem Zweck der Förderung von Karrieren, der Knüpfung von Seilschaften, der Verwöhnung von Konten und der Besetzung von Posten dienen, untersteht der Gebrauch von Eigennamen zum Beispiel einer Berechnung, die allein von der Einschätzung der Umstände abhängt. Godard stellt in einem 1997 geführten Gespräch fest, daß der Name Victor Hugo nicht auf dem Plakat erscheint, das den Film *Les misérables* ankündigt, der in englischsprachigen Ländern in soge-

7 Walter Benjamin, *Ursprung des deutschen Trauerspiels*, in: ders., *Gesammelte Schriften*, Band I.1, a. a. O., S. 274.

8 »Die wichtigste Verschiebung zum herkömmlichen Begriff der Kultur läßt sich auf den Begriff der Inszenierung bringen.« (Werner Schiffauer, »Kulturdynamik und Selbstinszenierung«, in: *die tageszeitung* vom 4. 3. 1997, Berlin, S. 15.)

nannten Kunstkinos vorgeführt wird: »Er [Lelouch] muß befürchtet haben, daß dadurch [durch die Nennung des Namens] Zuschauer wegbleiben, obwohl wir uns doch mitten in der medialen Aufbereitung von Namen befinden!«[9] Gewonnen hat, wer es versteht, Kapital aus Kontingenzen zu schlagen, der Spezialist oder die Spezialistin für diskurs- und psychoanalytisch ausgerichtete Kultur- und Medienwissenschaften, für Theorie und Politik der Minderheiten, für philosophisch aufgemöbelte Studien über Architektur und sozialgeschichtlich aufgeschlüsselte Abgründe des Geschlechterunterschieds, der Spezialist oder die Spezialisten, der oder die dafür, das sein oder ihr auratischer Name die Teilhabe an den Titeln verspricht, deren Ansammlung er oder sie ausstellt, in Zeiten allgemeiner Haushaltssperren und knapper Ressourcen mit einem Flugschein der ersten Klasse belohnt wird, mit einer Vergütung, die der Werbewirksamkeit der angesammelten Titel entsprechend steigt, mit einem vollen und ratlos gebannten Saal, mit dem Gedränge der Mikrophone. »I'm a player in the intercontinental game with unlimited expenses to reclaim.« Wo einzig Zufall und Willkür ihre Macht ausüben, sind die bestimmenden Kriterien, die es ermöglichen, Kapital zu schlagen, dogmatische, erstarrte, verdinglichte Ansichten. Deshalb besteht ein innerer Zusammenhang zwischen dem paktierenden Denken und der paktierenden Kunst einerseits und dem Purismus und dem Puritanismus andererseits. Purismus und Puritanismus ökonomischer, spießbürgerlicher, inhaltlich festgefrorener und reaktionärer Gesichtspunkte; Pakt zwischen Kunst und Politik, geschlossen im Namen solcher Gesichtspunkte: »Wollen die Politiker die Oper als Kunstform alimentieren und damit erhalten, oder sollen die Opernkünstler ihren Begriff von Opernkunst nach dem Geschmack der Politiker und den Gegebenheiten des Entertainments modifizieren und adaptieren?« – so fragt der aus Frankfurt vertriebene Dirigent Sylvain Cambreling.[10]

Es besteht ein innerer Zusammenhang zwischen dem Pakt und der Einrichtung von Buchreihen, Gesellschaften, Schulen, Fachbereichen, Instituten, Stellen, Lesegruppen. Selbst Walter

9 Gespräch mit Jean-Luc Godard, abgedruckt in: *Lire*, Paris, Mai 1997, S. 34.

10 »Ich bin ihnen in die Falle gegangen«, Gespräch mit Sylvain Cambreling, abgedruckt in: *Die Zeit*, Nr. 20, 9. Mai 1997, S. 48.

Benjamin, den man als Außenseiter und Denker zwischen den Stühlen feiert und für den Kampf gegen die Engstirnigkeit etablierter Institutionen bemüht, wird von einer internationalen Gesellschaft mit eigenem Hausblatt, in dem Nachrufe auf verstorbene Mitglieder den Geist des Schutzherrn beschwören, in den institutionellen Rahmen zurückgeholt: »Wer nirgends Mitglied ist, macht sich verdächtig«, notiert Adorno in einem Aphorismus, den er nicht in die *Minima Moralia* aufgenommen hat, der aber zu den »Reflexionen« gehört, die das »beschädigte Leben« zum Gegenstand haben.[11] Für das paktierende Denken und die paktierende Kunst gilt: Je mehr ihre Vertreter in die Machenschaften des Betriebs verstrickt sind und trotz empörter Beteuerungen des Gegenteils mitspielen, desto nachdrücklicher fordern sie einen Lohn, der mit der Münze einer institutionellen Anerkennung gezahlt wird. Der Journalist Arcadi Espada zeigt in seinem Buch *Contra Catalunya*, daß das Verhalten jener Verwalter des spanischen Staatsapparats, die einen staatlichen Geheimtrupp zur Ermordung baskischer Terroristen zusammengestellt und sich dann durch unrechtmäßige Entwendung von öffentlichen Geldern bereichert haben, ein durchaus folgerichtiges und stimmiges Verhalten war;[12] ebenso folgerichtig und stimmig ist das Verhalten derer, die nach jahrelangem Taktieren und Paktieren den bescheidenen Anspruch erheben, daß eine neue oder alte Institution ihr geschundenes Dasein rechtfertigt, ungeachtet dessen, ob sie sich mit dem akademischen Konservativismus arrangiert haben, gegen den sie einmal antraten, oder ob sie weiterhin als kritische Intellektuelle, ja als aufrechte Vertreter unkanonischer Lehren und unorthodoxer Praktiken sich ausweisen.

Ich kann mir nicht helfen. Ist es nicht dumm, das Aktivistische, unerschöpflich in der reinen Betriebsamkeit sich Erschöpfende der paktierenden Kunst und des paktierenden Denkens zu denunzieren und gleichzeitig den Aktivismus zu empfehlen – als Mittel der einzig möglichen Unterbrechung eines Aktivismus?

11 Theodor W. Adorno, *Minima Moralia*, a. a. O., S. 285 (Anhang).
12 Arcadi Espada, *Contra Catalunya*, Barcelona 1997, S. 62.

Alte Oper
Übertreibung und Kunst

»Chaque matin donc, s'il vous plaît, / Vous lui direz l'heure qu'il est.«

Maurice Ravel, *L'heure espagnole*

An der Verehrung und an der Verspottung, die sich am Ende berühren und von einem Achselzucken abgelöst werden, kann man ablesen, wie schwer es fällt, sich zum Alter zu verhalten. Vielleicht, weil es ein Extrem ist oder einem Extrem sich annähert. Der Ältere *tritt auf*, auffällig oder vorsichtig, auffällig vorsichtig, hilflos, aufgeblasen, *camp*, Oper des anderen, seine Erfahrung des Alterns und des Alters, übertriebene Geste und komische Sprache der Leidenschaft, Blindheit und Ultimatum, Bühne, von der er, der andere, der Jüngere, den Blick nicht abwenden kann, fasziniert und amüsiert, bis er, von dem Übermaß der wiederholten Anforderung ermüdet, Augen und Ohren schließt. Selbst dort, wo das Auftreten sich selber zurückzunehmen scheint, in den Worten etwa, mit denen die Marschallin ihren jungen Liebhaber verabschiedet, der ihr unruhiges Sinnen über das Alter mißverstanden hat und dem sie dann »leidenschaftlich auffahrend« ihre Diener nachschickt, verrät die wissende, ironisch ernste Diskretion, wie heikel das Verhältnis zum Alter ist, zum Älteren.

Alte Oper: Figuren, die sich der Jugend entgegensetzen oder denen sich die Jugend entgegensetzt, Figuren die nicht sterben wollen oder können – der Commendatore, Philipp II, Titurel, Emilia Marty. *Alte Oper*: Daß sich die Oper als Form und Institution, als Figur, in einer Krise befindet,[1] daß sie also jeden, der über ihr Wesen, ihren Sinn, ihre Geschichte, ihre Wirkung, ihre Funktion nachdenkt, vor die Frage stellt, wie es um ihre Zukunft bestellt sei, ob sie nicht, gealtert und überaltert, längst zum alten Eisen gehöre, scheint ein Klischee oder eine Platitüde zu sein,

1 Um das Verhältnis von Mozarts Opern, vor allem von *Idomeneo* und *La clemenza di Tito*, zur *opera seria* zu charakterisieren, redet zum Beispiel Ivan Nagel von der »Krise der Alten Oper« (Ivan Nagel, *Autonomie und Gnade*, München 1988, S. 20).

eine Diagnose mit einem langen Bart, deren Selbstverständlichkeit man inzwischen mit Gleichgültigkeit begegnet. Vielleicht hat sie sich sogar als fragwürdig erwiesen, zumindest im Lichte dessen, was zum Beispiel die Frankfurter Oper vor ihrem wiederholten Absinken in die Provinz auf die Bühne brachte, so, als wäre dort die Alte Oper gesprengt worden, deren Ruine man bis zum Wiederaufbau unangetastet hatte stehen lassen. Adorno, der, wie man weiß, in den zwanziger Jahren Opernkritiken schrieb, kommt immer wieder auf die Krise der Oper zu sprechen, einmal mit unüberhörbarem Argwohn, der die Rede von der Krise ins erklärungsbedürftige Symptom verwandelt. In dem zwischen 1957 und 1966 entstandenen Text über »Fragen des gegenwärtigen Operntheaters« konstatiert Adorno, der Begriff der Krise gelte »heute für alles und darum für nichts spezifisch«.[2] Den Argwohn provoziert somit die Krisenfestigkeit des zum Gemeinplatz Erstarrten und Altbekannten.

Auch die beiden Strategien, mit denen man der vielbeschworenen Krise begegnen kann, lassen sich in Adornos musiksoziologischen Untersuchungen ausmachen, einerseits die Deutung des veraltet Wirkenden als Unzeitgemäßes, eine Deutung, aus deren Sicht die Gegenwart der Zukunft der Oper nachhinkt, andererseits die Anerkennung der Altersschwäche, die um der geschwundenen künstlerischen Produktivkraft willen für die Oper ein Museum einrichtet. Diese unvereinbaren Strategien verschränken sich aber bei Adorno, stehen nicht einfach unvermittelt nebeneinander. So heißt es in der »Konzeption eines Wiener Operntheaters«, wohl der letzten Arbeit des Philosophen zum Thema: »Das Unzeitgemäße der Oper ist nicht zu verleugnen, sondern zu visieren, sie ist als Gegenwart von Vergangenem zu pflegen. Nur wenn das geschieht, kann sie vielleicht wieder zu einem Lebendigen, zu mehr als einem Museum werden.«[3] »Pflege« unterstellt das Gegenwärtige am Vergange-

2 Theodor W. Adorno, »Fragen des gegenwärtigen Operntheaters«, in: ders., Gesammelte Schriften, Band 19, Frankfurt am Main 1984, S. 481.

3 Theodor W. Adorno, »Konzeption eines Wiener Operntheaters«, in: *ders.*, Gesammelte Schriften, Band 19, a. a. O., S. 503. Zur Frage des Museums und der Musealisierung vgl. auch: Alexander García Düttmann, »Wie tragbar ist Dein Museum? Collagen«, in englischer Übersetzung erschienen in: *The Ends of the Museum/Els límits del museu*, herausgegeben von John Hanhard und Thomas Keenan, Fundació Antoni Tàpies, Barcelona 1996.

nen schon der Vergangenheit, während umgekehrt kein Museum ein Existenzrecht hat, das sich nicht am Unzeitgemäßen mißt. Setzt Adorno folglich auf die Krise, welche die Gleichzeitigkeit von Unvereinbarem unweigerlich zeitigt? Noch die in den »Fragen des gegenwärtigen Operntheaters« aufgestellte Forderung, gegen jene Neuerungen, die als Selbstzweck dienen, den »eigentümlichen Bildcharakter«[4] zu retten, der Opern wesentlich sein soll, die »Bilderwelt« etwa, von der Adorno sich in seinem Aufsatz über den Freischütz anregen läßt und in der selber das Älteste mit dem Neuesten, der Mythos mit dem Versprechen sich verschränken sollen, läßt sich in den Zusammenhang einer Verschränkung des Unzeitgemäßen mit dem Musealen, des Umstürzenden mit dem Erhaltenden rücken. Oper gilt es dann zu erhalten, weil das Unzeitgemäße des Bildhaften für sie bestimmend ist, das Unzeitgemäße im und am Bildhaften.

In dem Text »Neue Oper und Publikum«, 1930 verfaßt, betrachtet Adorno die Oper als eine der Legitimation bedürftige Kunstform, Zwitter, Bastard, den nur eine Klasse oder eine Schicht, nur das Proletariat oder die Angestellten als rechtmäßiges Mitglied in eine Familie aufnehmen können. Eingespannt zwischen Zwecken gesellschaftlicher Repräsentation und einem vernachlässigten ästhetischen Anspruch, ist Oper ein Zwitter; hervorgegangen aus der feudalen und aus der bürgerlichen Gesellschaftsordnung, ist Oper ein Bastard. Ihre Krise ist ihr demnach aufgrund ihrer außerästhetischen Herkunft eingezeichnet wie das Mal eines vorgängigen Fluchs. Sie ist keine Krise, in die Oper gestürzt wird, in die sie ihrer eigenen »ästhetisch-immanenten« Dynamik wegen gerät: »Die Oper, ehemals feudales Privileg und höfisches Prunkstück, ist im neunzehnten Jahrhundert ans Bürgertum übergegangen, ohne den Charakter der schmückenden Repräsentation je einzubüßen. Sie ist niemals als Gebilde mit eigenem Recht und eigener Forderung von den Hörern anerkannt worden; in ihr feierte vielmehr das siegreiche Bürgertum sich selbst und genoß sich selber.«[5] Die Oper muß zur neuen Oper werden, um sich als »in sich legitimierte« Kunstform behaupten zu können und ihre Abhängigkeit von

4 Theodor W. Adorno, »Fragen des gegenwärtigen Operntheaters«, a. a. O., S. 493.

5 Theodor W. Adorno, »Neue Oper und Publikum«, in: ders., Gesammelte Schriften, Band 19, a. a. O., S. 477.

der Krise, der genetischen Fremdbestimmung ihrer Geltung, abzustreifen. Solche Selbstbehauptung hängt indes wiederum von einer gesellschaftlichen Entwicklung ab, von der Krise, die ein außerästhetischer Umsturz auslöst und die erst die erforderliche Legitimation in Aussicht stellt: »Trotz allem ist die Hoffnung der neuen Oper bei den neuen Schichten; weil ihr Bewußtsein, wie immer auch abhängig, doch nicht in gleichem Maße ideologisch fixiert ist, wie das derjenigen, deren eigenes Interesse mit den ideologischen Bindungen übereinstimmt. [...] Das Schicksal der neuen Oper wird endlich nicht im Opernraum entschieden, sondern in dem der gesellschaftlichen Entwicklung als solcher.«[6] Im Opernraum entscheidet sich vielleicht nicht das »Schicksal der neuen Oper«, die in ihrer Faktur und vor aller Wahl eines Vorwurfs ideologiekritisch sein soll und damit ein ästhetischer Wegbereiter des außerästhetischen Umsturzes, eine Oper der Zukunft, wohl aber kann sich im Raum der alten Oper die Widerstandskraft gegen die Gesellschaft sammeln, wie Adorno es in einem Abschnitt seiner aus den dreißiger Jahren stammenden, 1963 zum ersten Mal vollständig veröffentlichten »Naturgeschichte des Theaters« nahelegt – mit einem Bild, das, versetzt man es ins revolutionäre neunzehnte Jahrhundert und räumt man die Möglichkeit einer aufwiegelnden Wechselwirkung zwischen Bühnen- und Zuschauerraum ein, an den Anfang von Viscontis Film *Senso* erinnert:[7] »Heute, da die Szene gebunden ist durch den Text und das Publikum durch die bürgerliche Sitte, bleibt die Galerie im Theater der einzige Ort wahrer Improvisation: an der äußersten Grenze des Theaterraumes hat sie sich verschanzt, aus dem Holz der Klappstühle baut sie ihre Barrikaden.«[8]

Im Gegensatz zu den Überlegungen, die Oper als Zwitter oder Bastard einer soziohistorischen Heteronomie unterstellen und eine Entscheidung über ihre Autonomie, über das »Schicksal der neuen Oper« außerhalb des Opernraums ansiedeln, hebt Adorno in dem häufig zitierten Essay, der am Anfang der 1959

6 Ebd., S. 480.

7 Vgl. dazu: Henry Bacon, *Visconti. Explorations of Beauty and Decay*, Cambridge 1998, S. 72f. Wie die Oper selber in einen Film eingehen und dadurch politisch werden kann, zeigt Glauber Rochas *Terra em Transe*.

8 Theodor W. Adorno, »Naturgeschichte des Theaters«, in: ders., *Quasi una fantasia*, Frankfurt am Main 1963, S. 97.

erschienenen *Klangfiguren* steht, den »spezifisch« bürgerlichen Charakter der Opernform hervor und setzt die Krise mit einer der Form selber gleich, die ihre antizipatorische Sprengkraft eingebüßt zu haben scheint und folglich auch ein *künftiges* legitimes und autonomes Dasein nicht länger vorwegnimmt. Die Verschiebung, durch die Oper eine »angemessen« bestimmbare geschichtliche Herkunft und einen »angemessen« bestimmbaren gesellschaftlichen Standort zugewiesen werden kann, geht mit einer Verschiebung des Zwitterhaften einher, vom Außerästhetischen ins Innerästhetische, von der Hintanstellung des ästhetischen Ernstes zur ästhetischen Paradoxie der Versachlichung: »Angemessen wäre es, die Oper als die spezifisch bürgerliche Form zu deuten, welche paradox inmitten der entzauberten Welt mit deren Mitteln das magische Element der Kunst zu bewahren trachtet.«[9] Die Krise dieser »spezifisch bürgerlichen Form«, seit der »großen Wirtschaftskrise« in Permanenz erklärt, kann man einmal daran erkennen, daß »Stellung und Funktion der Oper in der gegenwärtigen Gesellschaft« fraglich sind, ein Umstand, der wohl unablösbar ist von dem Zerfall des traditionellen Bürgertums, dann aber daran, daß die Opernform in dem Maße etwas »Peripheres und Gleichgültiges« annehmen mußte und angenommen hat, in dem sie *als solche* auf die »ästhetische Grenze der Versachlichung« stoßen mußte und gestoßen ist.

Die Vorlesung über Oper aus der *Einleitung in die Musiksoziologie*, 1962 gehalten, knüpft an die Verschiebungen an, die Adorno in dem Essay über bürgerliche Oper vornimmt, und setzt die darin entfaltete Argumentation fort, indem die Krise als ein Altern gedeutet wird: »Unterm musikalischen so wenig wie unterm ästhetischen Aspekt kann man sich des Eindrucks entschlagen, die Opernform veralte.«[10] Das Veraltete an der Oper, das sie zunächst in eine »Spezialität« verwandelt, in einen *acquired taste*, drückt sich in einer Unverständlichkeit aus, von der in der Schwebe bleibt, ob sie dem musikalisch und ästhetisch Geschulten, der versucht, Oper »adäquat« zu verstehen, nicht ebenso zu schaffen macht wie dem Konsumenten, der sich über das Unverständliche durch »irreale Erinnerung« hinweg-

9 Theodor W. Adorno, »Bürgerliche Oper«, in: ders., *Klangfiguren*, Berlin und Frankfurt am Main 1959, S. 37.

10 Theodor W. Adorno, *Einleitung in die Musiksoziologie*, Frankfurt am Main 1962, S. 81.

täuscht, durch eine nach rückwärts gerichtete Haltung, die im »Wiedererkennen« der Melodien und Motive die Oper, an die er sich nicht wirklich erinnert, in eine ewig alte Oper verkehrt, zur zeitlosen Oper verklärt: »[Die Oper] bietet das Paradigma einer Form, die unentwegt konsumiert wird, obwohl sie nicht bloß ihre geistige Aktualität verlor, sondern mit größter Wahrscheinlichkeit gar nicht mehr adäquat verstanden werden kann.« Der »irrealen Erinnerung« aus der *Einleitung in die Musiksoziologie* entspricht in den »Fragen des gegenwärtigen Operntheaters« jenes Hören »traditioneller Opern«, das sie zu »Potpourris ihrer selbst« herabmindert. In der 1967 geschriebenen Antwort auf eine Umfrage zum Verhältnis von »neuer Oper« und Publikum schränkt Adorno die Unverständlichkeit der Kunstform auf die »traditionellen Opern« ein, die, unabhängig von ihrer ästhetischen Bedeutung, eine Tendenz aufweisen sollen, »uninterpretierbar zu werden«. In der Krise, die eine intendierte »Überrumpelung« des Publikums hervorruft, erblickt er die Zukunft der »radikal modernen Oper«,[11] ähnlich wie in dem Text von 1930 also die einzige und entscheidende Zukunft der Oper. Die Bemerkungen zur »Konzeption eines Wiener Operntheaters« schließlich beginnen mit der Behauptung, die Oper als Form könne »jählings wieder vergehen«, hat sie doch mit der Verwandlung in ein lebendig Totes die Ungestalt eines gespensterhaften Zwitterwesens angenommen. Es ist, als hätte der Geist in dem Augenblick, in dem er diese Kunstform verlassen hat und fortgeschritten ist zur Entfaltung anderer Formen der Kunst, das Bedürfnis nach ihr verstärkt, ohne daß man diese Verstärkung als bloßes Indiz gesellschaftlich falschen Bewußtseins abtun, ohne daß man das Bedürfnis als Symptom der Krise den »Klagen und Tadel« zuordnen könnte, von denen Hegel sagt, daß sie nach dem Ende der Kunst einsetzen. Vielleicht zeigt sich die für die Oper konstitutive Angewiesenheit auf ein Publikum eben auch darin, daß dessen Bedürfnis für die künstlerische Form und deren geistigen Gehalt von Bedeutung ist: »Das Bedürfnis [nach Oper] überlebt die geistig-künstlerische Aktualität der Oper.«[12] Adorno konzediert nun sogar, daß die Oper

11 Theodor W. Adorno, »Zu einer Umfrage: Neue Oper und Publikum«, in: ders., Gesammelte Schriften, Band 19, a. a. O., S. 495.

12 Theodor W. Adorno, »Konzeption eines Wiener Operntheaters«, a. a. O., S. 497.

noch nicht an ihre innerästhetische Grenze gelangt ist, zumindest dann nicht, wenn sie sich auf die Vermitteltheit ihres dramatischen, aus der Perspektive der künstlerischen Entwicklung anachronistischen Moments durch das musikalische besinnt. Der Musikphilosoph macht ihre Zukunft an der Aufgabe einer dem »Primat der Musik« verpflichteten Versachlichung fest, die auf »neusachliche Stilexperimente« verzichtet, an der Aufgabe, ein »Theater der Armut« zu gründen, das bemüht ist, »die Sache rein darzustellen«. Hatte Adorno in dem Essay über bürgerliche Oper auf den »Widerspruch« hingewiesen, der herrscht zwischen »leibhaftigen Personen, die reden wie im Drama«, und dem »Medium des Gesangs, dessen sie sich dabei bedienen«, so schickt er sich jetzt an, diesen Widerspruch aufzulösen und die in ihm angelegte Krise zu bewältigen, indem er das eine Moment dem anderen unterordnet und das Bedürfnis nach Oper virtuell mit dem »fortgeschrittenen künstlerischen Bewußtsein« versöhnt.

Der Nachdruck auf die politische Virulenz der neuen Oper in dem frühen Text, der in den aphoristischen Reflexionen zur »Naturgeschichte des Theaters« gegebene Hinweis auf die widerständige Improvisation, die sich im Raum der alten Oper ereignet, die in den »Fragen des gegenwärtigen Operntheaters« enthaltene Feststellung, der Komponist verzweifele an der geschichtlich bedingten Inkompatibilität zwischen zwei »Forderungen«, weil er »von seinem Publikum so wenig abstrahieren [könne] wie von der künstlerischen Aktualität dessen, was er gestaltet«, zeigen an, daß Adorno sich am Sinn der Oper und an dessen Krise ausrichtet. Bündig formuliert er an einer Stelle des Essays aus den *Klangfiguren*: »Der dramatischen Form ist, ihrem eigenen Sinn nach, das Publikum immanent. Absurd wäre der Gedanke an eine Bühne an sich derart, wie die Idee von Gedichten an sich, von Musik an sich ihr Recht hat.«[13] In letzter Konsequenz ist diese immanente oder konstitutive Angewiesenheit, die Adorno wiederholt betont, die sinnstiftende und den Sinn zugleich zerstörende Angewiesenheit der Oper auf ein anderes überhaupt – auf die Ausbildung von Stimmen, auf eine ausreichende Anzahl Proben, auf die Verfügbarkeit finanzieller

13 Theodor W. Adorno, »Bürgerliche Oper«, in: ders., *Klangfiguren*, a. a. O., S. 41.

Mittel, um nur drei weitere sinnfällige Beispiele zu nennen, die in der »Konzeption eines Wiener Operntheaters« auch von Adorno genannt werden. In einem Passus der vom »Widersinn einer Oper ohne Publikum« handelnden musiksoziologischen Vorlesung, der die »Idee von Musik an sich« aufgreift und das Uneinssein der Oper noch einmal verdeutlicht, wird das andere als Sprachähnlichkeit und als Bildhaftigkeit bestimmt, wird die »immanente Krise der Form« auf den Anachronismus der Sprachähnlichkeit und Bildhaftigkeit zurückgeführt: »Die ihrer selbst bewußte Produktion fand keinen Generalnenner mehr für die Forderung nach der Autonomie einer Musik, die bilderlos sie selbst sein will, und das Desiderat der Oper, Musik müsse sprachähnlich und das Bild eines anderen sein.«[14] Man könnte Adornos These radikalisieren und die Behauptung aufstellen, es sei die Angewiesenheit auf ein anderes, die grundsätzlich die Oper vor dem Altern bewahre, vor der Unvordenklichkeit einer sich selber genügenden und einzig sich selber angehenden Kunst, vor der Feindschaft des Sachlichen gegen die Improvisation, *aber nur*, um sie gleichzeitig dem Altern auszusetzen, der Krise. Die Angewiesenheit auf ein anderes würde dann der Versachlichung der Oper, dem Nominalismus und der Entkunstung der Kunst in den Werken immer schon eine unüberwindbare Schranke auferlegen, gleichgültig, wie sich das Altern im einzelnen auswirken und zu welchem Zeitpunkt die Krise einsetzen würde, ungeachtet auch dessen, ob man die Krise als eine innerästhetische der Form ansehen würde oder als eine mit ihrer außerästhetischen Herkunft gleichbedeutende. Man könnte aber ebenfalls die Behauptung aufstellen, es sei die Setzung, die Erfindung, die Fiktion der Opernform – oder genauer: die Tatsache, *daß* die Opernform erfunden und gesetzt worden ist, die sie, trotz des ideologischen Anscheins der Naturwüchsigkeit, dem Altern aussetze und zugleich vor ihm bewahre. Wenn nämlich die Oper »jählings wieder vergehen« kann, wie Adorno sagt, so deshalb, weil ihre Form »abrupt gesetzt worden ist«[15] und sich ihr Ursprung musikgeschichtlich genau bestimmen läßt. Beide Behauptungen könnte man am Ende in einen Zusammenhang rücken, beinhaltet doch Setzung ihrem eigenen Begriff

14 Theodor W. Adorno, *Einleitung in die Musiksoziologie*, a. a. O., S. 87.
15 Theodor W. Adorno, »Konzeption eines Wiener Operntheaters«, a. a. O., S. 496.

nach die Angewiesenheit auf ein anderes. Alterität des Alters und des Alterns.

Von diesem Altern der Oper, das in ihrer Angewiesenheit auf ein anderes liegt, gilt es jenes andere Altern zu unterscheiden, mit dem man es jedesmal zu tun hat, wenn ein bestimmtes Werk oder gar die ganze Operngeschichte zum Anlaß für eine Interpretation genommen werden, die darin wiederfindet, was sie selber hineinlegt. Zweifellos ist die Möglichkeit solcher Interpretationen wiederum ein Anzeichen für die der Opernform einbeschriebene Angewiesenheit. Es unterscheidet sich allerdings dadurch, daß die Interpretationen, die wiederfinden, was sie hineinlegen, eben die Angewiesenheit auf ein anderes verleugnen und durchstreichen, indem sie von der Oper unberührt bleiben und dem Leser oder Hörer letztlich bedeuten, mit der Oper habe man es bisher noch nicht gemacht, könne man es aber ebenfalls machen. Historisierung der Oper, die sie zur Oper an sich erklärt und ihrer Zukunft beraubt, Versprechen falscher Jugend, das im Fall der Oper besonders auffällt, weil sie schon altbacken wirkt, alte Oper, in der sich die *verfügbaren* Argumente des Feminismus, der Psychoanalyse, der Kultur- und Medienwissenschaften wiedererkennen, um sich bald einem anderen Medium zuzuwenden und die Eskamotage zu wiederholen. Je mehr die Oper sich indes für historisierende Interpretationen hergibt, für Interpretationen, die sie nicht erst dadurch historisieren, daß sie Oper historisch oder historistisch betrachten, sondern dadurch, daß sie Oper unter ihre im voraus feststehenden Begriffe subsumieren, je einfacher es die historisierenden Interpretationen mit der Oper haben und je glatter und reibungsloser sie gelingen, desto unberührter bleibt auch die Oper selber, desto subversiver ist die Zukunft, die sich mit jeder historisierenden Interpretation für diese unsichtbar in der Vergangenheit der alten Oper zusammendrängt. In einer am 8. März 1977 gehaltenen Vorlesung wendet sich Gilles Deleuze gegen die These von dem Tod, den die Oper mit dem Niedergang der Stimmkultur von Kastraten und Contratenören gestorben sein soll, und behauptet, daß der Niedergang lediglich den Übergang von der vokalen zur symphonischen Musik markiert, zu einer Musik, in der die Stimme einem anderen Werden folgt, das man nicht mit einer Nachahmung verwechseln darf, und die Rolle eines Instruments übernimmt. Der Oper erschließt sich gleichsam eine bislang verschlossene Zukunft, so daß sich die wohl ungewöhnliche, doch im trivialen Sinne historisierende These von ihrem Tod als reaktiv erweist: »Man müßte sich selber verbieten, von dem zu reden, was man nicht liebt«,[16] sagt Deleuze. Was an der Oper aber kann die Liebe zu ihr wecken, von der ihre Historisierung nicht zu wissen scheint oder von der sie nicht wissen will, die Liebe, die man stets teilt, mit jenen etwa, die begeistert klatschen, wenn sich der Vorhang über einem besonders reich ausgestatteten Bühnenbild hebt? Vielleicht vermag die Oper gerade in dem Maße eine Liebe zu wecken, in dem sie uneins ist mit sich, angewiesen auf ein anderes, idiosynkratisch und um so unmäßiger, je deutlicher ihre heterogenen Momente oder Elemente auseinanderdriften, je mehr sie sich gegenseitig überhöhen, wie es musikalisch an jenen Stellen geschieht, wo der hinzutretende Chor die Hauptstimmen aufputscht und hochpeitscht.

Regelmäßig lenkt Adorno in seinen Schriften zur Oper die Aufmerksamkeit auf deren Krise, gelegentlich sogar auf das »Bereden« der Opernkrise; immer wieder unterstreicht er auch die nicht allein geschichtlich bedingte Künstlichkeit, das Kostümhafte, Ostentative und Prätentiöse der Kunstform. Rätselhaft und mit dem Altern der Oper »zuweilen lächerlich« soll der »Anspruch des singenden Menschen als der dramatischen Person« anmuten, das »Erscheinen von Menschen, die singen, als ob das natürlich wäre«, »Paradoxon des zum Gesang hochstilisierten Leibes«;[17] den »gesunden Menschenverstand« soll vor den Kopf stoßen, daß »leibhaftige Menschen auf die Bühne treten und singen«;[18] weil gerade im »Zerfall« der altersschwachen Oper das »Kostüm« als Moment ihrer »Grundschicht« hervortreten soll, das Kostümierte der singenden Stimme, scheint die Oper sich selber am nächsten zu kommen, wo sie sich am meisten »ihrer eigenen Parodie« nähert;[19] die Erhöhung des »bloßen Daseins«, die in Musik angelegt ist, soll sich in der Oper zur

16 Gilles Deleuze, »Sur la musique«, cours de Vincennes, 8 mars 1977, imaginet.fr/deleuze, S. 6.

17 Theodor W. Adorno, »Fragen des gegenwärtigen Operntheaters«, a. a. O., S. 485 und S. 483.

18 Ebd., S. 493.

19 Theodor W. Adorno, »Bürgerliche Oper«, in: ders., *Klangfiguren*, a. a. O., S. 32f.

»Ostentation« steigern und als solche das »Urbild« ihres Scheins abgeben,[20] mag das Ostentative zugleich auch mit dem Umstand zusammenhängen, daß eine Setzung die Oper in ihr prekäres und artifizielles Leben gerufen hat; in dem Gerede von der »Opernkrise« soll eine Idiosynkrasie gegen das Verkleidende zum Ausdruck kommen, dem man noch und besonders im Fetischismus der Stimme nachspüren kann;[21] Oper soll das »unwahrscheinliche« und »alberne« Produkt »antirationalistischer und antirealistischer Leistungen der Stilisation« sein, sich durch eine »äußerlich prätentiöse Form« auszeichnen.[22] Mit der Aufkündigung des Opernscheins wird also, folgt man Adorno, der Pakt gebrochen, von dem Ingmar Bergman in Notizen zu seiner Verfilmung der *Zauberflöte* spricht: »Nichts *ist*, alles ist *wie*. Im selben Augenblick, in dem sich der Vorhang hebt, kommt es zum Pakt zwischen Bühne und Zuschauerraum: Jetzt dichten wir miteinander.«[23] Wahrheit und Wirkung treten auseinander, wie Nietzsche es bereits in seiner Untersuchung zum Fall Wagner diagnostizierte,[24] zur »offenen Wunde« der Musik, ohne daß die Wirkung aber mehr zu wirken vermöchte, ohne daß ein verklärender, »jasagender Charakter« sich ihr zusprechen ließe.[25] Auf das wesentlich Scheinhafte, »Lächerliche« und »Sinnwidrige« der Oper weist ebenfalls Stanley Cavell hin, wenn er schreibt, daß sich ein verständiger Mensch im allgemeinen nicht singend an den anderen richtet, und daß man sich deshalb fragen kann, ob die »unverhohlene Konventionalität« und die »extravagante Willkür« der Opernform, ja ob die Tatsache des Singens und die mit ihr einhergehende, stets an den Wahn grenzende Selbstpreisgabe, welche die Stimme in eine Signatur verwandelt, nicht die Konventionen in Frage stellen, die das gewöhnliche Sprechen ermöglichen. Ergeht nicht mit jedem Atemzug des Sängers ein Urteil über die Welt als ganze, das in einem sprechend nicht formulierbaren Leiden seinen Ursprung

20 Ebd., S. 37.
21 Ebd., S. 48.
22 Theodor W. Adorno, *Einleitung in die Musiksoziologie*, a. a. O., S. 82.
23 Ingmar Bergman, *Bilder*, Köln 1991, S. 311.
24 Friedrich Nietzsche, *Der Fall Wagner*, in: ders., Werke, Band III, herausgegeben von Karl Schlechta, Frankfurt am Main, Berlin und Wien 1981, S. 366.
25 Friedrich Nietzsche, *Ecce homo*, in: ders., Werke, Band III, a. a. O., S. 592.

hat, in einer Trennung, die den Grund für das Urteilen erst legt? »An einem bestimmten Punkt wird jeder dazu neigen, den ganzen Vertrag als sinnwidrig zu betrachten, mit dem man sich bereit erklärt, Singen für Sprechen zu halten und die bis zum Unmenschlichen weiterentwickelten Stimmakrobaten für beispielhaft leidenschaftliche Menschen zu nehmen.«[26] Im Jahr 1967 stellt Roland Barthes fest, der Schein sei verkümmert und die Oper zu einem »Theater der Blindheit« geworden, nicht nur aufgrund der Verbreitung von Opernaufnahmen, die Aufführungen ablösen, sondern auch wegen des Anachronismus, der die Oper als Aufführung oder Schauspiel zum »bevorzugten Beispiel« für eine »gewisse Lächerlichkeit« ummünzt.[27] Was Barthes aus geschichtlicher Sicht, aus der Sicht eines Alterns der Oper feststellt, kann man freilich auch aus struktureller Sicht feststellen. Der geistige Vorzug, den im Verhältnis zu allen anderen Sinnen das Ohr auszeichnen soll, das Ohr, das ein »erotisches« Ohr sein kann, vor allem aber ein »spekulatives« Ohr ist, führt bei Kierkegaard dazu, daß das vorzüglichste Verhältnis zu dem vor allen anderen Opern ausgezeichneten *Don Giovanni* in einem Theater der Blindheit seinen Ort hat, in dem das Ohr nicht mehr auf das Auge angewiesen ist, die Erfahrung des Musikalischen als des unmittelbar Erotischen, das trotz allem der Worte bedarf, in denen es sich nie erschöpft, nicht mehr von dem Verfolgen der Handlung abgelenkt wird, die sich auf der Bühne entrollt. Der scheinlose Schein dieses Theaters zergeht vor der

26 Stanley Cavell, »Opera and the Lease of the Voice«, in: ders., *A Pitch of Philosophy*, Cambridge [Mass.] und London [Engl.], 1994, S. 158. Mit Adorno hat Cavell die analogische Behandlung von Film und Oper gemein: »Nicht nur die Plötzlichkeit der Erfindung teilt die Oper mit dem Film, sondern auch viele seiner Funktionen. Genannt sei die Ausstellung des Bildungserbes für Massen; auch die Massenhaftigkeit der Mittel, die im Material der Oper teleologisch angelegt war wie im Film, und die der Oper zumindest seit der Mitte des neunzehnten Jahrhunderts, wenn nicht früher, Ähnlichkeit mit der modernen Kulturindustrie verlieh.« (Theodor W. Adorno, »Bürgerliche Oper«, in: ders., *Klangfiguren*, a. a. O., S. 40.) Cavell erkennt eine Affinität zwischen Oper und Film in der »verwandelnd-verklärenden Kraft«, die den Kamerabewegungen und der Musik eignen soll, und redet ausdrücklich von einer Analogie. (Stanley Cavell, »Opera and the Lease of the Voice«, in: ders., *A Pitch of Philosophy*, a. a. O., S. 137.)

27 Roland Barthes, »Sur le théâtre lyrique«, in: Œuvres complètes, Band II, Paris 1994, S. 495.

unmusikalischen Macht des Bewußtseins, vor dessen Auge, vor dem Urteil des steinernen Gastes und seiner anderen Blindheit, so wie mit dem Wort in der *Phänomenologie des Geistes* die sinnliche Gewißheit zergeht.

Gegen den Opernschein wendet sich in der Geschichte der Oper bereits die »Wagnerische Reform«. Sie soll, laut Adorno, dazu beigetragen haben, daß die Musik die »Verantwortung des Ernstfalls« übernimmt, sich einem »Sich-aus-sich-selbst-Entrollen« verschreibt,[28] einer integrativen Entwicklung, einer Entkunstung der Kunst, die in der »Preisgabe der musikdramatischen Illusion« terminiert, in einer dem Schein selber erteilten Absage, und damit die Oper wiederum in ihre »heterogenen Bestandteile« zerfallen läßt. Adorno fordert, daß Komponisten, die versuchen, der Oper eine Zukunft zu erschließen, auf »den musikdramatischen Einfühlungszauber« verzichten, die Oper »rücksichtslos aus ihren heterogenen Bestandteilen zusammenmontieren« und die »musikalischen Bestandteile bis zum Äußersten artikulieren und auskomponieren«, Ausstellung des Zwitterwesens der Oper.[29] Zur Rettung der Oper soll also das Festhalten an der ästhetischen Verbindlichkeit des »totalen Kunstwerks«, die den Schein der alten Nummernoper durch-

28 Theodor W. Adorno, »Fragen des gegenwärtigen Operntheaters«, a. a. O., S. 489.

29 Ebd., S. 488. Dieses Zwitterwesen der Oper, zwischen Schein und Scheinlosigkeit, erheischt auch die Rettung der Oper als Rettung des Scheins, die Adorno in dem Traum eines »Kugeltheaters«, Gegenstück zu dem Naturtheater von Oklahoma, enigmatisch und visionär antizipiert und auf die Zukunft projiziert: »Im geträumten Kugeltheater wird nicht bloß als bestes Kostümstück das Vergangene gegenwärtig; kraft der Vergänglichkeit, mit der sie transparent die Bühne betritt und sie wieder verläßt, wird Gegenwart ewig. Darin liegt die Rechtfertigung der theatralischen Illusion, wie sie aller Selbstsicherheit der autonomen Ästhetik entgegen als Wunsch den Theatern nicht auszutreiben ist. Das Vergänglichste präsentiert sich in der Kugelreflexion jäh als gerettet. Im Kuppeltheater werden die Kulissen dunkle Wälder sein; das hydraulische Rauschen darunter ist gleichermaßen das verborgener Quellen und der Untergrundbahnen, die Wedekind in der surrealistischen Utopie von Mine-Haha Stadt und Theater verbinden läßt. Der Gesang aber, dessen Melodie das Kuppelrund nachzeichnet, das zuvor sie formte, wird nicht Stummen vergeblich zuteil. Singende werden einstimmen, und das Nacheinander von Gesang, Wiederaufnahme und Echo wird im Zugleich des schwebend erfüllten Raums sich lösen, dessen Ruhe in sich erzittert.« (Theodor W. Adorno, »Naturgeschichte des Theaters«, in: ders., *Quasi una fantasia*, a. a. O., S. 111f.)

bricht und gleichzeitig den einer in sich stimmigen und geschlossenen Welt hervorbringt, nicht weniger erforderlich sein als die Hervorhebung einer Unverbindlichkeit, die dem Schein auf den Leib rückt und die Adorno zum Beispiel in Strawinskys innovativem Rückgriff auf »Elemente des kabarettistischen Kunststücks, der Genre- und Kleinkunst« ausmacht.[30] Es ist, als sollte in die Opernform eine Erfahrung übersetzt werden, die der Musikphilosoph in seiner »Naturgeschichte des Theaters« als die der Probe und der von ihr bewirkten »Dekomposition« des Werks beschreibt: »Ewiges Morgengrauen stört den illusionären Bann ebenso heilsam wie Unterbrechungen, dazwischenredende Leiter, beschäftigt Hin- und Hergehende.«[31] Barthes, der in einem 1973 geführten Gespräch die Oper als »totales Schauspiel« bezeichnet, träumt von einer Oper, die so frei und beliebt wäre wie ein Kino oder der Saal, in dem ein Kampf zwischen Ringern stattfindet, einer Oper, die es erlauben würde, je nach Laune ihr Haus zu betreten und zu verlassen, Traum des Dandys oder des Aristokraten, Gelegenheit, Trick, Anstoß, Spritze, »Prise«. Er redet von einer durch die Operninszenierung geförderten Haltung, die es ermöglichen soll, im gleichen Augenblick Lust an der Wahrheit des Schauspiels und an seiner Parodie zu empfinden, und erblickt darin, im Ausdruck des Lachens oder Lächelns einen Umriß künftiger Kultur,[32] die rückblickend, so könnte man hinzufügen, nicht vorschnell mit der Postmoderne identifiziert werden sollte, zumindest nicht, wo diese sich der unmöglichen Gleichzeitigkeit von Wahrheit und Parodie nicht gewachsen gezeigt hat. Ist die Angewiesenheit der Oper auf ein anderes, sind der Parallelismus, der die Wahrheit durch die Parodie verdoppelt, und die Interferenz, die beide aufeinandertreffen läßt, nicht auch Gegenstand der selbstreflexiven *Ariadne auf Naxos*, in der eine *opera seria* und eine *opera buffa* simultan aufgeführt werden sollen? An das erhebend Statuarische der Arie »Es gibt ein Reich« schließt sich unmittelbar das verschlungen Dynamische des hinreißenden Quintetts an, mit

30 Theodor W. Adorno, »Fragen des gegenwärtigen Operntheaters«, a. a. O., S. 485.

31 Theodor W. Adorno, »Naturgeschichte des Theaters«, in: ders., *Quasi una fantasia*, a. a. O., S. 105 f.

32 Roland Barthes, »Les fantômes de l'opéra«, in: *Le grain de la voix. Entretiens 1962-1980*, Paris 1981, S. 177f.

dem Zerbinetta und ihre Truppe die »großmächtige Prinzessin« erheitern wollen, die »Meisterin im Improvisieren«,[33] die sich auf den »frechen Pfiff« so gut versteht wie auf schwindelerregende Koloraturen, und ihre von Gaunern, Tölpeln und albernen Alten zusammengesetzte Viererbande.

Während die Totalität der Oper, jenes an ihr, was man lose und genau Gesamtkunstwerk nennen kann, ein scheinhaftes Vergessen des Artifiziellen und Heterogenen, des Forcierten und Outrierten, der Angewiesenheit auf ein anderes betreibt, verdeutlicht die Erinnerung daran das Übertriebene und Extreme an der Form, Achtung vor der Scham, zu singen, und höchste Stilisierung des Gesangs: »Die Koloratur ist keine bloße Form äußerlicher Übertreibung«, notiert Adorno, »sondern gerade an ihr als einem Extrem tritt die Idee der Oper am reinsten hervor, und nirgends ist Wagner ihr näher gewesen als eben in der Partie des Waldvogels.«[34] Vielleicht besteht das Geheimnis der geheimnislosen alten Oper, das die Liebe zu ihr weckt und die Abwehr provoziert, Verehrung und Verspottung gleichermaßen zeitigt, in dem Umstand, daß in ihr Kunst die Menschlichkeit abstreift und an eine Grenze rührt, an die Grenze zum Piepsen, zu einem Piepsen aber, das ebenso geheimnisvoll und geheimnislos ist wie die Oper selber, *ein Alles und ein Nichts*. Prototyp eines jeden Opernsängers wäre dann Josefine, die singende oder piepsende Maus aus der letzten Erzählung, die Kafka veröffentlicht hat: »Josefine behauptet sich, dieses Nichts an Stimme, dieses Nichts an Leistung behauptet sich und schafft sich den Weg zu uns«[35] – und sei es dadurch, daß sie letztendlich »in gesteigerter Erlösung« vergessen wird, wie »alle Helden unseres Volkes«, wie »alle ihre Brüder«.

33 Hugo von Hofmannsthal, *Ariadne auf Naxos*, in: Ausgewählte Werke, herausgegeben von Rudolf Hirsch, Band II, Frankfurt am Main 1957, S. 670.

34 Theodor W. Adorno, »Bürgerliche Oper«, in: ders., *Klangfiguren*, a. a. O., S. 50.

35 Franz Kafka, »Josefine, die Sängerin oder Das Volk der Mäuse«, in: *Erzählungen*, herausgegeben von Max Brod, Frankfurt am Main 1983, S. 207. »›Unsere Sängerin‹ markiert eben die leere – und *leer bleibende* – Stelle der Musik, die aber [...] gerade als Leere, genauer: zwischen Lükken und Leeren, die ›Macht‹ der ›Krafft und Würckung‹ des Gesangs und/oder Nicht-Gesangs (Pfeifens) manifestiert.« (Bettine Menke, *Prosopopoiia. Stimme und Text bei Brentano, Hoffmann, Kleist und Kafka*, München 2000, S. 739.)

Lebenslinien
Übertreibung und Ereignis

»It is certainly a very queer thing to be certain sometime about some one that they have been all their living that kind of one in their being.«

Gertrude Stein, *The Making of Americans*

I

Um mir ein Bild von den verschiedenen Bildern zu machen, die ich mir während meines Lebens von mir und meinem Leben gemacht habe, müßte ich auf Aufzeichnungen und auf das Zeugnis anderer zurückgreifen können, auf die Beglaubigung durch einen Dritten. Vielleicht habe ich mir aber in bestimmten Abschnitten kein Bild gemacht, nicht aufgrund eines Versäumnisses, sondern aufgrund einer Unvereinbarkeit. Glauben, der von einem Widerspruch zehrt, der ein Bilderverbot achtet: Man ist sich selber am treuesten, wo man auf ein Abbild seiner selbst verzichtet, auf eine Ansicht des eigenen Lebens. Es ist jedoch schwer vorstellbar, daß man ganz ohne Ansichten oder Bilder auskommen kann, sei es, daß sie den Verlauf der Lebenslinie im Rückblick festhalten, sei es, daß sie ihn im Vorblick verlängern. Trotz all der Schwierigkeiten versuche ich, ein Lebensbild zu zeichnen, den Verlauf einer doppelten Linie. Die eine Linie verläuft am Rande, sie entspricht der Haltung dessen, der sich aus der Entfernung verhält, benommen und von nichts als eben der Entfernung erfüllt. Die Unfähigkeit, anders als unmittelbar zu reagieren, die ungewollte und unwiderstehliche Preisgabe von Zurückhaltung und Vorsicht, der Verzicht auf Strategie und Taktik scheinen von einer solchen unaufhebbaren Entfernung diktiert zu werden, oder umgekehrt: Sie scheinen mir eine solche unaufhebbare Entfernung vorzuschreiben. Die andere Linie hingegen indiziert die Richtung einer treibenden Kraft, sie verläuft in einer blind gesuchten Mitte. Die Verschiedenheit von Blickwinkeln drückt diese Verdoppelung der Linien aus: immanenter Blickwinkel eines unterirdischen Baus, dessen Aufriß die

Stellen verzeichnet, an denen widerständige Kräfte aufeinanderstoßen, transzendenter Blickwinkel eines stummen und starrköpfigen Dritten, unbeweglich und entrückt, befangen in einer unsichtbaren, unendlich langsamen und unendlich beschleunigten Selbstzerstörung. Um mir selber zu begegnen, um im Selbstbildnis mich wiederzuerkennen, müßte ich den Schnittpunkt der beiden Lebenslinien konstruieren, den Indifferenzpunkt von Immanenz und Transzendenz ausmachen können. Auf einen solchen Punkt bewegt sich die Fluchtlinie des Tagebuchs zu. Am 12. August 1948 notiert Julien Green: »Ein Tagebuch, in dem man alles sagen könnte, das weder das Tagebuch des gegen die Seele aufbegehrenden Körpers wäre noch das Tagebuch der den Körper unterdrückenden Seele, sondern ein Tagebuch beider, das Tagebuch eines endlich mit sich selber versöhnten Menschen.«[1]

Setzt die Frage nach dem Verlauf der Lebenslinie nicht unbefragt einen linearen Zeitbegriff voraus, den Begriff einer als Linie darstellbaren zeitlichen Abfolge von Augenblicken, die als Jetztpunkte gedeutet werden? Setzt die Frage nach dem Lebensbild und dem Selbstbildnis, in dem man sich wiedererkennen soll, nicht unbefragt ein bildhaftes Vorstellen voraus? Von einer Lebenslinie soll im Sinne einer Fortdauer der Eigenart gesprochen werden – so, daß mit Eigenart ein Beharrliches und Beharrendes gemeint ist, jenes, über das ich immer wieder stolpere, jenes, das ein Stolpern über anderes immer wieder verhindert, jenes, über das ich immer wieder anders stolpere, weil es verhindert, daß ich über anderes immer wieder stolpere. Von einem Lebensbild soll im Sinne einer *Freigabe der Eigenart* gesprochen werden – so, daß mit Freigabe sowohl ein Sammelndes als auch ein Erlösendes gemeint ist.

Dilemma: Liegt die Eigenart, das Auszeichnende des Selbstbildnisses in der Verdoppelung der Lebenslinien, oder ist die Verdoppelung das Anzeichen einer bestimmten Eigenart, eines besonderen und unverwechselbaren Verlaufs? Im ersten Fall gilt das hyperbolische Gesetz, dem ein Leser folgt, der Lust am Text empfindet, für alle Selbstbildnisse. Es zeitigt die Verdoppelung der Linien. Weil der Leser an keine Regel gebunden sein kann, weil sich eine im voraus festgelegte Lust nur in der Gestalt einer

1 Julien Green, *Le revenant. Journal 1946-1950*, Paris 1975, S. 164.

Perversion als Lust empfinden läßt, mißt sich das Einzig- und Eigenartige einer Leseerfahrung an dem Widerstand, den sie der Identifikation entgegensetzt. Am Ende berühren sich Singularität und Anonymität. Dieses Gesetz, auf das Roland Barthes implizit hinweist,[2] kann man also auch so formulieren: Je mehr der immanente Blickwinkel vorherrscht, je mehr die Eigenart sich behauptet, desto mehr wird der Blick abgelenkt, desto mehr durchkreuzt die Eigenart ihre eigene Selbstbehauptung. Die Eigenart verdoppelt die Lebenslinie (Eros und Thanatos), sie erzeugt eine exzentrische Bewegung, deren Reflexion im transzendenten Blickwinkel eine letzte subjektive Wendung anzeigt. Das Dilemma liegt folglich in der Schwierigkeit, darüber zu entscheiden, ob man die Zeit des Selbstbildnisses allgemein als die einer Verdoppelung der Lebenslinien begreifen oder ob man die Verdoppelung der Lebenslinien als die Zeit eines bestimmten Selbstbildnisses betrachten muß.

Die Verdoppelung der Lebenslinien oder der Blickwinkel ist in ihrem Wesen aporetisch. Denn die Standpunkte der beiden Blickwinkel lassen sich nur gleichzeitig einnehmen und schließen einander dennoch aus. Daß sich die Standpunkte der beiden Blickwinkel, des Blickwinkels der Immanenz und des Blickwinkels der Transzendenz, nur gleichzeitig einnehmen lassen, obwohl das Einnehmen des einen den Ausschluß des anderen bewirkt, heißt, daß man sich nicht einfach selber beobachten kann, daß es keine reine Selbstbeobachtung gibt. Weil ich bin, was ich beobachte, kann ich mich nicht rein selber beobachten, besteht zwischen der Selbstbeobachtung und dem Beobachteten Ungleichzeitigkeit. Man muß die Transzendenz dessen, der in der Entfernung aufgeht und der deshalb sich selber nicht eigentlich beobachtet, von der Transzendenz dessen unterscheiden, der sich in der Entfernung hält und für den sie eine Selbstbeobachtung ermöglicht. Die Benommenheit und Stummheit des von der Entfernung Erfüllten oder in der Entfernung Aufgehenden, ist keine ermöglichende Bedingung und verdichtet sich nie zu der Festigkeit eines Standpunkts; strenggenommen läßt sich von einem Blickwinkel der Transzendenz, von einem aus der Entfernung auf sich selber gerichteten Blick, einzig dann sprechen, wenn man damit eine Form der Selbstbeobachtung meint. Auch

2 In dem einleitenden Abschnitt seines Buchs *Le plaisir du texte*, Paris 1973.

der Blickwinkel der Immanenz ist in Wahrheit keiner, die Fluchtlinie der von einer unbekannten Kraft angetriebenen Suche hat immer schon den Umkreis eines theoretischen Standpunkts überschritten. In der Selbstbeobachtung aber liegt ein Unbeobachtbares, etwas, das sie nicht einholen und vergegenständlichen kann. Reine Selbstbeobachtung, Beobachtung, die sich selber gänzlich durchsichtig wäre, rein, und die in ihrer bestimmten Anschauung, in ihrer Erkenntnis das Beobachtete gänzlich durchsichtig machen könnte, müßte, statt an eine Voraussetzung gebunden zu bleiben, das Beobachtete hervorbringen und es sich so geben, sie müßte eine produktive Beobachtung sein und würde als solche sich selber durchstreichen. Ohne den Widerstand, den man an der Ungleichzeitigkeit von Selbstbeobachtung und Beobachtetem ablesen kann, in der Tautologie einer produktiven Beobachtung, einer rein selbstbezüglichen Beobachtung, einer Beobachtung, die das Beobachtete hervorbringt, verschwindet alles Beobachten. In dem Maße, in dem alle Selbstbeobachtung ein Beobachtetes voraussetzt; in dem Maße, in dem das Beobachtete sich selber nicht beobachtet und dadurch erst die Selbstbeobachtung veranlaßt; in dem Maße, in dem alle Selbstbeobachtung also auf eine Blindheit zielt, ohne die es sie gar nicht geben würde, vermag sie, wo sie reine Selbstbeobachtung sein will, das Blinde allein um den Preis einer Vernichtung des Beobachteten in eine sich selbst bestimmende Intelligenz zu verwandeln. Indem sie jedoch das Beobachtete vernichtet, vernichtet sich reine Selbstbeobachtung am Ende selber.

Das Selbst der Selbstbeobachtung beobachtet stets eine Photographie oder eine Totenmaske, ein Abbild oder ein Nachbild seiner selbst, ein Bild, in dem es sich nicht restlos wiedererkennt. In der zweiten Fassung der transzendentalen Deduktion schreibt Kant: »Ich habe demnach keine Erkenntnis von mir wie ich bin, sondern bloß wie ich mir selbst erscheine. Das Bewußtsein seiner selbst ist also noch lange nicht eine Erkenntnis seiner selbst.«[3] Das bloße Bewußtsein, daß ich bin, ist in diesem Sinne rein begrifflich, eine Denkhandlung ohne Erkenntnis. Zur Erkenntnis, zu einer »Bestimmung meines Daseins« wird sie durch den Bezug auf Anschauung, auf »die besondere Art, wie das

3 Immanuel Kant, *Kritik der reinen Vernunft*, a. a. O., S. 175 bf. [B 158].

Mannigfaltige, das ich verbinde, in der inneren Anschauung gegeben wird«, in der Zeit, im »reinen Bild« aller »Gegenstände der Sinne«. Der Schematismus, die Versinnlichung, die zwischen reinem Begriff und Erfahrung vermittelt, supponiert als Verbildlichung und Verzeitlichung, als jenes, was Heidegger in seinem Kantbuch die »Bildung eines Anblicks« und die »Bildbeschaffung« nennt,[4] den möglichen Bezug auf ein in der Erfahrung sich Darbietendes, dessen Daß nicht deduziert, bestimmt und erkannt werden kann. Das Daß, die Existenz, die Position des Daseins, ist in der logischen Einheit des Selbstbewußtseins, im »Ich denke« enthalten, wie Kant gegen Descartes zur Geltung bringt, sie wird nicht aus ihr, aus der reinen Denkhandlung gefolgert, sie ist ein »Reales, das gegeben wurde, und zwar nur zum Denken überhaupt, also nicht als Erscheinung«. Eine Formulierung, die Kant in der Erläuterung dieses Gedankens wählt, hat den Wortlaut: »Ohne irgendeine empirische Vorstellung, die den Stoff zum Denken abgibt, würde der Aktus, Ich denke, doch nicht stattfinden«[5] – ohne den möglichen, ohne einen ermöglichten und ermöglichenden Bezug auf etwas, das sich in der Erfahrung darbietet, auf ein empirisch Gegebenes, würde es Denken nicht geben und die Rede von einer logischen Einheit wäre unmöglich. Empfindung und Sinnlichkeit liegen dem Existentialsatz »zum Grunde«. Wenn ich mich somit als ein Erscheinendes und Erfahrbares erkenne und als ein Nicht-Erscheinendes bloß denke, wenn ich mich nicht als das, was ich an sich bin, erkennen kann und mein Selbstbewußtsein nicht mit einer Selbsterkenntnis gleichgesetzt werden darf, so ist noch jedes Bild von mir, in dem die Einbildungskraft das Mannigfaltige meiner Anschauung zur Einheit der Erscheinung zusammenzieht, von dem blinden Fleck des unerkennbaren, unbestimmbaren, undarstellbaren, unbeobachtbaren und immer vorgängigen Daß markiert; oder vielmehr: Bild ist der Name, den man einer für alle endliche Erkenntnis konstitutiven Blindheit verleiht. Diese Blindheit, der blinde Fleck des Wiedererkennens, indiziert das Auseinanderklaffen von Wie und Daß, von Selbstbeobachtung und Beobachtetem, das die Verdoppelung der Lebenslinie zeitigt.

4 Martin Heidegger, *Kant und das Problem der Metaphysik*, in: ders., Gesamtausgabe, Band 3, Frankfurt am Main 1991, S. 92f.

5 Immanuel Kant, *Kritik der reinen Vernunft*, a. a. O., S. 419b [B 424].

Die von Green in seinen Tagebüchern wiederholt festgehaltene Erfahrung einer Verdoppelung beim Schreiben (nicht er schreibt seine Bücher, sondern ein anderer, von dem er nichts weiß), läßt sich im Gefolge des Autors verallgemeinern; ein Schriftsteller, der sich selbst bei seiner Tätigkeit rein beobachten könnte, würde lediglich Regeln anwenden und gar nicht schreiben. Erblickt man in einer solchen Beobachtung der Ungleichzeitigkeit von Selbstbeobachtung und Beobachtetem eine reflektierte und gesteigerte Selbstbeobachtung, so kann auch diese sich von einem Unbeobachtbaren nicht loslösen, das zur Selbstbeobachtung treibt, ja daß jede Selbstbeobachtung zu einer Fremdbeobachtung macht. Fremdbeobachtung ist vor aller nachträglichen Trennung von Eigenem und Fremdem die Passion und das Trauma der Selbstbeobachtung. Keine Selbstbeobachtung vermag daher die Konstruktion eines Schnittpunkts der Lebenslinien zu leisten, keine Selbstbeobachtung vermag den Indifferenzpunkt von Immanenz und Transzendenz auszumachen, keine Selbstbeobachtung vermag das Selbstbildnis zu zeichnen, in dem ich mich wiedererkenne.

Daß ich mich nicht einfach selbst beobachten kann und mich um so mehr beobachte, erklärt, warum ich von den Beobachtungen der anderen überrascht und verletzt werde. Ich verwerfe sie als einseitig und ungerechtfertigt, oder stimme ihnen unbesehen zu, erschreckende Offenbarungen, die keinen Widerspruch dulden, nach denen ich deshalb süchtig bin. Wer indes mit seinen Beobachtungen haushält und sie bei Gelegenheit einer späteren Auseinandersetzung mitteilt, verhält sich nicht als Freund, er kehrt meine Blindheit und Verblendung als Machtmittel gegen mich. Jede Szene, in der man dem anderen endlich die Wahrheit sagt, überführt den Redlichen als den Täter, während umgekehrt jedes Verschweigen einem Verrat gleichkommen muß. Daß ich mich nicht einfach selbst beobachten kann und mich um so mehr beobachte, erklärt aber ebenfalls, warum die Welt der Unglücklichen nicht nur mit der Welt der Glücklichen unvergleichbar ist, warum die Unglücklichen selber in unvergleichbaren Welten leben. Die Ungleichzeitigkeit der Selbstbeobachtung oder die Gleichzeitigkeit von einander ausschließenden Blickwinkeln vereitelt regelmäßig jeden Vergleich mit dem Unglück anderer. Ungeachtet aller Bemühungen um sachliche Beobachtung, ungeachtet aller Anerkennung einer bestehenden Unverhältnismäßigkeit, ungeachtet aller Zu- und Eingeständnisse, ungeachtet aller Regungen des Mitleids und der Einfühlung, ungeachtet aller freundschaftlichen Zuwendung und zugewendeten Liebe empfinde ich mein Unglück, das ich bloß begrenzt beobachten kann und das ich aus diesem Grund gerade beobachte, einschätze und bewerte, stets erneut als unvergleichlich und unentrinnbar, als das größere. Das verzweifelte Wozu ist das Mal eines unvermeidlichen Abbruchs der Kommunikation.

Das Paradox der Selbstbegegnung liegt also darin, daß sie nicht einer Selbstbeobachtung sich verdanken kann. Sie muß in einer Verwandlung bestehen. Die Freigabe der Eigenart als Sammlung und Erlösung nimmt genau diese paradoxe Gestalt an. Würde man die Verwandlung einfach als Übergang von einem Zustand zum anderen verstehen, als gezielte Ablösung, als Verdinglichung, so hätte man die Selbstbegegnung mit einem Resultat und folglich mit einer Selbstbeobachtung verwechselt. Denn nur die Selbstbeobachtung legt es auf eine Selbstbegegnung als Resultat an, in das die Verwandlung als Verwandlung eingeht. Wo man die Verwandlung zum Resultat verdinglicht und einen hergestellten, herbeigeführten Zustand in ihr ausmacht, hat man in Wahrheit das Sammelnde der Selbstbegegnung vom Erlösenden getrennt und den Verwandelten zur Hölle verdammt, die Verwandlung nicht als eine erlösende, sondern als eine schicksalhafte verstanden. Die Furcht vor der Selbstbegegnung und die Flucht vor dem Selbstbildnis haben vielleicht in der Möglichkeit einer solchen Trennung ihren Ursprung, in der gewaltsamen Auflösung des Paradoxons. Über die Figuren in den Romanen von Green, über die selbstvergessene Selbstbegegnung in deren Gebärden und Haltungen sagt Walter Benjamin: »[...] so und nicht anders wären jede ihre Gebärden, müßten sie als arme Seelen jenseits des Grabes diese Augenblicke von neuem durchleben. In der trostlosen Stereotypie aller wahrhaft schicksalhaften Momente stehen sie vor dem Leser wie die Figuren der danteschen Hölle in der Unwiderruflichkeit eines Daseins nach dem Jüngsten Gericht. Diese Stereotypie ist das Signum des Höllenstadiums.«[6] Die Selbstbegegnung ist Verwandlung, die mit sich selber zusammenfällt.

6 Walter Benjamin, »Julien Green«, in: ders., Gesammelte Schriften, Band II.1, a. a. O., S. 331.

Sie ist ein reines Ereignis, eine Verwandlung, die nichts ist als Verwandlung.

In seinem späten Buch über die Photographie definiert Roland Barthes[7] das photographische Bild als Kontingenz einer Gelegenheit oder einer Begegnung, die nichts aussagt und die sich in solcher Unabhängigkeit von aller Deutung als souverän erweist. Sie hat den bloß deiktischen Wert eines »Da und so ist es«. Das Ereignis, das zeitgebundene und gleichzeitig von der Zeit losgelöste Festhalten eines Realen, Objektiven, Gegebenen, welches das Bild zur Schau stellt, übersteigt sich nie selber, um auf ein anderes als die Begegnung zu verweisen. Im photographischen Bild ist die Wiederkehr des Toten, Gewesenen, Unwiederbringlichen nichts als dieses Beharren der einmaligen und darum kontingenten Begegnung, der Begegnung, die nicht wiederkehrt. Niemals jedoch ist die beharrende Begegnung eine Selbstbegegnung: Barthes bemerkt, daß auch und gerade in der Photographie Selbst und Selbstbildnis stets auseinanderstreben. Der Unterschied zwischen dem Bild und dem Abgebildeten, der das Auseinanderstreben hervorruft, ist der Unterschied zwischen dem lebendigen Verlauf der Lebenslinie und ihrem unwiderruflichen Abbrechen im Tod. Nur in der Zeit ereignet sich jenes Erwachen, das von einem Geräusch der Kamera verursacht werden kann und das, wie Barthes hervorhebt, das Erstarrte der intendierten Pose auflöst. Nur in der Zeit ereignet sich jenes Erwachen, das die bildhafte Selbstbegegnung in dem Maße ausschließt, in dem sie es festhält und als Einmaliges zur gespenstigen Wiederkehr zwingt.

Vereitelt das photographische Bild die Selbstbegegnung, die sich im Wiedererkennen einer Ähnlichkeit ereignet, für die es keinen anderen Referenten gibt als den zweideutigen des Mythos, der mythischen Ansicht, die ich von mir selber habe, so verfügt es über die Kraft der Beglaubigung. Dadurch tritt es in einen Gegensatz zur Sprache. Weil es nicht zur Sprache bringen kann, weil es nicht auszusagen vermag, was es dem Blick darbietet, beglaubigt das Bild das Abgebildete, verwandelt es sich in eine Selbstbegegnung und transzendiert auf diese Weise die Wahrnehmung, die sich an der Zeitlichkeit der Begegnung, an

7 Roland Barthes, *La chambre claire. Note sur la photographie*, in: ders., Œuvres complètes, Band III, Paris 1995, S. 1102-1200.

der Wiederkehr des Unwiederbringlichen stoßen muß. Barthes versteht die Selbstbegegnung im photographischen Bild als Beglaubigung, deren Kraft ihm durch seine paradoxe Zeitlichkeit zuwächst; erst dieses Verständnis erklärt, warum die Photographie mit dem Erwachen einer Auferstehung zusammenhängt. Da Beglaubigen kein Wahrnehmen eines Gegebenen ist, da man das Beglaubigte als Beglaubigtes nicht wahrnehmen kann, resultiert die Selbstbegegnung, um die es Barthes zu gehen scheint, nicht aus der Wahrnehmung und Erkenntnis seiner selbst im Selbstbildnis; durch die mythische Zweideutigkeit der Ähnlichkeit und die Verdinglichung des Abgebildeten entzieht sich das Selbstbildnis bereits der Selbstbegegnung. Die Selbstbegegnung ist das reine Ereignis einer Beglaubigung, die, folgt man Barthes, ohne das photographische Bild undenkbar bleibt. Als Beglaubigung verwandelt das photographische Bild die Begegnung, als die man es begreifen muß, in eine Selbstbegegnung. Das photographische Bild ist nicht Abbildung und Darstellung eines Ähnlichen, es ist nicht die Mitte eines Übergangs, der von einem unverwandelten, verborgenen, sich selber noch nicht ähnlichen Selbst zu einem verwandelten, offenbaren, sich selber ähnlichen Selbst führt. Vielmehr ist es Beglaubigung, Selbstbegegnung als reines Ereignis einer Verwandlung.

Daß diese Beglaubigung des Blickes eines Dritten bedarf, daß man sich nicht selber beglaubigen kann oder nur ungewollt und selbstvergessen in der Photographie, daß Barthes nicht ein Selbstbildnis, eine Photographie seiner selbst sucht, sondern ein Bild seiner verstorbenen Mutter, drückt eben das Paradox der Selbstbegegnung aus. Weder Selbstwahrnehmung noch Selbstbeobachtung impliziert die Selbstbegegnung als reines Ereignis, als mit sich selbst zusammenfallende Verwandlung eine Aussetzung – ein Vergessen, das der Erinnerung, einen Tod, der dem Leben sich nicht länger entgegensetzt.

In seinem Aufsatz über die beiden Fassungen des Imaginären, veröffentlicht 1955, definiert Maurice Blanchot[8] das Bild als jenes, was sich an uns richtet, zu uns spricht, um in engem Bezug von uns zu sprechen, um im innigsten Verhältnis uns etwas über uns selbst zu sagen. Den Grund für dieses Sprechen des Bildes,

8 Maurice Blanchot, »Les deux versions de l'imaginaire«, in: ders., *L'espace littéraire*, Paris 1955, S. 266-277.

durch das es zu einem Selbstbildnis zu werden scheint, nennt der Autor erst an einer späteren Stelle seines Texts. Der enge Bezug, das innige Verhältnis versteht er aber nicht als Innerlichkeit, da die Anrede des Bildes gerade einen Bruch bezeichnet, die Spaltung der Innerlichkeit: Das Bild, das man nicht mit dem Abgebildeten konfundieren darf und das gleichsam dessen Schweif ist, hält sich an der Grenze zum Unbestimmten, markiert die Grenze zum Nichts. Seine Zweideutigkeit, die dazu führt, daß man das Imaginäre auf zwei verschiedene Weisen fassen, daß man im Bild eine erhaltende Idealität und eine gleichgültige Auflösung erblicken kann, liegt in dieser Markierung beschlossen. Vom Abgebildeten ist das Bild also in dem Maße unabhängig, in dem es seine Bestimmung nicht von dessen Sein erhalten kann. Dabei sind wir keineswegs gezwungen, das Bildhafte buchstäblich als das einer Abbildung zu verstehen; bildhaft in dem Sinne, den Blanchot meint, sind zum Beispiel die Stimmen in Becketts Stück *That Time* sowie das beinahe ausdruckslose Gesicht des Zuhörers, dessen langsames und regelmäßiges Atmen das Schweigen der Stimmen begleitet.[9] Es ist, als würde die Verwandlung ins Bildhafte, auf die Beckett es in seinen Stücken anlegt, die Probe darauf machen, daß es »unendlich viele Grade des Bewußtseins bis zum Verschwinden« gibt.[10] Blanchot behauptet indes nicht bloß, daß das Bild uns anspricht, sondern daß es an der Grenze zum Nichts immer nur uns anspricht und immer nur von uns spricht, ohne je von uns zu sprechen und uns anzusprechen: »So redet das Bild uns an und spricht, wo es von einem Ding spricht, von weniger als dem Ding, es spricht von uns; wo es von uns spricht, spricht es von dem, was weniger noch ist als nichts, von dem, was bleibt, wenn es nichts mehr gibt.«[11] Der Bruch der Innerlichkeit, den das Selbstbildnis, den die Anrede des im innigsten Verhältnis zu uns sprechenden Bildes bewirkt, trifft uns, überführt uns in das Zwischenreich, in dem wir weder ein bloßes Ding noch ein lebendiges Wesen sind. In diesem eigentümlichen Zwischenreich findet die Selbstbegegnung statt – dort, wo das Selbst kein Selbst mehr ist, das sich

9 Vgl. Samuel Beckett, *That Time*, in: ders., Collected Shorter Plays, London 1984, S. 225-235.

10 Immanuel Kant, *Kritik der reinen Vernunft*, a. a. O, S. 399b [B 415].

11 Maurice Blanchot, »Les deux versions de l'imaginaire«, in: ders., *L'espace littéraire*, a. a. O., S. 266.

wiedererkennen könnte, dort, wo das Selbst in ein reines Bild, in reine Ähnlichkeit, in einen Leichnam sich verwandelt hat: »Überraschend ist der folgende Umstand. Dann, wenn der Augenblick gekommen ist und die sterblichen Überreste in der Fremdheit ihrer Einsamkeit erscheinen, als etwas, das sich, ohne uns zu beachten, von uns zurückgezogen hat; dann, wenn das Gefühl einer zwischenmenschlichen Beziehung zersplittert und unsere Trauer, unsere Zuwendung und das Vorrecht unserer frühen Leidenschaften an uns zurückfallen, zu uns zurückkehren, weil ihnen jenes nicht mehr bekannt und vertraut sein kann, worauf sie zielen; dann, wenn die leichenhafte Gegenwart, vor der wir stehen, die des Unbekannten ist, beginnt der Verstorbene, vermißt und betrauert, *sich selber zu ähneln.*«[12] Weil der Leichnam das Bild aller Bilder ist, reine Ähnlichkeit, spricht das Bild immer uns an und spricht es immer von uns; weil der lebendige Mensch sich niemals selber ähneln kann, weil er als lebendiger Mensch stets einem anderen ähnelt und so in der mythischen Zweideutigkeit befangen bleibt, die Barthes verwirft, begegnet man sich nicht unverwandelt, spricht das Bild immer uns an und spricht es immer von uns, ohne uns anzusprechen und ohne von uns zu sprechen. Die Selbstbegegnung im Selbstbildnis ist das Ereignis einer Ähnlichkeit, sie ist die Ähnlichkeit als Ereignis:[13] eine Verwandlung, die nicht im Sein und nicht im Nichts terminiert,[14] die folglich reine Verwandlung ist.

Tradierbar sind, so Walter Benjamin in seinem Essay über den Erzähler, nicht allein Wissen und Weisheit des Menschen, tradierbar ist »vor allem sein gelebtes Leben«.[15] Das als Erzählung tradierbare und in der Erzählung tradierte Leben erweist sich freilich als das des Weisen, wie man den letzten Seiten des Essays

12 Ebd., S. 270.

13 Dieses Ereignis ist zugleich das der Zweideutigkeit. Das Zweideutige, das Sowohl-als-Auch, dessen Möglichkeit das Bild in sich birgt, das Bild, das idealisiert und auflöst, ereignet sich als Sinn – als dessen unendlicher und unmittelbarer Reichtum, als dessen unvermittelte und unergründliche Leere – als Schein (Maurice Blanchot, »Les deux versions de l'imaginaire«, in: ders., *L'espace littéraire*, a. a. O., S. 276-277).

14 »Das Ereignis besteht darin, daß niemand je stirbt, sondern immer gerade gestorben ist und immer erst sterben wird.« (Gilles Deleuze, *Logique du sens*, Paris 1969, S. 80.)

15 Walter Benjamin, »Der Erzähler«, in: ders., Gesammelte Schriften, Band II.2, a. a. O., S. 449.

entnehmen kann. Schließen könnte man daraus, daß es Benjamin in Wahrheit nicht um den Unterschied zwischen Wissen, Weisheit und Leben zu tun ist, die einer geschichtlichen Dynamik unterliegen und sich deshalb nicht statisch zueinander verhalten, sondern um die Tradierbarkeit selber. Das Leben aber wird tradierbar als ein gelebtes, als eines, das sich selber erfahren hat und mehr ist als Geburt; anders ausgedrückt: Die Überlieferung hängt an der Erfahrung des Sterbenden, die noch und gerade Erfahrung ist, weil sie eine Kontinuität inauguriert und nicht in dem gewaltsamen Abbrechen der Lebenslinie sich erschöpft, im jähen Tod. Der Ursprung des Erzählens, das als solches stets darauf abzielt, das ganze Leben und das Leben als ein Ganzes erzählen zu können, liegt weder im Leben noch im Tod, vielmehr liegt er, nimmt man Benjamin beim Wort, in einer ungeheuren Umkehrung, die es verbietet, Anfang und Ende einfach und eindeutig zu unterscheiden: »So wie im Innern des Menschen mit dem Ablauf des Lebens eine Folge von Bildern sich in Bewegung setzt – bestehend aus den Ansichten der eigenen Person, unter denen er, ohne es inne zu werden, sich selber begegnet ist –, so geht mit einem Mal in seinen Mienen und Blikken das Unvergeßliche auf und teilt allem, was ihn betraf, die Autorität mit, die auch der ärmste Schächer im Sterben für die Lebenden um ihn her besitzt. Am Ursprung des Erzählten steht diese Autorität.«[16] Das Leben fächert sich in Lamellen auf, in Bilder, deren Bewegung den äußeren Ablauf im Innern verdoppelt: Ununterbrochene kinematographische Bewegung, welche die Diskontinuität der einzelnen Bilder aufhebt, das Abgesetzte der Lamellen in einen gleitenden Übergang auflöst. Als Kontinuität werden der äußere Ablauf und die innere Bilderfolge jedoch erst vom Ende her gestiftet, »mit dem Ablauf des Lebens«. Die selbstvergessene Selbstbegegnung, die äußerliche und nicht verinnerlichte Begegnung, die Herstellung einer Ähnlichkeit im unerkannten Selbstbildnis, hat immer schon stattgefunden, wenn dem Sterbenden das Unvergeßliche aufgeht, wenn es äußerlich erkennbar wird, am Ausdruck, nicht durch das mitteilende Wort. Sie hat immer schon die spätere Selbstbegegnung vorbereitet und ermöglicht; welche Autorität könnte das Unvergeßliche dem Erzählten verleihen, wenn nicht die einer

16 Ebd., S. 449-450.

Selbstbegegnung, die den Namen der Weisheit erhält und die als Ursprung des Erzählten und der Mitteilbarkeit, als Ursprung der Kontinuität eines äußeren Ablaufs und einer inneren Bilderfolge, die vormalige Selbstbegegnung im nachhinein ermöglicht, die Selbstbegegnung, zu der es in der bloßen Diskontinuität nie hätte kommen können? Die Selbstbegegnung geschieht plötzlich: Plötzlichkeit des »mit einem Mal« Geschehenden. Doch diese Plötzlichkeit, diese Zäsur des Ausdrucks, aus der ein Ausdruck hervorgeht, ist die Plötzlichkeit einer Wiederholung, die es nicht erlaubt, eindeutig auszumachen, welche Selbstbegegnung sich zuerst ereignet.

Das Unterscheiden zwischen Anfang und Ende, Geburt und Tod, äußerem und innerem Ablauf, Diskontinuität und Kontinuität, Einmaligkeit und Mitteilbarkeit, erweist sich als ungesichert. Was bei Benjamin Selbstbegegnung heißt, kann sich dann nicht als ein Unterschiedenes in einem unterschiedenen Lebenszusammenhang ereignen; die Selbstbegegnung ist wiederum reines Ereignis oder reine Verwandlung.

In einem Aphorismus seiner *Minima Moralia*, der den Titel »Lücken« trägt und aus dem Jahr 1944 stammt, definiert Adorno die Lebenslinie als eine »verbogen[e], abgelenkt[e]«, die »enttäuschend gegenüber ihren Prämissen verläuft und doch einzig in diesem Verlauf, indem sie stets weniger ist, als sie sein sollte«, eine »unreglementierte Erfahrung zu vertreten vermag«.[17] Die Lebenslinie folgt also nicht einem geraden Weg, der Regel oder der Bestimmung, die man aus den Prämissen ableiten könnte. Sie durchkreuzt ihre Voraussetzung und verläuft stets zwischen Erwartung und Enttäuschung; sie enttäuscht, weil sie die Erwartung nicht erfüllt, sie erfüllt indes auch die Erwartung, weil sie enttäuscht – so, als würde die Erwartung von dem Ausbleiben ihrer Erfüllung gerettet.[18] Adorno spitzt seinen Gedan-

17 Theodor W. Adorno, *Minima Moralia*, a. a. O., S. 90.

18 In einer frühen Notiz spricht Adorno diese rettende Funktion dem Namen zu. Die Notiz handelt vom Leben und seiner Bestimmung, von der ungeraden und unkonstruierbaren Linie als Schicksal: »Wenn die Linien unseres Schicksals zum unentwirrbaren Netz sich verstricken, dann sind Namen je und je die Siegel, die der Lineatur aufgeprägt werden; die sie vor unserem Zugriff schützen und uns behüten, darin uns zu verfangen, indem sie uns Initialen vorhalten, die wir nicht verstehen, aber denen wir gehorchen.« (Theodor W. Adorno, »Notiz über Namen«, in: ders., Ge-

ken zu mit der Formulierung: »Erfüllte das Leben geradewegs seine Bestimmung, so würde es sie verfehlen.« Die gedrängte Entfaltung dieses Gedankens bildet eine Analogie, eine Linie des Denkens, die parallel verläuft zu einer anderen Linie, mit der sie sich jedoch im letzten Satz der Reflexion schneidet. Denn auf das Bild vom abgelenkten Verlauf der Lebenslinie rekurriert Adorno, um den Verlauf der Linie des Denkens selber zu verdeutlichen. Wie die Lebenslinie verläuft die Linie des Denkens nicht linear. Sie muß das Versprechen brechen, das mit der »Form des Urteils« gegeben ist, die jeden Gedanken auszeichnet. Das eingehaltene Versprechen ist das der Einlösung widerstehende,[19] die verwirklichte Erwartung ein Verzicht auf das Zubestimmte und Zugehörige; die Erfüllung liegt in der Schuldigkeit wie das Gelingen in der Verfehlung. Der Gedanke wird zum Gedanken nur dadurch, daß er »auf die volle Durchsichtigkeit seiner logischen Genesis verzichtet«, daß er Genesis und Geltung nicht zur Deckung zu bringen vermag: »Erkannt wird [...] in einem Geflecht von Vorurteilen, Anschauungen, Innervationen, Selbstkorrekturen, Vorausnahmen und Übertreibungen, kurz in der dichten, fundierten, aber keineswegs an allen Stellen transparenten Erfahrung«.[20] Transparent ist die Erfahrung nach Adornos eigener Analogie deshalb nicht, weil die Lebenslinie in ihrem Verlauf nicht geometrisch und a priori sich konstruieren läßt, weil die Existenz als solche unreglementiert ist. Soll die Lücke freilich eine Lücke sein, mehr als bloß ein

sammelte Schriften, Band 20.2, a. a. O., S. 534; vgl. dazu: Alexander García Düttmann, *La parole donnée. Mémoire et promesse*, Paris 1989, S. 198.) Name als Hüter eines Bilderverbots, eines Verbots, aus dem Netz, das die Linien des Schicksals bilden, ein wiedererkennbares Selbstbildnis zu entwirren.

19 Das Versäumnis der Einlösung ist bereits dadurch vorgesehen, daß Adorno die »Form des Urteils« als Versprechen deutet. Denn versprochen wird nur dort, wo ungewiß bleiben muß, ob trotz aller Verpflichtung zur Einhaltung das Versprechen eingelöst werden kann. Gerade das eingelöste Versprechen überlebt sich selber und bleibt ein Versprechen; die für das Versprechen konstitutive Ungewißheit erhält es in und nach seiner Einlösung am Leben. Hat die Einlösung stattgefunden, überlebt das Versprechen als utopisches, als eines, das auf ein Niemandsland gerichtet ist. Die Einlösung des Versprechens als Utopie aber bezeichnet das Zusammenfallen von Einhaltung und Verfehlung, keinen Zustand also, sondern ein reines Ereignis.

20 Theodor W. Adorno, *Minima Moralia*, a. a. O., S. 89.

Füllbares, muß man aus diesem Antidiskurs der Methode[21] den Schluß ziehen, daß jeder Denkakt auch einen anderen Gedanken hätte hervorbringen können und daß jeder Gedanke von solcher Virtualität umgeben und in seinem Innersten bestimmt wird. Nietzsche erinnert in seiner vierten unzeitgemäßen Betrachtung an den Versuch, »die großartigsten Entwicklungen aus inneren Hemmungen oder Lücken herzuleiten«: gehemmt und unterbrochen, hat sich Wagners »schauspielerische Urbegabung« in der Gestalt des Gesamtkunstwerks entwickelt.[22]

Das Unreglementierte aller Existenz und allen Denkens schlägt sich im Gedankengang nieder. Indem Adorno nämlich davon spricht, daß der ungerade und ungleichmäßige Verlauf der Lebenslinie eine unreglementierte Existenz bloß vertritt, indem er hinzufügt, diese Stellvertretung geschehe und sei erforderlich »unter den gegebenen Bedingungen«, scheint er seinen Gedanken geschichtlich einzuschränken. Indem er indes auf die Einschränkung uneingeschränkt und unvermittelt das allgemeine Diktum folgen läßt, Leben müsse seine Bestimmung verfehlen, um sie zu erfüllen, hebt er mit einem eigenartigen, sein Denken auszeichnenden Gestus[23] die geschichtliche Prämisse auf, die er setzt. Solches unreglementierte Argumentieren, solches Un-eins-Sein und solches Uneins-Sein des Gedankens, darf freilich nicht mit Willkür gleichgesetzt werden; denn die Unzulänglichkeit berücksichtigt den doppelten und unvereinbaren Anspruch, ohne dessen Berücksichtigung das Denken sich selber aufgibt, sei es, daß es in der Fortsetzung und Wiederholung des Bekannten erstarrt, sei es, daß es wirr wird in dem Geflecht, in das sein Gegenstand es verwickelt. Die geschichtliche Einschränkung erinnert an die Angewiesenheit des Gedankens auf Erfahrung – aus ihrer Sicht könnte man sich zum Beispiel fragen, ob nicht, wider alles Insistieren auf Ablenkung und Unterbrechung, die Rede von einer Lebenslinie, von Erfüllung und

21 Adorno verweist ausdrücklich auf Descartes, um sich von ihm abzuheben. Im Wort »unreglementiert« klingen als ein Echo die Verstandesregeln an.

22 Friedrich Nietzsche, »Richard Wagner in Bayreuth«, in: *Unzeitgemäße Betrachtungen IV und Nachgelassene Fragmente 1875-1876*. Kritische Gesamtausgabe, herausgegeben von G. Colli und M. Montinari, Berlin 1967, S. 39.

23 Vgl. dazu: Alexander García Düttmann, *Zwischen den Kulturen. Spannungen im Kampf um Anerkennung*, a. a. O., S. 138f.

Bestimmung, von Selbstbegegnung und Selbstbildnis über das Jähe, Blinde und Gewaltsame des Abbrechens bereits hinwegtäuscht, in Ereignissen der jüngsten Geschichte, in der Zeit individueller Biographien. Begegnung zumindest ist ein Wort, das Adorno zwanzig Jahre nach der Niederschrift der *Minima Moralia* zu Recht als Schlüsselbegriff der Ideologie denunziert, die im Jargon der Eigentlichkeit ihren Ausdruck findet. Das allgemeine Diktum sucht dagegen der Form des Urteils zu genügen und den Gedanken über die zeitbedingten und geschichtlichen Einschränkungen zu erheben, die das Urteil unaufhörlich revidieren, aufspalten, aufschieben, aufklären.

Hat jedoch die Stellvertretung des unreglementierten Lebens (und Denkens) durch das unreglementierte Leben (und Denken), die von den »gegebenen Bedingungen«, von Geschichte oder geschichtlicher Erfahrung gefordert und ermöglicht wird, nicht zur Folge, daß sich das unreglementierte Leben (und Denken) in ein Modell verkehrt? Wird das unreglementierte Leben (und Denken) »unter den gegebenen Bedingungen« nicht zu einer negativen Gestalt des unreglementierten Lebens (und Denkens), das jene Bedingungen transzendiert? Werden das Uneins-Sein und das Un-eins-Sein des Gedankens nicht revoziert? Bejaht man vorschnell diese Fragen, um sich kritisch von Adorno abzuwenden, übersieht man vielleicht, daß das unreglementierte Leben (und Denken) dem reglementierten ausgesetzt bleibt und daß diese Aussetzung es selber noch affiziert. Die Stellvertretung ist eine Stellvertretung ohne Stellvertretung. Gibt es dann aber ein unreglementiertes Leben (und Denken), das man dem reglementierten entgegensetzen könnte? Hat Denken nicht immer, wie Adorno am Anfang des Aphorismus hervorhebt, sein Maß an der Distanz zum Bekannten, dem es sich aussetzt, da es als Denken eine Rechtfertigung seiner selbst verspricht, eine Rechtfertigung, durch die es sich selber erkennt, durch die es erkennbar und kenntlich, durch die es zum Bekannten wird? Die Spannung zwischen der Diskontinuität der (Denk-)Lücken und der Kontinuität des Bekannten, in der Denken steht und die Denken ist, birgt in sich die Möglichkeit und die Gefahr, aufgelöst zu werden – solche Auflösung, die zu einer endgültigen Abschaffung des Denkens führen mag, gehört in gewisser Hinsicht zur Erfahrung des Denkens. Denken wäre die Gleichzeitigkeit des Unvereinbaren, das Zugleich von Lücke und lückenloser Rechtfertigung, das Zugleich dieses Zugleich, in dem das Denken besteht, und seiner Abschaffung.

Daß Lebenslinien gezogen werden, wie immer abgelenkt und unterbrochen, indiziert das Ausbleiben und die Erwartung einer Selbstbegegnung, einer Freigabe der Eigenart als Sammlung und Erlösung, eines reinen Ereignisses der Verwandlung. Stützt man sich auf Adornos unreglementierten Gedanken von den Lükken, vom unreglementierten Denken und der unreglementierten Existenz, kann man diese Behauptung mit dem Argument begründen, daß anders das Leben mit dem Tod koinzidieren würde, mit einer Lähmung. Muß jedoch die Erfüllung der Erwartung des Lebens und Denkens im und durch das Versäumnis stattfinden, genauer: durch die »Erinnerung ans Versäumte«, die Adorno im letzten Satz seines Aphorismus mit der erforderlichen Nüchternheit beim Namen ruft und zugleich mit deutlich messianischem Beiklang beschwört, ja mit der Intention einer Unterweisung, die über die Bedingungen der Möglichkeit einer kategorial reglementierten Erfahrung hinausgeht,[24] dann läßt

24 Der letzte Satz, in dem die Linie des Denkens und die Lebenslinie aus der Parallelität der Analogie treten und sich zum ersten Mal kreuzen, lautet: »Der Gedanke wartet darauf, daß eines Tages die Erinnerung ans Versäumte ihn aufweckt und ihn in die Lehre verwandelt.« Die Rede vom Versäumten bezieht sich sowohl auf das konstitutive und wesentliche Fehlen einer »vollen Legitimation« des Denkens als auch auf das im Leben unerreicht Gebliebene, wie man dem Kontext – dem unmittelbar vorausgehenden Satz entnehmen kann, der die Analogie verlängert. Während in der Vorstellung vom Aufwecken die Idee einer Rettung anklingt, die scheinlos und die aus diesem Grund eine Rettung des Scheins sein muß – eine Idee, die Adorno in dem Aphorismus über das Märchen vom Schneewittchen darstellt, ist die bloße, elliptische und aphoristische Nennung der Lehre wohl als Einführung in eine Sphäre zu verstehen, in der allein dem Unreglementierten Gerechtigkeit widerfahren kann. Achten muß man hier darauf, daß Adorno von *der* Lehre spricht, nicht von *einer* Lehre. Gershom Scholem schreibt in einem apologetisch gefärbten Abschnitt der Geschichte seiner Freundschaft mit Benjamin: »In diesen Jahren, zwischen 1915 und mindestens 1927, nahm die religiöse Sphäre für Benjamin eine dem grundsätzlichen Zweifel durchaus entrückte zentrale Bedeutung ein, in deren Mittelpunkt der Begriff der ›Lehre‹ stand, die für ihn den philosophischen Bereich zwar einschloß, aber durchaus transzendierte. In seinen Frühschriften kommt er immer wieder auf diesen Begriff zurück, den er im Sinne der ursprünglichen Bedeutung des hebräischen ›Tora‹ als ›Unterweisung‹ verstand, Unterweisung nicht nur über den wahren Stand *und Weg* des Menschen in der Welt, sondern über den transkausalen Zusammenhang der Dinge und ihr Verfaßtsein in

sich das Erinnern nur um den Preis einer nachträglichen Verleugnung des Vergessens als Restitution der Transparenz interpretieren. Will man den Gedanken des Aphorismus nicht verraten, der zwangsläufig ein unreglementierter ist, gilt es, die »Erinnerung ans Versäumte«, die Selbstbegegnung des Denkens und des Lebens, als reines Ereignis zu denken, als Verwandlung, nicht als deren Resultat. Die Verwandlung des Gedankens in die Lehre, die Adorno als dessen Erwartung bestimmt, ist keineswegs die Verwandlung in einen doktrinären Inhalt; mit der Aussicht auf eine solche Verwandlung würde man davon ausgehen, daß das Leben und das Denken trotz allem »geradewegs« ihre Bestimmung erfüllen können. Vielmehr zeigt die Wendung, die Adorno seinem Gedanken am Ende gibt, das Paradox der Selbstbegegnung an, die Gleichzeitigkeit von Sammlung und Erlösung in der Freigabe der Eigenart. Daß der Gedanke in die Lehre sich verwandelt, bedeutet Sammlung, daß seine Verwandlung aber nichts sein kann als die Verwandlung in das reine Ereignis, das niemals Gegenstand einer Lehre ist und von dem es niemals eine Lehre gibt, die auf Gegenstände zielt, bedeutet Erlösung. Die Verwandlung in die Lehre ist buchstäblich Verwandlung in die Lehre, nicht in ein Gelehrtes.

Jenseits oder diesseits der Verwandlung erkennt man sie daran, daß sie Verwandlungen ausgelöst hat oder auslösen wird. Kafkas bekannte Erzählung setzt das Ereignis der Verwandlung voraus und handelt von der Verwandlung als Ereignis auf die einzig mögliche Art und Weise: durch die Beschreibung der Verwandlungen, welche die vorausgesetzte Verwandlung bewirkt, durch die Darstellung des steten und unumkehrbaren Eingenommenwerdens, welches nach dem Erwachen den Verwandelten von seinem früheren Leben immer weiter fernrückt. Die Erzählung, deren Mißlingen vielleicht an diesem Gelingen hängt, daran, daß sie an Beschreibung und Darstellung des allein Beschreib- und Darstellbaren ohne Fehl sich hält, beginnt nicht bloß, sie endet mit einer Verwandlung. Diese Verwandlung ist aber durch die ursprüngliche erst möglich geworden, durch den Ausschluß des Verwandelten, der in seiner Verwandlung ange-

Gott. Es hatte mit seinem, immer stärker eine mystische Note annehmenden Begriff von Tradition viel zu tun.« (Gershom Scholem, *Walter Benjamin – die Geschichte einer Freundschaft*, Frankfurt am Main 1990 [3. Auflage], S. 73 – meine Hervorhebung, AGD.)

legt ist und der zu seinem Tod führt: »Während sie sich so unterhielten, fiel es Herrn und Frau Samsa im Anblick ihrer immer lebhafter werdenden Tochter fast gleichzeitig ein, wie sie in der letzten Zeit trotz aller Plage, die ihre Wangen bleich gemacht hatte, zu einem schönen und üppigen Mädchen aufgeblüht war.«[25] Der Unterschied zwischen einer vorausgesetzten Verwandlung, zwischen der Verwandlung als Übergang, als ein der Vergegenwärtigung sich Entziehendes, und der Verwandlung als Ereignis, besteht darin, daß jene Verwandlungen veranlaßt, während diese nichts auslöst und nichts ausrichtet. Die Intention der Selbstbegegnung, von deren Paradox unterbrochen, zielt also nicht darauf, etwas zu bewirken. Vielmehr sucht sie einzugehen in die Unterbrechung des Wirkens.

II

Für Jared

24. 4. – Die Auskunft über das Neue, die man gemeinhin erhält, ja um die kaum einer je verlegen zu sein scheint, ist die, daß es sich nicht ohne Bezug auf das Alte verstehen läßt, daß es neu nur sein kann, weil es sich vom Alten abhebt und seine Erkenntnis durch die Kenntnis des Alten vermittelt ist. Auch deshalb ist das Neue, wie Adorno einmal bemerkt, mehr die Sehnsucht nach ihm als es selbst. Das auf das Alte bezogene Neue ist eine Verlängerung des Alten, eine dem Alten zugeführte Kraft der Reproduktion, durch die es überlebt, ein Spiegel gleichsam, in dem sich das Alte in einer verjüngten Gestalt erblickt, selbst wenn es sich nie unmittelbar oder gänzlich wiedererkennt.

25. 4. – Kann es ein Tagebuch des Neuen geben? Notieren, welche Vorzeichen das Neue ankündigen, das Neue festhalten, bevor es sich zu erkennen gibt, das Neue über das Neue, ein Tagebuch dessen führen, was sich noch nicht ereignet hat. Oder: notieren, was mir Tag für Tag Neues zum Neuen einfällt, vom Neuen mir die Eintragungen diktieren lassen, ohne die Diskontinuität zu leugnen, die zum Neuen gehört. Die Kontinuität eines Tagebuchs, dessen sanfter Zwang mich für die Ellipse: für

25 Franz Kafka, »Die Verwandlung«, in: ders., *Erzählungen*, a. a. O., S. 107.

das Überspringen eines Tages oder eines Argumentationsschritts so wenig bestraft wie für das Niederschreiben einer Platitüde, wird dem Neuen gerechter als die diskursive Kontinuität eines Vortrags, der ein Argument über das Neue mit der erforderlichen Konsequenz entfaltet. Umgekehrt aber droht das Neue durch die Form des Tagebuchs der Routine anheimzufallen, der Ohnmacht einer ausgebliebenen Anstrengung, dem mehr oder weniger geregelten Nacheinander willkürlicher Einfälle, das gleichgültig gegen sie bleibt und sie dadurch abstumpfen läßt. Oder gibt es verschiedene Erfahrungen des Neuen, für die man verschiedene Arten der Darstellung finden muß? Ist das Neue in sich selber immer wieder neu und die Sehnsucht Ausdruck dieser unaufhebbaren Vielfalt, statt Symptom eines Mangels oder eines Kranken, Sehnsucht des Neuen statt Sehnsucht nach dem Neuen? In seiner Abhandlung über Goethes *Wahlverwandtschaften* warnt Walter Benjamin vor der »Gefahr des Tagebuchs«, die darin besteht, daß es »allzufrühe die Keime der Erinnerung in der Seele aufdeck[t] und das Reifen ihrer Früchte vereitel[t]«. Diese Gefahr soll vor allem dort drohen, wo im Tagebuch »allein das geistige Leben sich ausspricht«.[26] Muß das Neue erst vollständig in die Vergessenheit eingehen, um dann der Erinnerung sich um so unabweislicher aufzudrängen und verwandelnd zu wirken? Vergißt jedoch die Gewohnheit das Neue nicht mit solcher Schnelligkeit, daß man als beinahe unbegreiflich betrachten muß, wie etwas, das man gestern noch für vollkommen unmöglich gehalten hätte, heute schon als selbstverständlich angenommen wird, eine Tatsache und nicht mehr ein von der Vorwegnahme bloß Beabsichtigtes?

***

Wie das regelmäßige Anhäufen von ungeregelten Einfällen im Tagebuch erweist sich das Fragen, das eine kritisch-propädeutische oder experimentell-invokatorische Funktion haben kann, als zweideutig. Vielleicht schafft es im Dickicht des Bekannten eine Lichtung für das Neue, vielleicht dient es einem Weitermachen, durch das Neues nicht zum Durchbruch kommt. Der unerbittliche Zwang des Neuen, das sich nicht der Anstrengung, aber dem angestrengten Wollen entzieht, ist der, etwas Neues zu

26 Walter Benjamin, *Goethes »Wahlverwandtschaften«*, a. a. O., S. 178.

sagen oder zu tun, vor allem dann, wenn man über das Neue spricht. Man untersteht ihm in dem Maße, in dem noch in jeder Wiederholung, in jedem wiederholten Sagen und Tun, in jeder Wiederholung des Sagens und Tuns, eine Veränderung am Werk ist, die das Wiederholen erst zu einem solchen macht. Das Neue ist eine paradoxe Tatsache. Als Tatsache, als Daß, trennt es ein Abgrund von der Absicht, von dem Was, von dem Willen zum Neuen. Den Zwang dieser Tatsache, die paradox ist, weil eine Tatsache als solche nie neu sein kann und das Neue an einer Tatsache niemals ihr Wesen ausmacht, fühlt man, er teilt sich der Absicht oder als Absicht mit, er überbrückt den Abgrund und sprengt sogleich die Brücke, muß doch gerade die Absicht, die Annäherung, das vortastende Fragen die paradoxe Tatsache des Neuen verfehlen. Wie alle Tatsachen duldet sie kein Fragen, kommt sie dem Fragen zuvor. Mit dem Neuen kann man nicht umgehen, deshalb schillert der Umgang mit dem Neuen, den man als Mode bezeichnet, und bleibt in der Zweideutigkeit des Immer-schon- und des Noch-nie-Dagewesenen befangen. Antwortet indes nicht gerade der Umgang mit dem Neuen, das zweideutige Schwanken zwischen dem Immer-schon und dem Noch-nie, auf die Übertreibung oder die Paradoxie der Tatsache des Neuen?

26. 4. – Am Ende des dritten Teils der *Suche nach der verlorenen Zeit* erfährt die Herzogin von Guermantes, daß ihr großbürgerlicher Freund Swann, den sie gebeten hat, gemeinsam mit ihr und ihrem Gatten eine Reise nach Italien zu unternehmen, todkrank ist. In großer Eile, weil sie rechtzeitig bei einem Abendessen erscheinen möchte, gerät sie durch die unerwartete Neuigkeit in ein Dilemma, das Proust mit deutlicher Ironie beschreibt: »Zum ersten Mal in ihrem Leben stand sie zwischen zwei so unterschiedlichen Pflichten wie in ihren Wagen zu steigen, um auswärts zu essen, und sich eines Menschen zu erbarmen, der bald sterben wird. Im Register der Anstandsregeln konnte sie nichts finden, was ihr geholfen hätte, zu einem Urteil zu gelangen. Da sie also nicht wußte, welcher Pflicht sie den Vorrang geben sollte, glaubte sie, sich so verhalten zu müssen, als würde die zweite Alternative nicht bestehen und als müßte sie die erste wählen, die in jenem Augenblick mit einem geringeren Aufwand verbunden war. Sie dachte, daß die beste Lösung des Kon-

flikts in dessen Leugnung lag.«[27] Die Konvention muß nicht, wie das Klischee des Humanen, nicht die Ironie es will, in einen Konflikt mit dem Neuen treten. In Prousts Roman unterscheidet sich die Welt der Guermantes von der ebenso mondänen der Courvoisier gerade dadurch, daß die Guermantes die festgelegten Verhaltensweisen des Adels immer wieder verändern und um einen Freiheitsraum erweitern. Kommt dessen Betretung in den Augen der Courvoisier nicht einer Belebung, sondern einer beinahe schändlichen Übertretung gleich, so resultiert die Abwehr der kultivierten Idiosynkrasie wohl aus dem Wissen, daß sie am Ende bloß den Vorzug der Guermantes anzeigen soll. Kann nicht auch die Herstellung eines gewohnten Rahmens die Bedingungen schaffen, unter denen die Möglichkeit einer Aufhebung des Gewohnten durch eine neue Erfahrung gegeben ist? Wittgensteins Besuche im Kino, Heideggers regelmäßiger Rückzug in die Hütte, von dessen ideologischer Rechtfertigung man sich nicht täuschen lassen darf, Deleuzes Weigerung, zu Tagungen zu reisen und Vorträge zu halten, Barthes' Lust an der Einrichtung eines Tagesablaufs und an der Auswahl der Mittel, die er für seine Tätigkeit brauchte, Fassbinders unausgesetzte Produktivität, dem Fertigen und Unfertigen immer schon voraus, Derridas wache und schlafwandlerische Reisen zeichnen vielleicht jeweils einen Kreis, der den Einfluß dessen einschränkt, was das Neue stört und ablenkt, das Neue des eigenen Denkens oder Tuns, das Neue im eigenen Denken oder Tun. Zu einer Tatsache verhält man sich nicht, oder vielmehr: Wie man sich zu einer Tatsache verhält, darf sie nicht als Tatsache affizieren. Auch weil von dem Verhalten zu seinen Kräften abhängt, ob es zum Verbündeten oder zum Feind wird, ist das Neue eine paradoxe Tatsache.

27. 4. – Vor sieben Jahren ging mir auf dem Rückweg plötzlich die Wahrheit auf, in einem einzigen Augenblick hat sich alles zu einem durchsichtigen und zusammenhängenden Bild gefügt, Euphorie des Neuen, das in der unerwarteten und aufgrund ihrer unmittelbaren Evidenz doch schon beinahe trivialen Einsicht bestand. Nun wollte ich die Wahrheit herstellen, so wie sie

27 Marcel Proust, *Le côté des Guermantes*, in: ders., *A la recherche du temps perdu*, Band II, a. a. O., S. 882.

sich für mich hergestellt hatte, denn von der Handlung versprach ich mir die gesuchte Veränderung. Die Euphorie hatte sich aber verfestigt und die Gestalt einer Überlegenheit angenommen, der Wille zum Neuen, der Wille zur Wahrheit war, stürzte mich ins Unheil. Ich war verblendet, hatte gleichsam einen Begriff der Wahrheit, hielt mich nicht mehr blind in ihr, meine Hellsicht war zu meiner Blindheit geworden. Mit dem Neuen verhält es sich wie mit der Wahrheit. Man darf sich seine Kräfte nicht aneignen, darf es nicht an sich reißen, wenn es zum Verbündeten werden soll.

29. 4. – Für X. wird das Neue im »geistigen Leben« durch seine Wiederkehr zum Verbündeten. Überwältigt und benommen, im Zustand einer Erregung des Geistes, die das Verständnis hintanstellt, folgt X. dem Neuen, ohne sich frei verhalten zu können. Hat das Neue aufgehört, seinen Geist zu erregen, ist die Frage des Verstehens und des Auslegens an die Stelle der Erregung getreten, muß X. es vergessen und sich von ihm abwenden. X. muß versuchen, einen anderen Blickwinkel einzunehmen, die Welt anders zu sehen. So kann das Neue X. wieder zufallen: als Beweglichkeit. Der Unterschied zwischen dem Durchbruch und der Wiederkehr des Neuen ist für X. der Unterschied zwischen Befreiung und Freiheit; ob es zum Verbündeten wird, entscheidet sich für X. in dem Zwischenraum, den dieser Unterschied schafft. Das Neue ist nicht die Angelegenheit einer Bewertung, sagt X., denn als solches ist es weder gut noch schlecht. Y. wendet dagegen ein, daß das Neue für X. bereits einen Wert haben muß. Weshalb würde sich X. sonst zu ihm verhalten? X. erwidert: »Dieser Wert ist nur der Wert einer bestimmten Unmittelbarkeit. So wie der Dichter James Schuyler in einem Artikel über die Gemälde eines Freundes sagt, daß man darin keine Bedeutung finden wird, weil sie nichts tun, als dem Betrachter zu bedeuten: ›Schau *jetzt* hin. Es wird nie wieder so fesselnd sein.‹«[28]

30. 4. – In der Dialektik des Alten und des Neuen geht am Neuen das Alte auf, am Alten das Neue. So bestimmen sich das Alte und das Neue, statt in ihrer abstrakten Entgegensetzung zu verharren. An dem Tag, an dem der Erzähler in Prousts Roman uner-

28 James Schuyler, *Selected Art Writings*, a. a. O.

wartet nach Paris zurückkehrt und die Großmutter, die um seine Ankunft nicht weiß, beim Lesen überrascht, bewirkt sein Eindringen, daß deren Gesicht zu einem photographischen Abbild erstarrt. Dem Gesicht hat es gleichsam an der Zeit gemangelt, deren es bedarf, um sich in den Rahmen des Gewohnten einzufügen und in das vertraute Gesicht zu verwandeln. Wie in jenem Abschnitt, in dem der Erzähler an die Katastrophe von Pompeji erinnert und der Natur, die im Lauf der Zeit die individuellen Gesten dem Gesicht als dessen Züge einzeichnet, das Vermögen des objektiven photographischen Stillstellens zuspricht, führt das Erstarren zu einer Offenbarung. Als photographisches Abbild, vom kalten Objektiv der Kamera ertappt in der anonymen Gegenständlichkeit dessen, was unabhängig von unserem wiedererkennenden Blick sein Dasein fristet, offenbart das Gesicht dem Zeugen oder Beobachter, der das Erstarren gezeitigt und den das Erstarren in sein stummes Leben gerufen hat, die Wirklichkeit. Der Erzähler erkennt, daß die Großmutter sterben wird: »Auf dem Kanapee, unter der Lampe, erblickte ich eine rotgesichtige, schwerfällige und gewöhnliche Frau, krank und vor sich hinträumend, ihre ein wenig verrückten Augen auf einem Buch schweifen lassend, eine alte und niedergeschlagene Frau, die ich nicht kannte.«[29] Das Alte erweist sich als das Neue der Erkenntnis, das von der visionären Zerstörung der Idee, des Umrisses, des Scheins freigelegt wird, vom Sturz des Bildes, das sich uns eingeprägt hat; als das Neue der Erkenntnis kann sich das Alte indes nur durch den neuen Zusammenhang erweisen, den jedes Eindringen herstellt. Das Neue erweist sich umgekehrt als das Alte, als die Wirklichkeit, die sich der vom wiedererkennenden Blick betriebenen Geisterbeschwörung verweigert. Der Erzähler hat begriffen. Im Augenblick des Begreifens, in dem sich die Dialektik des Neuen und des Alten blitzartig vollzieht, werden beide: das Alte und das Neue gleichgültig, sie werden verdeckt, abgelöst oder aufgehoben von dem Begriffenen, von dem Begriff, den sich der Erzähler gemacht hat. Gibt es also nicht noch eine andere Erfahrung des Neuen, eine Erfahrung, in der das Neue nicht bloß als dialektisches Mittel der Erkenntnis dient?

29 Marcel Proust, *Le côté des Guermantes*, in: ders., *A la recherche du temps perdu*, Band II, a. a. O., S. 440.

1. 5. – Die Mädchen, denen der Proustsche Erzähler auf den Spaziergängen in Balbec begegnet, nimmt er zunächst als Gruppe wahr, die nicht aus einzelnen Individuen mit unterscheidenden Merkmalen und prägenden Zügen besteht. Er begegnet einer Wolke, die ihre Gestalt ständig verändert, weil die Merkmale und Züge derer, die die Gruppe bilden, in einem ununterbrochenen Austausch stehen. Dieser verschiebende und versetzende Austausch, der jede Verdichtung auflöst, jede Abgrenzung verwischt, bringt ein »harmonisches Schwanken« hervor, das dem Prinzip der Individuation (noch) nicht unterstellt ist, eine »flüssige, kollektive und bewegliche Schönheit«.[30] Das Neue nähert sich wie die Gruppe der Mädchen, deren Vereinzelung nicht stattgefunden hat, eine vorindividuelle, unpersönliche, unbestimmte Gemeinschaft von Elementen, die sich nur flüchtig voneinander abheben, die sich nicht eindeutig zuordnen lassen und die unabhängig von der Flüchtigkeit und Verschwommenheit ihres Erscheinens keinen Eigenbestand haben. Nicht die Überzeugungskraft von letzten Argumenten stiftet jene Gemeinschaft, deren Mitglieder sich in der reflektierenden Urteilskraft üben, konstatiert Lyotard. Die Übereinstimmung, die sie am Horizont verspricht, ist stets eine angedeutete und ausweichende Übereinstimmung, die Frage nach ihrem »wirklichen Dasein« bleibt immer eine offene Frage: »*nuage de communauté*«,[31] Gemeinschaft, die es nur als Wolke gibt, weder wirklich noch unwirklich. Das Neue beschreibt nicht die geschlossene Linie eines Horizonts, von dem aus es auf das Alte zukommt und das Alte zu sich zieht, es verspricht nicht etwas, das es einzulösen gilt, es ist nicht die Sehnsucht nach etwas, das der Erfüllung harrt. Vielmehr fallen Versprechen und Einlösung, Sehnsucht und Erfüllung im Neuen zusammen. Die Sehnsucht nach dem Neuen ist die Sehnsucht nach diesem Zusammenfallen.

2. 5. – Die paradoxe Tatsächlichkeit des Neuen spürt man vielleicht nirgends deutlicher als dort, wo aufgrund eines Ereignisses oder einer Entdeckung eine jähe und unwiderrufliche Veränderung eingetreten ist. Eine Bombe ist ohne Vorwarnung

30 Marcel Proust, *A l'ombre des jeunes filles en fleurs*, in: ders., *A la recherche du temps perdu*, Band II, a. a. O., S. 148.

31 Jean-François Lyotard, *Pérégrinations*, Paris 1990, S. 78.

explodiert, hat Menschen getötet, schrecklich verstümmelt. Ein Arzt hat festgestellt, daß ich an einer unheilbaren Krankheit leide, die nun, eingedrungen in mein Bewußtsein, den Rest meines Lebens bestimmen wird. Vergangenheit und Zukunft werden durch solche Ereignisse oder Entdeckungen gewaltsam voneinander getrennt. Die Tatsächlichkeit dessen, was sich ereignet hat oder was entdeckt worden ist, zwingt dazu, die Vergangenheit in einem neuen Licht zu betrachten. Die alte Vergangenheit wird zur vergangenen Vergangenheit, ersetzt durch eine neue. Doch das Neue dessen, was sich ereignet hat oder was entdeckt worden ist, erhält die alte Vergangenheit und die in ihr vorweggenommene Zukunft am Leben, gebannt in eine unveränderte Gegenwart. Die paradoxe Tatsächlichkeit des Neuen kann man folglich an einer Anarchie der Zeit ablesen. Der Konservative und der Revolutionär, die am Neuen die paradoxe Tatsächlichkeit, die Gleichzeitigkeit von Position und Negation, das Moment des Unvermittelbaren wahrnehmen, das zum militanten Kampf nötigt, sind sich darin ähnlich, daß sie beide gegen das Neue kämpfen, gegen die anarchische Gewalt seiner paradoxen Tatsächlichkeit. Während der Konservative aber auf die Erhaltung des angeblich Bewährten setzt, um Schutz vor der Gewalt des Neuen zu finden, und dazu tendiert, diese Gewalt durch Gegengewalt zu verlängern, sucht der Revolutionär im Neuen selber, in seiner Einrichtung, Zuflucht vor ihm, und steht in der Gefahr, die Gewalt durch deren gewaltsame Abschaffung zu verewigen. Nicht der Konservative und nicht der Revolutionär sind indes die wahren Feinde des Neuen. Sie kämpfen gegen das, was sich ihnen in der Erfahrung mitgeteilt hat. Die wahren Feinde des Neuen sind der Historismus und der kulturelle Relativismus, das zuordnende Bescheidwissen, das sich nichts vormachen läßt und am Ende in der Idee des Neuen nichts als eine geschichtliche Konstruktion in der Entwicklung einer Kultur erblickt. Der wahre Feind des Neuen ist der Gleichmut, den man nie beeindrucken kann und der abwartet, bis sich herausstellt, ob das Neue überhaupt ein Neues ist und nicht eine Veranstaltung, die es bloß darauf abgesehen hat, Eindruck zu schinden. Adorno konnte über das Altern der neuen Musik nachdenken, weil er sich für sie kompromißlos einsetzte, weil er militant zwischen Fortschritt und Reaktion in der neuen Musik unterschieden hatte.

3.5. – Pierre Menard, der Schriftsteller, der in Borges' »Fiktion« den *Quijote* noch einmal schreibt, als würde das Buch zum ersten Mal geschrieben: ohne es also abzuschreiben, ohne es aus dem Gedächtnis niederzuschreiben und ohne sich einzufühlen, macht die Probe auf die paradoxe Tatsächlichkeit des Neuen. Denn als Tatsache sind beide Texte ununterscheidbar: »Der Text von Cervantes und der von Menard sind vom Wortlaut her identisch«, heißt es. Zugleich aber soll der zweite Text »beinahe unendlich viel reicher« als der erste sein[32] – und ist damit ein neuer Text. Wenn die Welt der reinen Tatsachen tautologisch ist und als solche nur von analytischen Urteilen erfaßt zu werden vermag, darf man das Neue nicht einfach mit deren Verneinung verwechseln, mit der Verneinung der Objektivität, mit einer ohnmächtigen subjektivistischen Willkür oder Aufruhr, die so tautologisch wäre wie das von ihr vermeintlich Verneinte. Das Neue ist vielmehr die Tautologie unter dem verändernden Aspekt eines anderen, das sie unberührt läßt, weil es als anderes eben nicht wie eine Tatsache dingfest gemacht werden kann. Den »beinahe unendlichen« Reichtum, der die beiden identischen Bücher unterscheidet, verbirgt die bloße Tatsächlichkeit des Wortlauts; für ihn gibt es keinen tatsächlichen Beweis, zumal Menard alle Skizzen zu dem Buch, alle Vorstudien und Vorstufen zur endgültigen Fassung, verbrannt zu haben scheint. Der Erzähler begreift den Reichtum als die Auswirkung einer Abhängigkeit vom Kontext, in der das Verständnis eines Texts immer steht. Er versteht zwei wortgleiche Sätze, die er zitiert, auf beinahe entgegengesetzte Weise. Dieses doppelte und entgegengesetzte Verständnis entspricht genau dem Unterschied zwischen einem Verständnis des Tatsächlichen, einem Verständnis dessen, was geschichtlich der Fall ist, und einem Verständnis des Gemeinten, einem Verständnis dessen, was eine Ansicht vom Geschehenen wiedergibt. Ist also die Wahrnehmung des behaupteten Reichtums ihrerseits von einem Kontext abhängig, von dem Kontext, in dem man zwischen dem Tatsächlichen und dem Gemeinten, zwischen dem Textuellen und dem Kontextuellen unterscheidet? Nimmt man die Aussage des Erzählers beim Wort, ist es ohne ein Verständnis, das die Möglichkeit einer

32 Jorge Luis Borges, *Ficciones*, in: ders., Obras Completas, Buenos Aires 1974, S. 449.

Abhängigkeit von Kontexten voraussetzt, unmöglich, zu entscheiden, was denn ausgesagt wird. Im Spanischen (»casi infinitamente más rico«) wie im Deutschen (»beinahe unendlich viel reicher«) kann man das einschränkende Adverb sowohl auf die Unendlichkeit des Reichtums beziehen als auch auf den unendlichen Reichtum selber. Im ersten Fall besteht beinahe kein Zweifel daran, daß das Werk von Menard unendlich viel reicher ist als das von Cervantes, im zweiten Fall verhält es sich nur beinahe so, daß das Werk von Menard sich als das unendlich reichere erweist. Die Übertreibung oder die Paradoxie der Tatsache kann nicht aufgelöst, das Neue nicht identifiziert und bestimmt werden.

III

Du ahnst es, aber bislang haben sie Dich nicht getroffen. Du bist immer wieder mit einem blauen Auge davongekommen. Manchmal bildest Du Dir ein, in der Ferne einen dumpfen Donnerschlag zu hören, manchmal sogar kommt es Dir so vor, als hätte etwas in Deiner unmittelbaren Nähe gezittert oder gezuckt, ein trockener kalter Flügelschlag, der Stoß eines Sausens im Nacken. Dann geht alles weiter wie zuvor. Als Kind bist Du aus dem Schlaf aufgefahren, weil man Dich geohrfeigt hatte. Nein, wenn Du im Kontrollturm sitzt und entscheidest, wer landen darf und wer in der Warteschleife bleiben muß, wünschst Du Dir insgeheim nicht, daß sich die Verschwörung, die Du meine Leidenschaft nennst, gegen Dich kehrt und Dein Leben in die Luft jagt. Du hast Dein eigenes Ritual erfunden, die entlastende Aufspaltung des Alltags in eine Reihe verschiedener und abwechslungsreicher Rollen, eine Schalttafel, die Du mit zunehmend sicherem Instinkt bedienst, geschaffen aus Angst vor der Abweichung, nicht aus Anwiderung und Abscheu vor dem Alltag der anderen. In Augenblicken der Verunsicherung schaust Du mich aus der zusammengedrängten Entfernung von dreitausend Meilen ratlos und unruhig an, verschreckt, als hätte ein hinter meinem eben noch vertrauten Ausdruck lauernder Dämon dafür gesorgt, daß Du in Verzug gerätst, plötzlich den kleinen Vorsprung verlierst, den Dir die Schalttafel gewöhnlich sichert. Schwerfällig und hilflos trittst Du auf der Stelle. Erinnerst Du

Dich an Zelig? An die Beweglichkeit der Figur, die den Indifferenzpunkt von Ritual und Alltag darstellt, von Revolution und Anpassung, kommst Du nicht heran.

***

Ich bin ein Bombenleger. Ich vermine das Feld, das sie den Alltag nennen, vergifte diese unerschöpfliche Quelle der Entlastungen und der Strapazen, durchschneide oder verknote dieses verzwickte und dennoch musterhafte Netz von Abläufen und Gewohnheiten, von Verrichtungen, Versorgungen, Vorkehrungen, von Wegen mit Abkürzungen und Umleitungen. Was zum Alltag gehört und ihn ausmacht, läßt sich regelmäßig wiederholen, erweist sich gegenüber Gegenständen und Inhalten als gleichgültig und tendiert deshalb von sich aus zum Ritual, zur fetischisierenden Verselbständigung. An alltäglichen Handlungen und Gedanken kann man gewahr werden, daß man sich selber kein Maß geben und vorgeben kann, ohne das Maß als gegebenes hinnehmen zu müssen. Im Alltag tue ich mehreres gleichzeitig, sagt sie, mit gedankenloser Aufmerksamkeit, fremdgeleitet von angeeigneten und eingeübten Verhaltensweisen, von Regungen, die mich nicht überraschen. Die obsessive und beinahe verrückte Sammlung und Versenkung, die eine einzige Sache erfordert, bedroht und übersteigt den Alltag. Wäre das zündend Vernarrte indes ohne ihn denkbar, ohne seine Gleichgültigkeit? Natürlich bin ich am Ende das Opfer meiner eigenen Machenschaften. Die Bombe explodiert unter meinem Sitz, wenn ich pfeilschnell die Stadt durchquere und sie an den Ort bringen möchte, an dem sie hochgehen soll. Da ergeht es mir wie allen Bombenlegern. Wir erkennen uns von weitem, suchen aber nur gelegentlich die Nähe des anderen. Wir haben uns nicht viel mitzuteilen, sind mit unseren Vereitelungsplänen sehr beschäftigt. Der Alltag, unendlich anfällig, ist gleichzeitig ungeheuer widerstandsfähig. Er schließt nichts aus und nimmt sogar den Schrecken in sich auf. In jedem Erlebnis und in jeder Wahrnehmung, in jedem benommenen und betäubten Erleiden eines furchtbaren Ereignisses, ist bereits der Alltag angelegt, seine Kälte, seine lauwarme Erhitzung. Daß die Auswirkungen der Explosion mit dem Feuerwerk verpuffen, daß die Genugtuung nicht andauert, zeigt, daß ich ungeduldig war und deshalb ohnmächtig, dem Alltagsritual allzu verhaftet. Hätte ich es ernst gemeint, dann hätte ich eingesehen, daß meine Bombe nichts auszurichten vermag, daß ich nichts verändern kann, daß sich die allein mögliche Veränderung im Schneckentempo und mit Überschallgeschwindigkeit aus der Ferne einer übermenschlichen Geduld nähert, daß der apokalyptische Bombenhagel von einer Beharrlichkeit ausgelöst wird, die den Alltag mit seinen Ritualen und seinen Psychopathologien unmerklich zur Erschöpfung treibt, statt ihn gereizt von sich zu weisen. Und doch hoffe ich, daß sich mit der jähen Entladung, lange vorbereitet oder durch einen Geistesblitz hervorgerufen, ein Riß auftut. Der nihilistische Bombenleger starrt verhext in den Abgrund, der anarchische flieht durch den Riß hindurch und erfindet etwas, dessen verstiegene Einbildungskraft, dessen Freiheit und Genauigkeit, dessen Ernst und Albernheit aus allen Ritualen des Alltags, aus dem Mief, dem Scheiß, der leicht schwermütigen Neutralität sichtbar oder unsichtbar hervorragt.

***

Dein Alltag versorgt mich mit Material für die Montage eines parallelen Films. Kann man sich von außen zum Alltag verhalten, zum Beispiel dadurch, daß man ihn fixiert und die Photographie betrachtet, den Film sich ansieht? Genau diese Frage scheint Godard in den späten sechziger Jahren gestellt zu haben. *Un film comme tous les autres*, gemeinsam mit Jean-Pierre Gorin produziert, sorgte bei seiner nordamerikanischen Uraufführung im Lincoln Center dafür, daß mehr und mehr Zuschauer den Saal verließen. Am Ende soll die ursprüngliche Menge auf ein Zehntel geschrumpft sein, wohl weil die beinahe zweistündige, mit kargen Mitteln gefilmte und abwechslungsarme politische Diskussion zwischen Studenten, auf einer Wiese mit hochwachsenden Gräsern improvisiert und von Filmmaterial kontrapunktiert, das in rauhem Schwarzweiß die Ereignisse auf den Pariser Straßen dokumentiert, die meisten Zuschauer gelangweilt und genervt hat. Beigetragen zur Verwirrung und zum Gefühl der Öde hat sicherlich der Umstand, daß in der französischen Originalfassung mehrere Stimmen übereinandergelagert sind, und daß in der in New York gezeigten Fassung eine weitere Tonspur hinzugefügt wurde, auf der eine unbeholfene Simultanübersetzung zu hören ist. An dem Inhalt der fragmentarischen und mäandernden Diskussion ist so wenig Bemerkenswertes wie an den Bildern der Diskutierenden, die häufig ihre Gesichter aussparen, oder an den hinlänglich bekannten Bildern der Demonstrationen, der Konfrontationen mit der Polizei, der Auseinandersetzungen in den Hörsälen. Dies ist sicherlich nicht ein Film wie jeder andere – und dennoch enthält der Titel einen keineswegs irreführenden oder ironisch gebrochenen Hinweis auf seinen Gegenstand, auf die Alltäglichkeit nämlich, für die der Ausdruck »wie jeder andere« als Epitheton gelten kann. Durch den Abstand, den der Film schafft und der weder optisch noch dramaturgisch verleugnet wird, durch den Abstand, den die Zeit schafft und der die im Rückblick kurzlebige Alltäglichkeit revolutionär bestimmter Praxis und Reflexion in eine gealterte und geschichtliche verwandelt, wird der Alltag zum Ritual, zur monotonen und schließlich beinahe aberwitzigen Wiederholung eines Sprachgebrauchs und einer Argumentationsform, die als Wiederholung in den Vordergrund tritt, gleichsam auf die Leinwand selber. Neben der Frage nach der Radikalität des Mediums, nach seiner kritischen oder eingreifenden Funktion, die in einem genauen Verhältnis zur Erfahrung des Überdrusses steht, den der Film provoziert, neben der Frage nach der unerwarteten Dringlichkeit, mit der in Zeiten der politischen Herrschaft eines weltweit entfesselten Kapitalismus der Film die Zuschauer heimsucht, so, als würde er aus seiner Unzeitgemäßheit sich auf sie erst zubewegen, wirft ein Film, der gerade aufgrund seiner Absage an komplexe Vermittlungen durch Schnitt und Konstruktion ein Film wie jeder andere ist, die Frage auf, ob man nicht im Alltag nur im Alltag zu sein vermag. Wird der Alltag nicht von einem unüberbrückbaren Graben umgeben, ermangelt er deshalb nicht einer Umgebung? Wirkt er nicht in dem Augenblick, in dem er ausgestellt wird und man sich von außen zu ihm verhält, als Ritual, als selbstvergessenes und starrsinniges Befolgen geheimer und unverständlicher Anweisungen, das jeden Bezug, jedes Verhältnis, jedes Verhalten unterbricht, ja das seine eigene Unterbrechung erheischt? Die Ritualisierung des Alltags kann man daraus ersehen, daß es gleichgültig ist, ob sich ein Zuschauer noch die letzte Filmspule von *Un film comme tous les autres* ansieht oder nicht. Ebensowenig wie es einen ganzen Alltag gibt, einen Alltag mit Anfang, unvorhergesehener Wendung, Ende, gibt es einen ganzen *film comme tous les autres*. Der Zuschauer, der ausharrt, tut dies, weil der Film eben dieser Film ist; der Zuschauer, der nach der ersten Spule das Kino verläßt, tut dies ebenfalls, weil der Film eben dieser Film ist. Der Bombenleger möchte über den Graben springen, indem er im Alltag einen Graben zieht.

***

Wenn der Alltag der Ort ist, an dem man nicht ist, und zwar gerade deshalb, weil man an diesem und keinem anderen Ort ist, dann zielen alle Versuche seiner Ritualisierung darauf, ihn zu dem Ort zu machen, an dem man ist, und zwar gerade deshalb, weil man dort nicht ist. Der Bombenleger setzt sich die Abschaffung des Uneinsseins zum Ziel, des Unterschieds, der sowohl den Alltag als auch seine Ritualisierung durchzieht. Er hat der Gegenwart den Krieg angesagt, die sich von der Ritualisierung dispensiert glaubt. Der gegenwärtige Alltag ist in den Dienst rücksichtsloser Durchsetzung und beliebigen Verfügens über den ideologischen Kitt getreten. Er terminiert aber in einem tödlichen Trip, in der Ununterscheidbarkeit von Alltag und Ritualisierung, wie man an den Werken von Bret Easton Ellis ablesen kann. Habe ich einen Lebensplan, dann den, meine privaten Alltagsrituale zu durchlöchern und mich vom Geheimnis und vom Kalkül ihres magischen Denkens zu lösen. Die Ritualisierung und Literarisierung muß nur ein wenig zu übertrieben ausfallen, um für den Alltag eine Gefahr darzustellen. Wie der Alltag keinen ihm unmittelbar zukommenden Inhalt hat, sondern in dem Zugriff auf einen Inhalt besteht, in einer Normalisierung, die ohne den Kompromiß kaum auskommt, so reichen Übertreibungen aus, um einen gefährlichen Abstand zu ihm zu schaffen. In jeder Ritualisierung sind Anfang und Ende des Alltags mitgesetzt. Ich habe auf einem Langstreckenflug den Sitz 2A ergattert; folglich kann mir bei Start und Landung nichts zustoßen, können mir die Turbulenzen nichts anhaben. Du läßt abends das grelle Licht ausgeschaltet, wenn wir in die dunkle Wohnung zurückkehren; folglich haben wir vielleicht noch eine Chance. Die Literatur, die dem Alltag gegenüber jene Perspektive einnimmt, aus der er sich wiederum in das Nicht-Alltägliche dissoziiert, in den Sinn und die Sinnferne, in die Treue und den Verrat, die seine entlastenden Mythologien und sein selbstgerechtes Gleichmaß dem Vergessen preisgeben; die Literatur, die zuweilen durch Ritualisierung den Alltag aus den Angeln hebt, wie etwa in Virginia Woolfs Roman *The Waves*, in dem die gewöhnlich stummen Beschreibungen alltäglicher, selbstverständlicher, unsichtbarer Handlungen in das ubiquitäre gesprochene Wort hineingenommen und so auf eine eigentümlich künstliche Art und Weise sichtbar gemacht werden; die Literatur, deren Auswirkungen man mit denen der Ritualisierungen nicht verwechseln darf, die sich ergänzend und überbrückend zu den alltäglichen Verwendungen verhalten, ist eine auf den Alltag zurasende Bombe, die Autoren, Agenten, Lektoren, Kritiker, Professoren, Leser zu entschärfen bemüht sind. Im Alltag habe ich stets recht. Darum weiß die Tücke des Objekts. Die Literatur setzt mich ins Unrecht und zeugt von jenem »unendlichen Maß an geistig moralischer Kraft«, von dem Adorno in einer Vorlesung sagt, es bedürfe seiner, wolle man sich nicht »bis in die kleinsten Details des Alltags hinein unablässig ins Recht setzen«.[33] Will nicht auch der Philosoph, der sich anschickt, die Wörter von ihrer »metaphysischen« Verwendung zu befreien und sie zu ihrer »alltäglichen« zurückzuführen,[34] das Uneinssein des Alltags überwinden, indem er eine Deutlichkeit und einen Reichtum in ihm aufdeckt, die seinem Sosein nicht widersprechen, sondern eben in diesem Sosein bestehen?

33 Theodor W. Adorno, *Zur Lehre von der Geschichte und von der Freiheit*, a. a. O., S. 342.
34 Ludwig Wittgenstein, *Philosophical Investigations*, a. a. O., S. 48.

Lexikalische Notiz

Der Begriff der Übertreibung wird in diesem Buch nicht einfach im geläufigen Sinne verwendet. Denn der gewöhnliche Wortgebrauch impliziert, daß man Übertreibungen an ihrem Gegenteil mißt, an der Angemessenheit, und sie dadurch bereits abwertet. Übertreibung heißt hier zunächst die Kraft zur erschließenden Grenzüberschreitung, dann der Überschuß, der sich begrifflich nicht einholen läßt. Beide Bedeutungen haben freilich auch ihr negatives Gegenstück. Die Grenzüberschreitung kann sich als unzulässig oder verschließend erweisen, der Überschuß als schlechte Unendlichkeit. Übertreibung und Genauigkeit sind vielleicht ebensowenig unvereinbar wie Übertreibung und Gerechtigkeit. Die Philosophie treibt die Übertreibung bis zu jener Grenze, an der sie beginnt, Philosophie zu treiben.

Nachweise

Alle in diesem Buch versammelten Texte sind durchgesehen, verändert oder ergänzt worden. Die Zitate im einführenden Teil, die nicht nachgewiesen sind, wurden folgenden Werken von Thomas Bernhard entnommen: *Der Keller* (Salzburg und Wien 1998), *Der Atem* (Salzburg und Wien 1998), *Auslöschung* (Frankfurt am Main 1996).

Der erste Teil von »Denken als Geste« erschien unter dem Titel »Denken als Geste. Zur *Dialektik der Aufklärung*« in: Zeitschrift für Kritische Theorie, 13, 2001. Der zweite Teil erschien unter dem Titel »Dichtung und Wahrheit der Dekonstruktion« in: *Philosophie der Dekonstruktion*, herausgegeben von Andrea Kern und Christoph Menke, Frankfurt am Main 2002. Der dritte Teil erschien in einer englischen Fassung unter dem Titel »The Invisible Man« in: Parallax, 4, 2002. »Trust Me« erschien in: *Modelle kritischer Gesellschaftstheorie*, herausgegeben von Alex Demirovic, Stuttgart 2003. »Odd Moves« erschien unter dem Titel »Odd Moves. Politisch ironische Streifzüge« in: *Die Ironie der Politik*, herausgegeben von Thorsten Bonacker, André Borodcs und Thomas Noetzel, Frankfurt am Main 2003. »Nicht immer gut« erschien unter dem Titel »Not always being good« in einer von Kenneth Woodgate besorgten englischen Übersetzung als Anhang zu: Alexander García Düttmann, *Between Cultures. Tensions in the Struggle for Recognition*, London und New York 2000 (deutsch: *Zwischen den Kulturen. Spannungen im Kampf um Anerkennung*, Frankfurt am Main 1997). »Die Gewalt der Zerstörung« erschien in: *Gewalt und Gerechtigkeit*, herausgegeben von Anselm Haverkamp, Frankfurt am Main 1993. Der erste Teil von »... und ... Ende ...« erschien in einer englischen Fassung unter dem Titel »... and ... end. Deleuze Politics« in: Angelaki. Journal of the Theoretical Humanities, 7.3, 2002. Der zweite Teil erschien in einer italienischen Übersetzung unter dem Titel »Lingue Correnti« in: Anterem. Rivista di ricerca literaria, 51, 1995. Der erste Teil von »Schuld Sein« erschien in: *Adorno und Arendt*, herausgegeben von Dirk Auer, Lars Rensmann und Julia Schulze, Frankfurt am Main 2003. Der zweite Teil erschien in einer englischen Fassung unter dem Titel »Never before, always already. Notes on Agamben and the Category of Relation«, in: Angelaki. Journal of the Theoretical Humanities, 6.3, 2001. »Flugsimulator« erschien unter dem Titel »Flugsimulator. Notizen zum Trauma« in: Zeitschrift für Kritische Theorie, 8, 1999. »Das Offensichtliche« erscheint in einer französischen Fassung unter dem Titel »L'évidence même« in: *Sens en tous sens. A partir de Jean-Luc Nancy*, Paris 2004. »Blow Job« ist ein bislang unveröffentlichter Vortrag, der 1997 im Rahmen der Veranstaltungsreihe »100 Gäste / 100 Guests« auf der von Catherine David organisierten Documenta X in Kassel gehalten wurde. »Alte Oper« erschien in: Metronom 7, 2001. Der erste Teil von »Lebenslinien« erschien unter dem Titel »Lifeline and Self-Portrait« in einer von Humphrey Bower besorgten englischen Übersetzung in: *Time and the Image*, herausgegeben von Carolyn Gill, Manchester 2000. Der zweite Teil erschien unter dem Titel »A Short Diary of the New« in einer ebenfalls von Humphrey Bower besorgten Übersetzung in: *Small Acts. Art for the Millenium*, herausgegeben von Adrian Heathfield, London 2000. Der dritte Teil erschien unter dem Titel »Der Bombenleger« in: *Rituale des Alltags*, herausgegeben von Jörg Bong und Silvia Bovenschen, Frankfurt am Main 2002.

San Francisco, im August 2002

NF 314/1/3.02

- Die Körnung der Stimme. Übersetzt von A. Bucaille-Euler, B. Spielmann und G. Mahlberg. es 2278. 400 Seiten
- Kritik und Wahrheit. Übersetzt von Helmut Scheffel. es 218. 91 Seiten
- Mythen des Alltags. Übersetzt von Helmut Scheffel. es 92. 152 Seiten
- Das Reich der Zeichen. Übersetzt von Michael Bischoff. Mit zahlreichen Abbildungen. es 1077. 154 Seiten
- Das semiologische Abenteuer. Übersetzt von Dieter Hornig. es 1441. 298 Seiten
- Die Sprache der Mode. Übersetzt von Horst Brühmann. es 1318. 380 Seiten

Roland Barthes. Eine intellektuelle Biographie. Von Ottmar Ette. es 2077. 520 Seiten

Benjamins Begriffe. Herausgegeben von Michael Opitz und Erdmut Wizisla. Zwei Bände. es 2048. 880 Seiten

Karl Heinz Bohrer
- Die Kritik der Romantik. Der Verdacht der Philosophie gegen die literarische Moderne. es 1551. 311 Seiten
- Plötzlichkeit. Zum Augenblick des ästhetischen Scheins. es 1058. 262 Seiten
- Der romantische Brief. Die Entstehung ästhetischer Subjektivität. es 1582. 268 Seiten

Jacques Derrida
- Das andere Kap. Die vertagte Demokratie. Zwei Essays zu Europa. Übersetzt von Alexander García Düttmann. es 1769. 97 Seiten
- Vergessen wir nicht – die Psychoanalyse! Herausgegeben und übersetzt von Hans-Dieter Gondek. es 1980. 234 Seiten
- Die unbedingte Universität. Übersetzt von Stefan Lorenzer. es 2238. 77 Seiten

NF 314/2/3.02

Gilles Deleuze

- Die Logik des Sinns. Aesthetica. Herausgegeben von Karl Heinz Bohrer. Übersetzt von Bernhard Dieckmann. es 1707. 397 Seiten
- Unterhandlungen 1972-1990. Übersetzt von Gustav Roßler. es 1778. 262 Seiten

Manfred Frank

- Einführung in die frühromantische Ästhetik. Vorlesungen. es 1563. 466 Seiten.
- Die Grenzen der Verständigung. Ein Geistergespräch zwischen Lyotard und Habermas. es 1481. 103 Seiten
- Kaltes Herz. Unendliche Fahrt. Neue Mythologie. Motiv-Untersuchungen zur Pathogenese der Moderne. es 1456. 118 Seiten
- Der kommende Gott. Vorlesungen über die Neue Mythologie I. Teil. es 1142. 360 Seiten
- Gott im Exil. Vorlesungen über die Neue Mythologie. II. Teil. es 1506. 350 Seiten
- Die Unhintergehbarkeit von Individualität. Reflexionen über Subjekt, Person und Individuum aus Anlaß ihrer postmodernen Toterklärung. es 1377. 131 Seiten
- Was ist Neostrukturalismus? es 1203. 615 Seiten

Werner Hamacher. Entferntes Verstehen. Studien zur Philosophie und Literatur von Kant bis Celan. Aesthetica. es 2026. 320 Seiten

Dieter Henrich

- Eine Republik Deutschland. Reflexionen auf dem Weg aus der deutschen Teilung. es 1658. 102 Seiten
- Nach dem Ende der Teilung. Über Identitäten und Intellektualität in Deutschland. es 1813. 233 Seiten

NF 314/3/3.02

Otfried Höffe. Medizin ohne Ethik? Standpunkte. es 2245. 240 Seiten

Jochen Hörisch
- Brot und Wein. es 1692. 295 Seiten
- Ende der Vorstellung. Die Poesie der Medien. es 2115. 292 Seiten
- Kopf oder Zahl. Die Poesie des Geldes. es 1998. 370 Seiten

Konstruktionen praktischer Vernunft. Philosophie im Gespräch. Herausgegeben von Herlinde Pauer-Studer. es 2181. 304 Seiten

Die List. Herausgegeben von Harro von Senger. es 2039. 500 Seiten

Paul de Man
- Allegorien des Lesens. Übersetzt von Werner Hamacher und Peter Krumme. Mit einer Einleitung von Werner Hamacher. es 1357. 233 Seiten
- Die Ideologie des Ästhetischen. Herausgegeben von Christoph Menke. Übersetzt von Jürgen Blasius. Aesthetica. es 1682. 300 Seiten

Dieter Mersch. Ereignis und Aura. Untersuchungen zu einer »performativen Ästhetik«. Aesthetica. es 2219. 250 Seiten

Martha C. Nussbaum. Gerechtigkeit oder Das gute Leben. es 1739. 316 Seiten

Die Organisation der Philosophen. Herausgegeben von Wilhelm Berger und Peter Heintl. es 2069. 324 Seiten

Richard Rorty. Die Schönheit, die Erhabenheit und die Gemeinschaft der Philosophen. es 2149. 87 Seiten

NF 314/4/3.02

Peter Sloterdijk
- Der Denker auf der Bühne. Nietzsches Materialismus. es 1353. 190 Seiten
- Eurotaoismus. Zur Kritik der politischen Kinetik. es 1450. 346 Seiten
- Kopernikanische Mobilmachung und ptolemäische Abrüstung. Ästhetischer Versuch. es 1375. 126 Seiten
- Kritik der zynischen Vernunft. 2 Bände. es 1099. 954 Seiten
- Luftbeben. An den Quellen des Terrors. es 2286. 112 Seiten
- Regeln für den Menschenpark. Ein Antwortschreiben zu Heideggers Brief über den Humanismus. Sonderdruck edition suhrkamp. 60 Seiten
- Der starke Grund, zusammen zu sein. Erinnerungen an die Erfindung des Volkes. Sonderdruck edition suhrkamp. 56 Seiten
- Tau von den Bermudas. Versuch über das Verlangen nach Neuzeit. Rede zur Eröffnung der Salzburger Festspiele 2001. Sonderdruck edition suhrkamp. 60 Seiten
- Versprechen auf Deutsch. Rede über das eigene Land. es 1631. 82 Seiten
- Weltfremdheit. es 1781. 381 Seiten
- Zur Welt kommen – Zur Sprache kommen. Frankfurter Vorlesungen. es 1505. 175 Seiten

Peter Sloterdijks »Kritik der zynischen Vernunft«.
es 1297. 388 Seiten

Peter Strasser
- Journal der letzten Dinge. es 2051. 301 Seiten
- Philosophie der Wirklichkeitssuche. es 1518. 235 Seiten
- Die verspielte Aufklärung. es 1342. 164 Seiten
- Der Weg nach draußen. Skeptisches, metaphysisches und religiöses Denken. es 2177. 270 Seiten

NF 314/5/3.02